T0254174

Die digitale Evolution moderner Großstädte

Michael Jaekel • Karsten Bronnert

Die digitale Evolution moderner Großstädte

Apps-basierte innovative Geschäftsmodelle für neue Urbanität

Michael Jaekel
Karsten Bronnert

München, Deutschland

ISBN 978-3-658-00170-4   ISBN 978-3-658-00171-1 (eBook)
DOI 10.1007/978-3-658-00171-1

Die Deutsche Nationalbibliothek verzeichnet diese Publikation in der Deutschen Nationalbibliografie;
detaillierte bibliografische Daten sind im Internet über http://dnb.d-nb.de abrufbar.

Springer Vieweg
© Springer Fachmedien Wiesbaden 2013

Gedruckt auf säurefreiem und chlorfrei gebleichtem Papier

Springer Vieweg ist eine Marke von Springer DE. Springer DE ist Teil der Fachverlagsgruppe Springer
Science+Business Media.
www.springer-vieweg.de

Vorwort

„Probleme kann man niemals mit derselben Denkweise lösen,
durch die sie entstanden sind." (Albert Einstein)

An einem verregneten Donnerstag im April letzten Jahres in Dallas (Texas, USA) steckten wir in einem Taxi auf dem Weg zum Flughafen inmitten tausend weiterer Fahrzeuge auf einer sechsspurigen Fahrstrecke fest. Der Taxifahrer kommentierte dies mit der lakonischen Bemerkung, dies sei üblicher Alltag im „modernen" Dallas und nicht zu ändern. Schon lange Zeit davor, aber seit diesem Zeitpunkt reifte mit besonderer Vehemenz die Idee zu diesem Buch. Es verfolgt das Ziel, Anregungen für machbare Modernisierungen in den modernen Städten unserer Zeit anzustoßen. Denn in der Tat hat vor allem in den hoch entwickelten Ländern das Verkehrsaufkommen Ausmaße angenommen, die regelmäßig zum Kollaps der Verkehrssysteme führen. Hinzu kommt eine zunehmende Überalterung der Gesellschaft, mit neuen Anforderungen an die veralteten Stadtinfrastrukturen.

Die Bewältigung dieser Herausforderungen wird darüber entscheiden, wie wir in Zukunft in Städten arbeiten und leben. Wir sind an dem Punkt angelangt, an dem die notwendige Modernisierung der Stadtinfrastrukturen und der Übergang von der analogen in die digitale Welt kreativ gestaltet werden muss. Nur so können die größer werdenden Städte weiter prosperieren und dynamisch bleiben. Möglich wird diese notwendige Modernisierung nach unserer Auffassung durch den Einsatz neuester digitaler Technologien. Denken Sie dabei an die zunehmende Verbreitung von Smartphones und verfügbaren Apps.

Wir sind uns durchaus bewusst, dass die Zukunft der Städte aus einem dynamischen Geflecht politischer Beziehungen, Kunst, Kultur, neuer Technologien, Gesundheitswesen, Musik, Handel, Bildungswesen usw. bestimmt wird. Unterstreichen wollen wir aber, dass die Wechselwirkungen zwischen Städten, menschlicher Interaktion und dem Aufkommen neuer Technologien ausgeprägt sind. Die neuen Technologien stellen einen bedeutenden Treiber für die Evolution moderner Städte dar und bilden den Fokus des vorliegenden Buches. Es erhebt nicht den Anspruch einen akademischen Beitrag zum Thema „Smart City" darzustellen. Vielmehr geht es uns konkret darum, auf der Basis akademischer Erkenntnisse und praktischer Erfahrungen den Akteuren einer modernen Stadt Denkanstöße bzw. neue Ansätze zur Realisierung der digitalen Evolution moderner Städte zu liefern. Damit richtet sich dieses Buch an alle Akteure einer Stadt und vor allem auch diejenigen, die nichts mit der ITK (Informations- und Kommunikationstechnologie) zu tun haben – aber sich mit der Frage auseinandersetzen, wie die Transformation ihrer Stadt umgesetzt werden kann.

Auf den folgenden Seiten skizzieren wir unsere Vision der modernen Stadt. Ein zentrales Element bildet die aktive Rolle der Bürgerinnen und Bürger. Über teilweise (offene) IT-Dienste-Plattformen kann der Bürger aktiv die Stadtmodernisierung mit beeinflussen. Relevant sind unsere Überlegungen für Bürger, Unternehmer, Wissenschaftler und Politiker, die aktiv an der Transformation ihrer Städte in den digitalen Modus mitwirken möchten. Weiter versuchen wir dem interessierten Leserkreis Szenarien und Geschäftsmodelle aufzuzeigen, mit denen Städte die digitale Evolution auf der Basis modernster ITK-Technologien realisieren könnten. Dabei berücksichtigen wir die oftmals desolate Finanzlage zahlreicher Städte und Kommunen, wodurch diese die Transformation von der analogen in die digitale Zukunft nicht alleine vorfinanzieren können. Dazu bedarf es neuer Denkansätze und der Bereitschaft, neue Wege zu gehen.

Ein derartiges Buch ist immer das Ergebnis einer Zusammenarbeit zahlreicher Experten. Viele Ideen, Hinweise und Anregungen sind im Rahmen von Fachtagungen, Diskussionen mit Experten des Fraunhofer Institutes, des MIT, der Atos IT Solutions and Services GmbH, der Siemens AG, der BITKOM oder der Stadt Stuttgart entstanden, um nur einige zu nennen. Weiter möchten wir uns besonders bei Natalia Anna Jaekel für ihre signifikante Mitarbeit an den Kapiteln bedanken. Zu besonderem Dank sind wir Bernd Schmeisser von NTT Data und Dr. Achim Luhn von Innocopia Consulting verpflichtet, die mit ihren Überlegungen und ihrer kritischen Sichtweise immer wieder wichtige Impulse geliefert haben. Damit ist die Liste aber nicht komplett und wir entschuldigen uns bei allen, die nicht erwähnt wurden. Auch ihnen gilt unser Dank.

Trotz sorgfältiger Recherchen kann es möglich sein, dass sich Fehler eingeschlichen haben. Dafür sind die Autoren verantwortlich und wir entschuldigen uns hier vorsorglich dafür. Wenn Sie aber darüber hinaus aktiv den Prozess der Transformation unserer Städte in moderne Städte mitbegleiten wollen, dann schicken Sie uns ihre Anregungen, Ideen oder Kritik. In zukünftigen Auflagen werden wir versuchen, dies alles zu berücksichtigen.

Michael Jaekel, Karsten Bronnert   September 2012

Inhalt

1 Quo vadis Stadt? – Eine Einführung

„Berlin ist arm, aber sexy."
(Klaus Wowereit, Regierender Bürgermeister von Berlin)

Wie sieht die Stadt der Zukunft aus und wie werden wir zukünftig in unseren Städten leben? An diesen Fragen entbrennt eine heftige gesamtgesellschaftliche Diskussion, die große Teile der Bevölkerung, Politik, Wissenschaft und Wirtschaft betrifft. Angelehnt an Klaus Wowereits salopper These zu Berlin glauben wir, dass die Stadt der Zukunft nicht arm aber sexy, sondern hochgradig vernetzt, intelligent und in der Folge wirtschaftlich vital wird. In einem Satz: Die Stadt der Zukunft ist smart, prosperierend <u>und</u> dadurch sexy. Moderne Städte sind nach unserem Verständnis „Smart Cities."

Bevor wir diesem Verständnis moderner Städte nachgehen, stellen wir uns die Frage, was überhaupt unter einer Stadt zu verstehen ist. Prinzipiell kann man Städte als Konzentrationspunkte menschlicher Aktivität begreifen. Damit haben Städte immer wieder maßgeblich zur vielfältigen Entwicklung einer Gesellschaft beigetragen. Der Begriff „Stadt" erscheint prinzipiell allgemeinverständlich. Und dennoch gibt es für dieses gesellschaftliche Phänomen keine einheitliche Definition. Vielmehr ist die Stadt immer schon eine Projektionsfläche der unterschiedlichen Kultur-, Sozial-, Wirtschafts- und politischen Gesellschaftsräume gewesen. Hinzu kommen die unterschiedlichen Betrachtungswinkel der vielfältigen Wissenschaftsdisziplinen, die den Begriff „Stadt" unterschiedlich definieren. Für das weitere Verständnis des Buches ziehen wir folgende, eine relativ neutrale Definition einer Stadt heran: „Im Gegensatz zum Land bzw. ländlichen Raum handelt es sich dabei um eine größere, verdichtete Siedlung mit spezifischen Funktionen in der räumlichen Arbeitsteilung und politischen Herrschaft, abhängig von der gesellschaftlichen Organisation und Produktionsform. Als städtische Siedlungen gelten z. B. in der Bundesrepublik Deutschland laut amtlicher Statistik Gemeinden mit Stadtrecht ab 2.000 und mehr Einwohnern (Landstadt: 2.000–5.000 Einwohner, Kleinstadt: 5.000–20.000 Einwohner, Mittelstadt: 20.000–100.000 Einwohner, Großstadt: mehr als 100.000 Einwohner)" [GABLER].

In unserem Zusammenhang sind folgende Aspekte von Bedeutung. Bei Städten handelt es sich um eine kritische Masse an Bürgern, innerhalb eines abgegrenzten Raumes, die untereinander interagieren. Diese Interaktion dient dazu, dass sich Menschen vernetzen. Über die Vernetzung entsteht städtisches Leben, das durch Handel, Dienstleistung, Kultur, Sport, Politik gekennzeichnet ist. Neben der Interaktion der Bürger zur Zusammenarbeit kennzeichnet eine Stadt auch eine intakte

Infrastruktur. Dazu zählen ein gutes Verkehrs- und Transportsystem, eine sichere Energieversorgung aller Haushalte, ein vielfältiges Angebot an kulturellen Veranstaltungen, ein breites Angebot an Erwerbsmöglichkeiten, der Zugang zu Bildungseinrichtungen usw. Die Breite und Qualität der Infrastrukturangebote beeinflussen die Attraktivität der Stadt für die Wirtschaft, Kultur, Wissenschaft und Investoren. Sie entscheiden auch darüber, wie lebenswert eine Stadt für den Bürger ist. Das Empfinden dafür, was eine Stadt lebenswert macht, ist für jeden Bürger individuell unterschiedlich. Neben subjektiven Kriterien ist unzweifelhaft eine intakte und moderne Infrastruktur als äußeres Zeichen entscheidend für die Lebensqualität einer Stadt. Man kann sagen, dass der öffentliche Raum und mithin seine Infrastruktur die Lebensqualität der Stadtbevölkerung beeinflussen.

Der individuelle Charakter einer Stadt ist geprägt durch die über den Zeitablauf entstehende Interaktionen der Bürger zur konstruktiven Zusammenarbeit und die damit einhergehende Vernetzung. Darüber hinaus charakterisieren architektonische Gebäude, unterschiedliche gesellschaftliche und multikulturelle Strömungen oder die Kombination aus Gewachsenem und Modernem das Bild einer Stadt. Zum Modernen zählt auch die Vernetzung zahlreicher Handlungs- und Lebensbereiche der Bürger mittels neuester digitaler Technologien. Diesem Prozess der digitalen Vernetzung der Handlungs- und Lebensbereiche der Bevölkerung in modernen Städten gehen wir in den folgenden Kapiteln nach.

1.1   Vernetzung statt Wachstum ist der Schlüssel

Bevor wir dies tun, beschäftigen wir uns damit, wie heutige Städte prinzipiell ausgerichtet sind. Die heutigen Städte sind nach wie vor auf Wachstum ausgerichtet und je nach finanzieller Ausgangslage unterschiedlich stark entwickelt. Der heutige Wachstumsweg führt zu einer hohen Verschuldung der Stadthaushalte und spiegelt sich nicht selten in einem mangelnden Konzept zur nachhaltigen Stadtentwicklung wider. Im Gegensatz zu kreditfinanzierten Wachstumsinvestitionen sind wir davon überzeugt, dass die vorhandenen Mittel effizienter eingesetzt werden müssen und eine reine Technologiebegeisterung nicht ausreicht.

Der städtische Verkehr etwa wird nicht nur durch eine flächendeckende Installation von Ladesäulen für Elektroautos (eCars) „smarter." So verstanden breitet sich der Verkehr ohne weiteres konzeptionelles Vorgehen nur additiv aus. Es geht also in erster Linie nicht darum, die Anzahl an Verkehrssystemen – vom Flugzeug bis zu den Zügen, Autos und den städtischen Subsystemen – zu erweitern und parallel einzusetzen, sondern diese müssen zukünftig optimal aufeinander abgestimmt und vernetzt werden.

Um dieses Ziel zu erreichen, stehen alle Stadtplaner und Bürgermeister erst einmal vor scheinbar unüberwindbaren Herausforderungen. Diese sind mannigfaltiger Natur, je nach Betrachtung des geographischen Raums. In den hoch entwickelten Ländern der so genannten „Ersten Welt" hat das Verkehrsaufkommen Ausmaße angenommen, die zum Kollaps des gesamten Verkehrssystems führen. Dazu kommt eine zunehmende Überalterung der Gesellschaft mit neuen Anforderungen an die veralteten Stadtinfrastrukturen, die diese nicht leisten können. In den sich entwickelnden Ländern der „Zweiten" und „Dritten Welt" wächst die Bevölkerung derart stark, dass die dort oft handlungsunfähigen politischen, wirtschaftlichen und gesellschaftlichen Systeme dieser Entwicklung kaum etwas entgegenzusetzen haben.

Abb. 1.1: Umfassende Vernetzung aller Akteure in einer Smart City

Den negativen Auswüchsen steht vor allem aber die teilweise positive wirtschaftliche Prosperität der Städte gegenüber: Die Millionen-Stadt Mumbai beispielsweise gehört mittlerweile zu den wichtigsten Industriestandorten in Westindien. Rund zwei Prozent der indischen Bevölkerung – etwa 22 Millionen Menschen – leben dort. Laut einem Bericht der Weltbank erwirtschaften sie aber über 30% der nationalen Einkommenssteuer. Man könnte meinen, Mahatma Gandhi habe sich geirrt – Indiens Zukunft liegt nicht in seinen Dörfern, sie liegt in Städten wie Mumbai und Bangalore (siehe Abb. 1.1 und 1.2).

Abb. 1.2: Veraltete Verkehrsmittel in aufstrebenden Schwellenländern

Dieser Blick auf mögliche Chancen moderner Städte wird noch ungenügend dargestellt und diskutiert - vor allem werden die Möglichkeiten für den einzelnen Bürger kaum greifbar. Grundsätzlich sind unserer Meinung nach Städte auch entstanden, weil sie den Bürgern Chancen bieten nach einem erfüllten, selbstbestimmten Leben mit vielfältigen Arbeits- und Aufstiegsmöglichkeiten. Auch aus diesem Grund bilden Städte Brennpunkte für Innovationen. In Städten können Menschen aus ganz unterschiedlichen Kulturkreisen und mit unterschiedlichen Fähigkeiten zusammenkommen, interagieren, sich vernetzen, um etwas Neues zu wagen.

1.2   Städte sind Plattformen von Ideen und Möglichkeiten

In diesem Sinne kann man Städte auch als Plattformen von Ideen, Kunst, gesellschaftlichem Leben, wirtschaftlichem Geschehen und politischer Teilhabe verstehen. Wir sind davon überzeugt, dass Städte und die Zahl ihrer Einwohner so wachsen können, dass Wohlstand, Lebensqualität, Wirtschaftskraft, Kultur und Wissenschaft davon profitieren. Denn Städte sind der Kern und der Katalysator für dynamisches Wachstum. Hier schaffen Kultur und Wissenschaft Erkenntnisse. Aus unternehmerischem Mut und der Intelligenz einzelner Bürger entstehen neue Unternehmen mit vielfältigen Beschäftigungsmöglichkeiten. Die Bürgerinnen und Bürger wollen in der Stadt leben, weil sie hier Lebensperspektive und Lebensqualität vorfinden. Gerade in den Städten ergeben sich auch deshalb immer wieder Chancen für diejenigen, die bisher gesellschaftlich benachteiligt wurden.

In dem heutigen Dienstleistungszeitalter zählt vor allem der Austausch von Ideen – zukünftig auf der Basis einer digitalen Infrastruktur. Denn in dem sich wandelnden ökonomischen Umfeld basieren die Entwicklungspotenziale von Regionen und Städten immer mehr auf der spezifischen Kombination von für die Wissensgesellschaft relevanten „harten" und „weichen" Standortfaktoren. Harte Faktoren haben einen direkten Einfluss auf die Produktionskosten der Unternehmen, wie beispielsweise die Grundstückspreise, das Lohnniveau und die Transportkosten. Weiche Standortfaktoren wirken sich hingegen eher indirekt auf unternehmerische Aktivitäten aus. Sie sind generell schwieriger zu messen, weil sie qualitative Aspekte widerspiegeln. Zu ihnen gehören unter anderem das Image einer Stadt, die Attraktivität des kulturellen Angebots sowie die Lebensqualität.

In den meisten Städten erhalten die weichen Faktoren zunehmende Bedeutung für die Standortentscheidung, beziehungsweise -bindung zahlreicher Branchen. Deren hoch qualifizierte Arbeitskräfte sind vergleichsweise mobil, und sie berücksichtigen bei der Auswahl eines Arbeitsplatzes auch die Qualität des privaten Lebensumfelds in dieser Stadt. Zu beachten ist in diesem Zusammenhang die Interdependenz der Standortentscheidungen von Arbeitskräften und Investoren. Mit der Wahl ihres Wohn- und Arbeitsortes begünstigen hoch qualifizierte Arbeitskräfte gleichzeitig die Verfügbarkeit von Wissen in der Region. Damit erhöht sich die Attraktivität dieses Standorts für Unternehmen.

Die Investitionen der Wirtschaft beeinflussen in positiver Weise die Arbeitsmarkt-
bedingungen und Einkommensmöglichkeiten. Diese Wirkungszusammenhänge
stellen die Grundlage für einen sich selbst verstärkenden, wissensbasierten Wachs-
tumsprozess dar. In einer Wissensgesellschaft ist folglich die Anziehungskraft
einer Stadt für hoch qualifizierte Arbeitskräfte von grundlegender Bedeutung. Die
weichen Standortfaktoren gewinnen deshalb im Zuge der fortschreitenden wirt-
schaftsstrukturellen Veränderungen an Wichtigkeit und bestimmen maßgeblich
städtische Entwicklungspotenziale.

Die Aussage von Klaus Wowereit lässt sich noch aus einer anderen Perspektive
betrachten. Die Bundeshauptstadt Berlin steht im internationalen Wettbewerb mit
anderen Metropolen auf dieser Welt. Der Leidensdruck der Stadt besteht eben
darin, ihre Armut zu überwinden und smart zu werden. Andere Städte wollen
oder müssen aus anderen Gründen smart werden. So verbindet Amsterdam mit
der Initiative „Amsterdam Smart City" Klimaschutzbemühungen und führt im
Rahmen der Initiative Projekte in den Bereichen Energie und Mobilität durch
[PULAKKAT]. Die Stadt Helsinki konzentriert sich auf Projekte im Bereich der
Informations- und Kommunikationstechnologie (IKT), um intelligent zu werden.
Im asiatischen Raum sind es oftmals Bemühungen, die Ressourcenknappheit zu
überwinden. Viele größer werdende Städte wiederum versuchen, die Mobilität neu
zu definieren. Dies ist in dicht besiedelten Ballungsräumen einfacher zu realisieren.
Die Mobilität könnte über multimodale Verkehrssysteme (mehrgliedrige Transportkette, bei der die Beförderung von Personen mit zwei oder mehreren Ver-
kehrsträgern vollzogen wird) effizienter und ressourcenschonender gestaltet werden.

Bei der Entwicklung moderner Städte kann es aber nicht darum gehen, für eine
größere Anzahl von Menschen mehr Straßen zu bauen und mehr Privat-Pkws ins
Verkehrssystem zu schleusen. Die Folge ist ein Kollaps der Verkehrsadern. Nicht
die Devise „immer mehr, immer größer" darf die Modernisierung großer Städte
dominieren. Die Stadtplankonzepte des „Immer mehr" sind Konzepte des vergangenen Jahrhunderts. An ihre Stelle treten „Share-Modelle", wie beispielsweise das
Car-Sharing-Modell „Car2Go" der Daimler AG. Unter dem „Share-Ansatz" ist zu
verstehen, dass eine Gruppe von Nutzern bereits vorhandene Ressourcen gemeinsam nutzt (siehe Abb. 1.3). Nicht der Erwerb eines Autos steht im Vordergrund,
sondern das Verleihen und die zeitweise Nutzung des Autos gegen eine Gebühr.
Dies lässt sich bei den Car2Go-Modellen gut erkennen.

Einen Schritt weiter gehen Peer-to-Peer (P2P)-Car-Sharing-Modelle, bei denen Pri-
vatpersonen in einem Stadtteil ihr ungenutztes Fahrzeug an andere Bürger des
Stadtteils ausleihen. Abgerechnet wird nach Registrierung über eine Mitglieds-
und Nutzungsgebühr. Das Prinzip hinter diesen Modellen zielt auf Ressourcen-
schonung und Effizienz ab.

Abb. 1.3: Share-Modelle als Treiber zur Modernisierung großer Städte

Das Prinzip wird durch die folgende Abb. 1.4 deutlich gemacht. Die zunehmende Verbreitung von Smartphones und die verstärkte Nutzung von Social Media Apps wie Facebook, Twitter etc. bilden die Grundlage für die Entwicklung der Share-Modelle. Durch die Verbindung von Smartphones und Social Media Apps entstehen soziale Nachbarschaften, die sich physische Ressourcen teilen. Ohne die zunehmende Verbreitung von Smartphones und Social-Media-Technologien wäre dies nicht möglich.

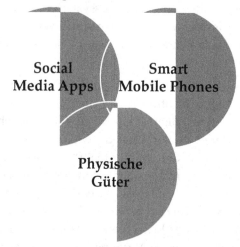

Abb. 1.4: Die Elemente von Share-Modellen [GANSKY]

Hinzu kommt, dass die neue Technologie über Bewertungsmöglichkeiten, z. B. über das Nutzungsverhalten der Autonutzer, Vertrauen zwischen Fremden erzeugen kann. Technologisch betrachtet werden Services miteinander vermischt. Im Englischen spricht man daher gerne von „mashed fabric of services". In der Folge entstehen „mashed cities", in denen kollaborativer Konsum die Lebensqualität der Bürger erhöht, die sich die Anschaffung und den Unterhalt eines Autos nicht leisten können oder wollen. Gleichzeitig wird die Nutzung der vorhandenen Fahrzeuge in Städten effizienter gestaltet [GANSKY].

1.3 Wird die Stadt zum Museum?

Bevor wir unsere Reise in die digitale Welt moderner Städte unternehmen, sollten wir uns folgende Frage stellen: Was passiert, wenn sich Städte diesem Weg widersetzen? Eigentlich wollen die Bürger in den Städten die neuen Technologien gar nicht. Neben dem teilweise fehlenden Bewusstsein für die Bedeutung innovativer Technologien, besteht oftmals ein natürlicher Reflex gegen alles Neue, dass als bedrohlich empfunden wird. Die in Deutschland gescheiterten Infrastrukturvorhaben sind ein Ausdruck der Ablehnung von Stadtinfrastrukturmodernisierungen. Man denke nur an die Ablehnung der 3. Startbahn des Münchner Flughafens mittels eines Referendums.

Oder an das gescheiterte Transrapid-Vorhaben vom Münchner Hauptbahnhof zum Münchner Flughafen. Dabei hatte der damalige Ministerpräsident Edmund Stoiber 2002 in einer schon legendär missverständlichen Rede versucht, den Nutzen des Großprojektes den Bürgern zu vermitteln: „Wenn Sie vom Hauptbahnhof in München mit zehn Minuten – ohne dass Sie am Flughafen noch einchecken müssen – dann starten Sie im Grunde genommen am Flughafen, nein: am Hauptbahnhof in München, da starten Sie ihren Flug. Und zehn Minuten – schauen Sie sich mal die großen Flughäfen an, wenn Sie in Heathrow in London oder sonst wo (...) werden Sie feststellen, dass zehn Minuten Sie jederzeit locker in Frankfurt brauchen, um ihr Gate zu finden!". Der Widerstand in der Bevölkerung gegen dieses Vorhaben ließ aber nicht nach. Der GRÜNEN-Wirtschaftsexperte Martin Runge brachte die Stimmung damals wie folgt auf den Punkt: „Die Messe ist noch lange nicht gelesen. Der Widerstand geht jetzt erst richtig los"[DON01].

Fast schon ein fanalhaftes Symbol für eine von breiten Bevölkerungsschichten getragene Ablehnung von großen Infrastrukturprojekten stellt das Bahn-Großprojekt „Stuttgart 21" dar. Es brachte sogar die damalige, von der CDU und FDP geführte Landesregierung in Baden-Württemberg im Jahr 2011 zu Fall. Das Projekt wurde durch eine Volksbefragung letztendlich nicht verhindert, aber zeitlich deutlich verzögert. Die Gründe für das teilweise Scheitern dieser nur beispielhaft genannten Großprojekte sind meist sehr komplex. Dennoch stellt der zunehmende Widerstand der Bürger gegen die Modernisierungsbestrebungen der Städte ein Symptom dar. Besonders der gravierende Einschnitt in bestehende Stadtinfrastrukturen wird als bedrohlich empfunden und der Nutzen oftmals prinzipiell in Frage gestellt. Nicht gerade die besten Voraussetzungen, um Smart-City-Initiativen zumindest in Deutschland erfolgreich umzusetzen.

Dabei geht es nicht um eine blinde Technikgläubigkeit, sondern um die grundsätzliche Bereitschaft, sich mit den Chancen einer Modernisierung von Städten auseinanderzusetzen. Dabei steht nichts minder Wichtiges als die Sicherung der Zukunftsfähigkeit und der Erhalt unserer Lebensqualität auf dem Spiel. Die Städte in Deutschland und Europa stehen mit den Metropolen und mittelgroßen Städten in den USA, Asien und Afrika in weltweiter Konkurrenz um Ideen, Fachkräfte und Investoren. Wir müssen uns diesem Wettbewerb stellen. Sonst verlieren wir zukünftig unsere wirtschaftliche und gesellschaftliche Prosperität. Ein Vertreter einer chinesischen Delegation von Spitzenmanagern in unserem Unternehmen, die Europa besucht hat, formulierte das uns andernfalls drohende Szenario so: „Europa ist für uns heute schon ein Museum."

1.4   Fazit

Die Städte unserer Zeit sind an dem Punkt angelangt, sich zu modernisieren, um die vielfältigen Herausforderungen wie das Wachstum der Städte, die Überalterung der Gesellschaft mit neuen Anforderungen oder dem drohenden Kollaps des Straßenverkehrs zu bewältigen. Mit den bestehenden Stadtinfrastrukturen können diese Veränderungen in den Städten nicht vollzogen werden. Die Modernisierung der Städte ist aber dringend erforderlich, um die Wettbewerbsfähigkeit unserer Städte im globalen Wettbewerb zu erhalten oder gar zu erhöhen. Besondere Verpflichtung dazu hat nicht nur die Politik, sondern wir alle sind gefordert, über die mögliche Transformation der Städte in moderne Städte nachzudenken und uns konstruktiv zu engagieren. Uns ist auch bewusst, dass sich die Städte über einen langen Prozess und aus einer wechselvollen Dynamik politischer Beziehungen, vielfältiger Kultur, gesellschaftlichem Engagement, fremder Einflüsse, Handel, Bildungswesen usw. entwickelt haben. In der heutigen Zeit kommt insbesondere hinzu, dass die Wechselwirkungen zwischen Städten, menschlicher Interaktion und dem Aufkommen neuer Technologien sehr ausgeprägt sind[1]. Die neuen Technologien stellen einen bedeutenden Treiber für die Evolution moderner Städte dar.

Zur Vermeidung jenes düsteren Bildes eines stagnierenden Europa wollen wir einen Anfang wagen und dem interessierten Leser Wege aufzeigen, wie die Modernisierung der Städte mit den Bürgern chancenorientiert vorangetrieben werden kann. Vorher versuchen wir, den Themenkomplex „Smart City" zu erschließen.

2 Moderne Städte sind smart

2.1 Wie wird man smart?

Das englische Adjektiv „smart" lässt sich mit schlau, clever oder klug übersetzen [PONS]. Damit ist die Bedeutungsvielfalt des Wortes allerdings nicht ausgeschöpft und so beginnt die Unschärfe des Begriffs „Smart City".

Was bedeutet „smartness" in unserem Zusammenhang? Der Begriff smartness lässt sich anhand folgender Charakteristika beschreiben. Smart ist:

- intelligent (innovative Ansätze, Einsatz neuartiger Informations- und Kommunikationstechnologien),
- integrativ, hochgradig vernetzt und bereichsübergreifend (über die systemübergreifende und auch räumliche Vernetzung von Handlungsfeldern entstehen Systemerweiterungen),
- effizient (damit ist die Reduzierung des Energieverbrauchs gemeint),
- attraktiv (für Bürger und Wirtschaft; soll zu gesteigerter Lebensqualität führen) [BMÖ01].

Smart bedeutet in unserem Kontext konkret, dass beispielsweise ein mitdenkendes Haus elektronische Geräte ausschaltet, falls wir es beim Verlassen des Hauses vergessen haben. Oder die Heizung reguliert sich über eine App selbst, da diese aus dem Internet die lokalen klimatischen Bedingungen mitberücksichtigt. So entstehen sich selbst regulierende und lernende Systeme, die Effizienzsteigerungen (reduzierter Energieverbrauch etc.) mit sich bringen. Diese Systeme sind hochgradig vernetzt und selbstheilend, in dem Sinne, dass bei Ausfällen im System andere Systembereiche „heilend" die Funktion ohne Systembrüche übernehmen.

2.2 Definition einer Smart City

Versuchen wir nun eine Annäherung an den Begriff „Smart City". Dieser Begriff wird in der Literatur nicht einheitlich definiert und verwendet. Vielmehr wird der Begriff „Smart City" oftmals im Zusammenhang mit Begriffen wie Green City, Sustainable City oder Ubiquitous City genannt. In der Anfangsphase wurde unter dem Begriff „Smart Cities" der Einsatz von IKT zur Steigerung des Kreativitäts- und Innovationspotenzials in Städten in den Vordergrund gestellt. Zudem wurde unterstellt, dass die Anwendung von IKT zu einem deutlich veränderten urbanen Lebensstil in Städten führen wird [HOLLANDS].

Abb. 2.1: Next generation urban space

In diesem Zusammenhang taucht auch der Begriff „Ubiquitous City", nahezu synonym zu Smart Cities auf. Die Definitionen zu Ubiquitous Cities (U-Cities) basieren sehr stark auf den Forschungsarbeiten aus Südkorea. Dies ist darauf zurückzuführen, dass Südkorea politisch motiviert die U-City-Initiativen stark vorangetrieben und wissenschaftlich begleitet hat. Bei diesen Initiativen sollen zahlreiche unterschiedliche Lebensbereiche und Applikationen miteinander technologisch vernetzt und zentral gesteuert werden [DONG]. Es wird insbesondere auch zwischen den am Reißbrett entworfenen Städten, den so genannten „company towns" und bereits existierenden Städten unterschieden. Das bekannteste U-City-Vorhaben in Südkorea ist das New Songdo City-Vorhaben, das ebenfalls zu den „company towns" zu zählen ist. Die zahlreichen Definitionen zu U-Cities unterscheiden sich insbesondere im Inhalt. Neben einer rein technischen Sichtweise gibt es auch eine etwas erweiterte Definition von Kwon und Kim (2007): Eine U-City is „a next generation urban space that includes an integrated set of ubiquitous services: a convergent from both physical and online spaces. These ultimately aim to enhance quality of life factors, such as convenience, safety and welfare [KWON]."

Im Vordergrund steht somit bei den U-City-Initiativen die Implementierung von ubiquitärer (allgegenwärtiger) Technologie, zur technologischen Vernetzung sämtlicher Bereiche im urbanen Raum (siehe Abb. 2.1). Damit gemeint sind vernetzte Sensoren, die in Gebäuden, Alltagsgegenständen und allen anderen Infrastrukturkomponenten einer Stadt eingebaut sind, und untereinander Informationen bidirektional über Funknetze austauschen. In der Folge entsteht ein „Internet der Dinge", bei dem der Mensch in den Hintergrund tritt und die technischen Komponenten interagieren vollständig selbständig. Wird die U-City so verengt auf das Internet der Dinge betrachtet, handelt es sich nicht um ein ganzheitliches Smart-City-Konzept. Das Internet der Dinge bildet eine wesentliche Evolutionsstufe bei der Herausbildung von Smart Cities und wird im folgenden Kapitel 4 näher beleuchtet.

Somit gibt es zwar Parallelen zum Begriff der Smart City. Die in der Praxis durchgeführten Projekte stellen lediglich einen ersten Schritt bei der Entwicklung von

Smart-City-Initiativen dar. So setzen manche Projekte wie Citynet in Amsterdam oder das Free Wifi in Springfiled/USA auf die Weiterentwicklung der digitalen Infrastruktur. Das ICT-Toronto-Projekt wiederum fördert die Industrie- und Clusterbildung. Demgegenüber stehen bei den U-City-Projekten von Stockholm die Verkehrsleitsysteme im Vordergrund [HATZELHOFFER02].

Allerdings greift die Definition der U-City-Initiativen zu kurz und muss um wichtige Aspekte erweitert werden, die einem ganzheitlichen Smart-City-Ansatz gerecht wird.

2.2.1 Was charakterisiert eine Smart City?

Von Caragliu et al (2009) [CARAGLIU] wurden folgende Charakteristika herausgearbeitet, die für eine Smart City relevant sind:

- Die Verwendung einer Netzwerk-Infrastruktur, um die ökonomische und kulturelle Effizienz zu erhöhen und soziale, kulturelle und urbane Entwicklung zu ermöglichen.
- Eine Orientierung an ökonomischer Wettbewerbsfähigkeit.
- Die Förderung sozialer Inklusion.
- Die Betonung der Rolle von High-Tech und Kreativ-Industrie für das langfristige Wachstum.
- Die Berücksichtigung von sozialen Ungleichheiten.
- Soziale und ökologische Nachhaltigkeit als eine wichtige strategische Komponente.

Auf der Basis dieser Charakteristika kommen sie zu einer Definition von Smart Cities, die als smart bezeichnet werden können, wenn die Investitionen in das Human- und Sozialkapital und traditionelle Transport- und moderne Kommunikationsinfrastruktur (ICT) zu einem nachhaltigen ökonomischen Wachstum und einer höheren Lebensqualität führen. Dies soll mit einem vernünftigen Umgang natürlicher Ressourcen und einer partizipativen Governance einhergehen [CARAGLIU].

Dieser theoretische Ansatz einer Smart City weist einen ganzheitlichen Charakter auf, da er alle Aspekte urbaner Lebensbereiche umfasst.

2.2.2 Die Handlungsfelder einer Smart City

Rudolf Giffinger von der Technischen Universität Wien hat mit seinem Team einen Kriterienkatalog zur Bewertung mittelgroßer Städte entwickelt, der zahlreiche urbane Lebensbereiche umfasst. Zu den Kriterien-Kategorien zählen die übergeordneten Handlungsfelder Smart Economy (Wettbewerbsfähigkeit), Smart People (Sozial- und Human-Kapital), Smart Governance (Partizipation), Smart Mobility (Transport and ICT), Smart Environment (natürliche Ressourcen), Smart Living (Lebensqualität) – siehe Abb. 2.2 [GIFFINGER05]. Den Handlungsfeldern sind spezifische Attribute zugeordnet, mit denen mittelgroße Städte bewertet und klas-

sifiziert werden können. Zu dem Handlungsfeld „Smart Economy" zählen beispielsweise die Innovationskraft, die Produktivität der Wirtschaft und die Flexibilität des Arbeitsmarktes. Das Handlungsfeld „Smart People" wird u. a. charakteri-
siert durch die Kreativität, die Flexibilität und das Qualifikationsniveau der
Bürger. Oder durch den Grad der Beteiligung der Bürger am öffentlichen Leben.
Im Bereich „Smart Living" sind wiederrum die individuelle Sicherheit bzw. das
individuelle Sicherheitsempfinden und die Lebensqualität innerhalb der Wohn-
räume von Bedeutung. Für weitere Attribute und Handlungsfeder siehe Abb. 2.2.

Smart Economy (Competitiveness)	Smart People Social & Human Capital)	Smart Governance (Participation)
• Innovative spirit • Entrepreneurship • Economic image & trademarks • Productivity • Flexibility of labour market • International embeddedness • *Ability to transform*	• Level of qualification • Affinity to life long learning • Social and ethnic plurality • Flexibility • Creativity • Cosmopolitanism/Open-mindedness • Participation in public life	• Participation in decision-making • Public and social services • Transparent governance • *Political strategies & perspectives*
Smart Mobility (Transport and ICT)	Smart Environment (Natural resources)	Smart Living (Quality of life)
• Local accessibility • (Inter-)national accessibility • Availability of ICT-infrastructure • Sustainable, innovative and safe transport system	• Attractivity of natural conditions • Pollution • Environmental protection • Sustainable resource management	• Cultural facilities • Health conditions • Individual safety • Housing quality • Education facilities • Touristic attractivity • Social cohesion

Abb. 2.2: Charakteristika und Handlungsfelder einer Smart City

Von entscheidender Bedeutung ist, dass unabhängig von der Anzahl der Handlungsfelder oder Charakteristika eine Smart City möglichst alle urbanen Lebens-
und Wirtschaftsbereiche abdecken sollte [HATZELHOFFER01].

2.2.3   Wien – die Definition einer Smart City in der Praxis

Die praktische Umsetzung des von Caragliu entwickelten Smart-City-Ansatzes
zeigt sich beispielsweise in der Definition der Stadt Wien und den Wiener Stadt-
werken. Diese Definition umfasst zudem alle Handlungsfelder, die von Giffinger
für mittelgroße Städte definiert wurden:

„Smart City bezeichnet eine Stadt, in der systematisch Informations- und Kommunikationstechnologien sowie ressourcenschonende Technologien eingesetzt werden, um den Weg hin zu einer postfossilen Gesellschaft zu beschreiten, den Ver-
brauch von Ressourcen zu verringern, die Lebensqualität der Bürgerinnen und
Bürger und die Wettbewerbsfähigkeit der ansässigen Wirtschaft dauerhaft zu erhöhen – mithin die Zukunftsfähigkeit der Stadt zu verbessern. Dabei werden mindestens die Bereiche Energie, Mobilität, Stadtplanung und Governance berücksichtigt. Elementares Kennzeichen von Smart City ist die Integration und Vernetzung
dieser Bereiche, um die so erzielbaren ökologischen und sozialen Verbesserungs-
potenziale zu realisieren. Wesentlich sind dabei eine umfassende Integration sozialer Aspekte der Stadtgesellschaft sowie ein partizipativer Zugang [WIEN01]."

Abb. 2.3: Heutige Lebensrealität in großen Städten

Die Definition der Wiener Stadtwerke Holding AG muss aus unserer Sicht noch
verstärkt werden: Es geht nicht nur um einen partizipativen Zugang, sondern
vielmehr um die aktive und konstruktive Einbindung der Bürgerinnen und Bürger
in die smarte Weiterentwicklung ihrer Stadt. Zu dieser konstruktiven und aktiven
Partizipation der Bürger, gehört nicht nur ein Anhörungsrecht, sondern vor allem
die Möglichkeit, aktiv an der Planung, Gestaltung und Umsetzung von Smart-
City-Initiativen mitzuwirken. Der Bürger und seine konkrete Lebensrealität bilden
den Ausgangspunkt, um Smart-City-Initiativen nachhaltig in der Stadtgesellschaft
zu verankern und lebendig zu halten (siehe Abb. 2.3). Dazu müssen diese Initiativen aber für den Anwender von Smart-City-Lösungen als Mitmach-Projekte erleb-
und erfahrbar werden. Nur so kann sich der Bürger mit den Smart-City-Initiativen
identifizieren.

Wir empfehlen daher die Definition der Wiener Stadtwerke Holding AG wie folgt
zu erweitern: „(...) sowie ein partizipativer Zugang in Form aktiver, konstruktiver
Gestaltungsmöglichkeit mit und durch den Bürger". An dem konkreten Beispiel
des Smart-City-Projektes „T-City Friedrichshafen" (siehe Abb. 2.4) zwischen der
deutschen Telekom AG und der Stadt Friedrichshafen lässt sich unsere Definiti-

onserweiterung begründen. Hier wurde auf der Basis eines Public Private Partnership über fünf Jahre an einer Smart-City-Initiative gearbeitet. In dem sehr lesenswerten Buch der Autoren um Lena Hatzelhoffer et al (2012) wurden die Wirkungen und der Nutzen des Projektes differenziert ausgewertet und beschrieben [HATZELHOFFER01]. Neben nachweislich erfolgreichen Initiativen wurde bewusst nicht darauf verzichtet, gescheiterte Smart-City-Projekte zu beschreiben und Gründe für das Scheitern aufzuzeigen. Als Quintessenz für das Scheitern schreiben die Autoren: „Partizipationsmöglichkeiten: „Das T-City Projekt wird von vielen Gesprächspartnern nicht als ein „Mitmachprojekt" erlebt [HATZELHOFFER01]." Dabei ging es sowohl um den partizipativen Zugang (also das Ausprobieren von Smart-City-Lösungen) als auch die aktive Mitgestaltung.

Abb. 2.4: T-City Friedrichshafen (Quelle: www.t-city.de)

In unserem Verständnis ist gerade die aktive Mitgestaltung (Planung und Umsetzung) analog offline und digital online über teilweise offene IT-Dienste-Plattformen eine wichtige und unabdingbare Bedingung, damit Smart-City-Initiativen von den Bürgern angenommen und weiterentwickelt werden. Bei der digitalen Mitgestaltung meinen wir einerseits aktiv gestaltend über teilweise offene, betreiberunabhängige IT-Dienste-Plattformen die Transformation der Stadt mitgestalten. Wie dies in der Praxis funktionieren kann, zeigen wir konkret in den Kapiteln 6 und 7. Darüber hinaus sollten die Bürger konstruktiv in die Planung und Umsetzung von Smart-City-Initiativen, unter der Führung der Stadt im Zusammenschluss mit Unternehmen und wissenschaftlichen Institutionen, eingebunden werden. Das geht über einen reinen Kommunikationsdialog hinaus. Dazu zählen beispielsweise die „Mobile Demokratie" – mobile Einflussnahme auf kommunale Smart-City-Projekte sowie eine orts- und interessenbezogene Bürgerinformation. Zudem bestehen neue Anforderungen an kommunale Dienste, z. B. beim Bedarf für Müllentsorgung, Energieversorgung etc. Wie die Bürger in die Planung und Umsetzung der Smart-City-Initiative eingebunden werden, ist von den Besonderheiten der jeweiligen Stadt und der Führung der Initiativen abhängig.

Ohne die konstruktive Partizipation der Bürger einer Stadt, werden sich Smart-City-Initiativen allerdings langfristig nicht etablieren und den Lebensalltag bereichern. In diesem Buch beleuchten wir schwerpunktmäßig die konstruktive Partizipation über teilweise offene Apps-basierte Smart-City-Plattformen.

Die erweiterte Definition von Smart Cities entspricht unserem ganzheitlichen, alle urbanen Lebens- und Wirtschaftsbereiche, umfassenden Verständnis einer Smart City. Sie liegt diesem Buch zugrunde. Den Informations- und Kommunikationstechnologien kommt bei der Entwicklung einer Smart City eine Querschnittsfunktion zu, da diese alle Handlungsfelder einer smarten Stadt miteinander vernetzt. Nach unserem Verständnis vernetzen Smart-Cities Netze via Online-Informations- und Kommunikationstechnologien: Smart Cities vernetzen Netze. Nur durch intelligente, integrierte und vernetze Technologien können alle urbanen Bereiche einer Smart City intelligenter werden [ACA].

2.3   Die Vision und Ziele einer Smart-City-Initiative

Basierend auf dieser erweiterten Definition müssen die an einer Smart-City-Initiative Beteiligten eine Idee, Vision der modernen Stadt entwickeln. Bei der Vision handelt es sich um ein evolutionäres Modell, das auf der Partnerschaft zwischen Bürgern und öffentlichen sowie privaten Institutionen beruht. Daher ist immer eine auf die jeweiligen Besonderheiten einer Stadt abgestellte Vision einer Stadt zu formulieren, die von allen Akteuren akzeptiert und gelebt wird. Die Planung der Smart City beginnt mit der Formulierung der jeweiligen Smart-City-Vision, unter Beteiligung der gesamten in den lokalen sozio-kulturellen Kontext eingebetteten Stadtgesellschaft. Die Planung eines Smart-City-Konzeptes darf nicht mit der Einführung von Technologien beginnen, sondern baut auf den sozio-kulturellen Traditionen und wirtschaftlichen Dynamiken einer Stadt. Die intelligenten Technologien sind nur Mittel, um Smart-City-Ziele zu erreichen. Und so lautet auch eine der Empfehlungen der Autoren des Buches „Smart City" konkret: „lege den Fokus auf Mehrwerte und Geschäftsmodelle und nicht auf die Technologie [HATZELHOFFER01]."

Bei der Entwicklung einer Smart-City-Vision kann man sich an die von uns geringfügig modifizierte Definition von Smart City der Wiener Stadtwerke Holding AG orientieren. Dabei sollte man aber die lokalen Besonderheiten und Lebensrealitäten der Menschen in der jeweiligen Stadt mitberücksichtigen. Auf welche Faktoren man bei der Entwicklung einer Smart-City-Vision achten sollte, erläutern wir in Kapitel 3.

Welche Ziele werden aber mit einer Smart-City-Initiative verfolgt?

Das prinzipielle Ziel besteht darin, die sozio-ökonomische Entwicklung einer Stadt zu fördern. Das bereits angesprochene Projekt T-City in Friedrichshafen hatte sich drei Projektziele gesetzt, die gemeinsam über einen Zeitraum von fünf Jahren erreicht werden sollten:

- Verbesserung der Lebensqualität für die Bürgerinnen und Bürger,
- Verbesserung der Standortqualität für die Unternehmen,
- Verbesserung der Vernetzung der Akteure in der Stadtgesellschaft [HATZEL-HOFFER01].

Diese Ziele müssen zur Überprüfbarkeit konkretisiert und im Verlauf der Umsetzung ggf. geändert bzw. angepasst werden. Die Smart-City-Initiativen sollten darüber hinaus zur Evolution einer umfassenden lokalen Informationsinfrastruktur führen, welche:

- die lokale, regionale und nationale Wettbewerbsfähigkeit der Stadt steigert und
- die Etablierung neuer partnerschaftlicher Modelle zwischen öffentlicher Verwaltung, Wirtschaft und den Bürgern ermöglicht.

Damit eine Smart City dieses Leistungsspektrum zur Verfügung stellen kann, bedarf es eines kooperativen Beziehungsgeflechts zwischen Bürger, Stadtverwaltung, Wirtschaft, Wissenschaft und Politik.

2.4   Das Smart-City-Beziehungsgeflecht

Wie bereits ausgeführt, betrachten wir das Smart-City-Konzept als ganzheitliches Konzept, das lokale Besonderheiten mitberücksichtigt. In Abwandlung von „Smart City 2020: Conceptual View" [PEL] sieht das Beziehungsgeflecht einer Smart City wie folgt aus, siehe Abb. 2.5:

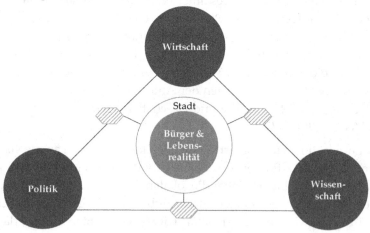

Abb. 2.5: Konzeptionelle Betrachtung der Smart City

Den Nukleus einer Smart City bilden die Bürger mit ihren Lebensrealitäten in den verschiedenen Stadtteilen und die Stadtverwaltung. Das heißt aber auch, dass ein Unternehmer, ein kreativer Politiker oder ein Erfinder mit einer innovativen Idee für eine Smart-City-Initiative den Grundstein legen kann. Diese Akteure können dann im Zusammenschluss mit der Stadt die Führung bei der Umsetzung der Initiative übernehmen. Wichtig ist nur, dass diese innovativen Ideen an den Bedürfnissen der Nutzer ausgerichtet sind, um sich langfristig etablieren zu können.

Dieser Nukleus bestehend aus Stadtverwaltung und Bürger ist über Informationsinfrastrukturen in Form von Informationsnetzen mit den weiteren Akteuren aus Wirtschaft, Politik und Wissenschaft miteinander vernetzt (siehe Abb. 2.5). Erst dieses Gebilde beschreibt konzeptionell eine Smart City, die als Plattform betrachtet werden kann. In der nahen Zukunft werden digitale Dienste-Plattformen entwickelt, auf denen Bürger Smart-City-Dienste nutzen und selbst entwickeln können. Es wird der Wandel vollzogen von der Stadt als modernem Service Provider und digitalen Plattform-Betreibern. In den meisten Fällen sollten die Bürger, für die diese Dienste erbracht werden, aktiv konstruktiv mitmachen können, sowohl in der Planung, Gestaltung als auch bei der Ausführung der Projekte.

Für spezifische Bereiche wie „Green City" oder den Zugang zu natürlichen Ressourcen sollte die öffentliche Hand die Federführung übernehmen. Die Bereitschaft der städtischen Bevölkerung muss vorhanden sein, aktiv an der Entwicklung einer Smart City mitzuwirken. Nur unter dieser Voraussetzung kann es gelingen, dass die innovativen digitalen Dienste über Einzelprojekte hinaus übergreifend in die Stadtgesellschaft eingebracht werden können. Ansonsten ersticken einzelne digitale Lösungen und erzeugen nur sehr begrenzten Zielgruppennutzen, ganz zu schweigen von einer Realisierung eines ganzheitlichen Smart-City-Ansatzes [HATZELHOFFER02].

2.5   Praktische Smart-City-Initiativen

Am Beispiel weltweiter Smart-City-Initiativen erhalten wir einen Einblick, wie die Modernisierung der Städte in der Praxis umgesetzt wird.

Eine besondere Herausforderung ergibt sich für Städte mit alten Infrastrukturen, die natürlich gewachsen und teilweise ausgeufert sind. Hier gilt es, neuartige Technologien in bestehende Infrastrukturnetzwerke in einem ersten Schritt monolithisch zu etablieren. Es entstehen Pilotprojekte, die zu einer Ausbreitung smarter Geschäftsmodelle und Technologien führen. Eine inkrementelle Transformation etablierter Städte von der analogen in die digitale Welt. Der Aufwand auf Seiten der Städte ist dabei durchaus beträchtlich.

Demgegenüber gibt es insbesondere im asiatischen Raum das Bestreben, digitale Städte von Grund auf zu entwerfen und völlig neu aufzubauen. Die vollelektronische Stadt, wie sie der Elektrokonzern Panasonic bei Tokio bauen will, stellt die

evolutionär vorerst letzte Ausbaustufe moderner, hoch vernetzter Städte dar. Die
Vision der vollelektronischen Stadt besteht darin, dass die Städte im Sinne eines
Baukastensystems als Standardprodukt bestellt und zur Verfügung gestellt werden. Das Ziel: klimafreundliche, voll vernetzte Städte in Reihenfertigung. Der Idee
zugrunde liegt das „Internet of Things", bei dem die Häuser mit intelligenten
Licht-, Bewegungs- und anderen Sensoren ausgestattet sind und Kühlschränke,
Fernseher, Klimaanlagen über das Internet miteinander verbunden sind. Damit
soll u. a. der Stromverbrauch reduziert werden. Letztendlich geht es darum, Städte
nachhaltig, kohlendioxidneutral, müll- und autofrei zu machen [KOELLING].

Der Stadtstaat Singapur hat einen behördenübergreifenden Masterplan entwickelt,
mit dem die IKT-Industrie gefördert und eine hoch vernetzte urbane Gesellschaft
geschaffen werden soll. Die Maßnahmen gehen weit über eine Modernisierung der
Stadtinfrastruktur hinaus. Durch den Einsatz von ubiquitären (allgegenwärtigen)
digitalen Technologien soll die Wettbewerbsfähigkeit der Metropole nachhaltig
gestärkt werden. Mit dem Projekt „HotCity" will Luxemburg eine offene und betreiberunabhängige Smart-City-Dienste-Plattform zur Verfügung stellen. Diese IT-
Plattform ermöglicht jedem Bürger den Zugang zum Internet und den städtischen
Diensten [HATZELHOFFER01].

Internationale Smart-City-Projekte von Städten bilden die „Ubiquitous City" in
Kalifornien, die „Modellstadt für Mobilität in Wien", die „Open-Data-Initiative" in
Großbritannien oder das Projekt „Building Next Generation Cities" in Songdo,
Süd-Korea. Einige bedeutende Großunternehmen haben die Chancen entdeckt, die
sich bei der Entwicklung von modernen Städten ergeben. Es gibt bereits einige
Initiativen wie die T-City in Friedrichshafen, Siemens Liveable Cities oder IBM
Smart Cities for a Smarter Planet, um nur einige zu nennen. Im Zentrum der weite-
ren Überlegungen steht die Überlegung, welche Faktoren dazu führen, dass Städte
den Weg in moderne und damit smarte Städte aufnehmen.

2.6   Treiber und Bremsfaktoren von Smart-City-Initiativen

Auf politischer Ebene wurde 2010 von der Europäischen Kommission die „European Initiative on Smart Cities" ins Leben gerufen, mit der Städte und Regionen
gefördert werden sollen. Der Schwerpunkt liegt auf dem Klimaschutz und der
Energieeffizienz. Diese Initiative ist Teil des Strategieplans für Energietechnologien
(SET) [EURO1].

Ein weiterer Treiber für das Entstehen von Smart Cities sind das Aufkommen zahlreicher Social-Media-Technologien wie Facebook, Twitter oder Xing, die zu einer
starken Vernetzung der Bürger innerhalb und außerhalb einer Stadt führen (siehe
Abb. 2.6). Damit sind soziale Netzwerke „einerseits Marktplatz, Kommunikations-
plattform und Unterhaltungsmedium". Besonders relevant ist, dass sie einen neu-
en „interaktiven (Lebens-) Raum konstituieren, indem der Konsument zum Produzenten wird" [HATZELHOFFER01].

Abb. 2.6: Smarte Endgeräte für jeden Zweck

In einer Analyse von Peter Ernst „Ubiquitous Dienste in deutschen Kommunen"
[ERNST] hat der Autor im Rahmen einer empirischen Befragung u. a. die Treiber
und Hindernisse für allgegenwärtige digitale Smart-City-Dienste in deutschen
Kommunen untersucht. Er kommt zu dem Schluss, dass aus Sicht der Stadtverwaltungen die Dienste mit dem größten Einfluss direkt oder indirekt die finanzielle
Situation der Kommunen verbessern. Aus Sicht der Bürger, so zeigt seine Untersuchung, werden den Treibern allgemeines Nutzenpotenzial und Bedarf eine hohe
Bedeutung eingeräumt. Bezüglich der Hindernisse rangieren mangelndes Vertrau-
en der Endnutzer, geringe Endnutzerakzeptanz und mangelnde Endnutzerinformation an oberster Stelle. Zu ähnlichen Ergebnissen kamen auch die bereits erwähnten Autoren des Buches über die Smart-City-Initiative T-City in Friedrichshafen [HATZELHOFFER01].

2.7   Fazit

Grundsätzlich sind moderne Städte smart und für einen Großteil der Bevölkerung
attraktiv. Die Attraktivität einer Stadt wird erhöht durch ein flexibles und gut zu-
gängliches öffentliches Verkehrssystem, ein hohes Maß an Sicherheit, gute Beschäftigungsmöglichkeiten, ein attraktives Stadtbild durch Grünflächen, Parks, eine
moderne Infrastruktur, ein weites kulturelles Spektrum und vieles mehr. Somit
kann eine Smart City auch als für eine Mehrheit der Stadtbevölkerung attraktive
und lebenswerte Stadt bezeichnet werden. Zur Attraktivität und damit Smartness
von Städten tragen die Informations- und Kommunikationstechnologien als
Querschnittsfunktion, die alle Handlungsfelder einer Stadt miteinander vernetzten, besonders bei. Sämtliche urbanen Bereiche einer Stadt können nur durch hoch
vernetzte, integrierte und umfassend etablierte digitale Technologien intelligenter

werden. Damit auch die Bürger konstruktiv an der Weiterentwicklung ihrer Stadt oder Stadtteile mitwirken können, ist in einem ersten Schritt die Bereitschaft erforderlich, sich mit innovativen Technologien zu beschäftigen und diese sukzessive in ihren Lebensalltag zu integrieren.

Triebfeder des Buches ist es, mit konkreten Überlegungen und Ansätzen die digitale Entwicklung der modernen Stadt zu begleiten. Im Kapitel 2 skizzieren wir unser Modell der modernen und damit digitalen Stadt. Daran anschließend entwickeln wir unsere Vision der modernen Stadt und dem dazugehörigen Apps-Öko-System im Kapitel 3. Des Weiteren beleuchten wir im Kapitel 4 alle relevanten Technologien, die bei der Entwicklung von Smart Cities bedeutsam sind, ohne dabei in die technologischen Tiefen abzusteigen. Daran anschließend wird im Kapitel 5 das allgemeine Modell der innovativen Geschäftsmodelle und Partner-Öko-Netzwerke für die digitale Evolution moderner Städte schematisch aufgezeigt. Es werden die Veränderungen für Städte und Lösungsanbieter durch das Entstehen von Daten-Management-Geschäftsmodellen thematisiert.

Des Weiteren beleuchten wir die Konsequenzen für die Stadtverwaltungen hinsichtlich Finanzierung digitaler Stadtentwicklungsangebote. Weiter zeigen wir in den Kapiteln 6 und 7 am Beispiel von drei Anwendungsszenarien: Smart Mobility, Smart Buildings/ Smart Homes und Smart Health konkrete Digitalisierungskonzepte zur Transformation analoger in digitale, moderne Städte. Diese Konzepte stellen prinzipiell eine Kombination von Infrastruktur- und Datenmanagement-Lösungen dar. Uns ist daran gelegen, dem interessierten Leserkreis konkrete Szenarien aufzuzeigen, mit denen eine Erneuerung bestehender Stadtinfrastrukturen im Zusammenspiel unterschiedlicher Partner hin zu smarten und damit modernen Städten möglich ist. Dies geschieht vor dem Hintergrund, dass wir in durch einen digitalen Wandel geprägten Städten leben, der zum greifbaren und spürbaren Nutzen der Bürgerinnen und Bürger gestaltet werden soll. Abschließend ziehen wir im Kapitel 8 ein Fazit aus den vorherigen Kapiteln und skizzieren einen Ausblick auf Städte der Zukunft und erläutern, warum moderne Städte digitalisierte Städte sind.

Begleiten Sie uns auf dieser Reise und entdecken Sie neue Möglichkeiten und Denkanstöße auf dem Weg in die digitale Evolution moderner Städte.

3 Die Vision moderner Städte und das Apps-Öko-System

„Die Stadt von morgen wird durch den gebaut, der sie zu denken wagt." (Allianz)

Aufgrund der Bevölkerungskonzentration in Großstädten wird klar, dass die Weichenstellung für die zukünftige Entwicklung der Menschheit sich nur in den Städten vollziehen kann. Im positiven Fall bleiben Städte die Entwicklungslokomotiven für eine moderne und prosperierende Gesellschaft von morgen. Das bedeutet aber, dass sich die weltweiten Stadtplaner bereits heute auf die enormen Herausforderungen, wie z. B. Klimaschutz und Ressourceneffizienz einstellen müssen, die durch die prognostizierte urbane Bevölkerungsexplosion ausgelöst werden.

Aus unserer Sicht geht es in diesem Zusammenhang speziell darum, die umfangreichen Möglichkeiten, die sich aus der Nutzung von Informations- und Kommunikationstechnik ergeben, aufzuzeigen. Wir wollen Anregungen geben, wie in diesem Kontext nachhaltige zukunftsorientierte Lösungen für alle Bereiche des zivilen, geschäftlichen und öffentlichen Lebens implementiert werden können. Dies geschieht alles vor dem Hintergrund, dass die Gesellschaft in großen Städten zunehmend bereit ist, moderne, innovative Technologien in ihrem Alltag anzuwenden. Der öffentliche Sektor mit seinen Stadtplanern muss diese Entwicklungen berücksichtigen und sich den Bedürfnissen der Gesellschaft anpassen. Es gilt, den notwendigen Entwicklungsschritt der Stadt zum modernen Dienstleistungszentrum mit innovativen Kommunikationsstrukturen zu wagen. Nur durch die Einführung hochgradig vernetzter IT-Technologien erhalten Städte und Kommunen die Chance, sich grundlegend zu modernisieren.

Welche Schritte sind für die Städte der Zukunft deshalb notwendig, um im internationalen Standortwettbewerb zu bestehen und den Bürgern die gewünschte Lebensqualität zu sichern? Wie können digitale Techniken dabei helfen, eine nachhaltige Stadtentwicklung zu ermöglichen, die sich nicht ausschließlich an isolierten Interessen Einzelner orientiert? Wie kann die Balance gehalten werden zwischen dem ökonomischem Wachstum und der nachhaltigen Entwicklung unserer Umwelt, zwischen baulicher Expansion und Bewahrung des historischen Erbes, zwischen gestiegenem Anspruch auf individuelle Mobilität und Grenzen des Verkehrs, zwischen den Generationen und den unterschiedlichen sozialen Gruppen und all das möglichst auf der Grundlage einer gerechten, gesundheitlichen Versorgung mit gleichen Bildungschancen für alle Einwohner?

Schauen wir zuerst auf die Ist-Situation und dann auf mögliche Ansatzpunkte für den Aufbau einer modernen smarten Stadt der Zukunft. Danach beleuchten wir die konkreten Technologien, die als Basis dieser Veränderung notwendig sind.

Abb. 3.1: Analoge Verkehrsinfrastruktur bedeutet Stillstand

3.1   Die postindustrielle Gesellschaft ist digital

Wenn man heute als einfacher Bürger z. B. auf eine x-beliebige westeuropäische Stadt schaut, könnte man meinen, dass wir Bürger noch immer nur bloß geduldete, passive Nutzer einer Stadt sind. Es scheint, wir haben allenfalls eine Aufenthaltsgenehmigung im Reservat Fußgängerzone oder in Büros verbunden mit einer flüchtigen An- und Abreise. Ob nun mit Verbrennungsmotor oder im neuartigen Elektromobil. Hinzu kommen ungelöste Probleme durch völlig veraltete Infrastrukturen (siehe Abb. 3.1). So versickert in London etwa ein Drittel des Trinkwassers in den alten und undichten Wasserleitungen. Viele Städte plagen eine ungenügende Gesundheitsversorgung, zunehmende Kriminalität und ein völlig überlastetes Bildungswesen [ACA]. Dabei hat jede Stadt allerdings unterschiedliche Handlungsfelder aus einer sehr spezifischen Kombination von sozioökonomischen, ökologischen und geographischen Verhältnissen, die es zu berücksichtigen gilt.

In unserer Vision der modernen Stadt geht es um Menschen, die in Städten leben, arbeiten oder diese nur kurz besuchen. Die Menschen können über eine konstruktive Rolle bei der Erstellung und Nutzung von digitalen Smart-City-Diensten selbst dazu beitragen, ein angenehmes, benutzerfreundliches und ökologisches, spezifisches städtisches Umfeld zu schaffen. Dafür müssen alle Handlungsfelder einer Stadt zu einem bürgergerechten Gesamtkonzept integriert werden. Die einzelnen heute isolierten digitalen Anwendungen korrespondieren dann miteinander und sind notwendigerweise in einem Informations- und Kommunikationsverbund zu vernetzen und zu kombinieren.

Die Voraussetzungen hierfür sind bereits weit fortgeschritten, weil die postindustrielle, digitale Gesellschaft den Lebens- und Arbeitsalltag der Menschen schon heute nachhaltig verändert hat. Immer mehr Menschen können dank eines leistungsfähigen digitalen Endgerätes (Smartphone, Tablet PC oder Laptop) mit Internetzugang von jedem Ort der Erde aus arbeiten, der an das Internet angeschlossen ist, also in afrikanischen Dörfern genauso wie in indischen Palästen. Moderne IT macht es möglich und spielt damit eine immer wichtigere Rolle, um Erfolg im Beruf zu haben und am gesellschaftlichen Leben teilnehmen zu können. Wir sind durch unsere digitalen Identitäten immer stärker miteinander vernetzt, leben und arbeiten zunehmend mobil und global. Werden diese Möglichkeiten der digitalen Technik in den Städten konsequent genutzt, dann werden die Bürger Teil einer hoch komplexen Dienstleistung und Kreislaufwirtschaft. So erhalten Bürger in unseren Vorstellungen einen individuellen Service zu jedem Zeitpunkt und an jedem Ort in einer Stadt. Damit wird es möglich, die Lebensqualität zu erhöhen, indem z. B. viele Dinge, die heute noch im Besitz sein müssen, in Zukunft einfach „just in time" bei Bedarf gemietet werden können.

Der Kern dieser Entwicklung wird durch die zunehmende Leistungsfähigkeit von Smartphones und das mobile Internet vorangetrieben. Die digitale Technik wird so immer mehr in den Alltag einziehen. Damit ist die digitale Technik einerseits Treiber für viele neuartige Dienstangebote, versetzt aber auch den Bürger in die Lage, sich konstruktiv in die Entwicklung einer Smart City einzubringen und daran teilzuhaben.

3.2 Der digitale Smart-City-Ansatz

Inzwischen gibt es bereits unzählige Apps, die den Alltag der Bürger mit wertvollen digitalen Informationen erweitern, z. B., indem die umliegenden Nahverkehrshaltestellen und die Ankunftszeiten der Busse und Bahnen verfügbar gemacht werden. In immer kürzeren Innovationszyklen kommen völlig neuartige smarte Geräte und Apps mit bisher unbekannten Ausprägungen auf den Markt. So werden Geräte mit Sensoren ausgestattet, um z. B. die Bewegungen und Standorte des Nutzers zu erkennen. Über eine gleichzeitige Verbindung mit dem eigenen sozialen Netzwerk werden diese Informationen allen Freunden und Bekannten sichtbar gemacht. Ein Ausblick in die Zukunft zeigt, dass die Leistungsfähigkeit der digitalen Endgeräte noch lange nicht ausgereizt ist und ein enormes Entwicklungspotential besteht. So können heute schon über die Kameras von Smartphones verschiedene Informationen über das reale Umfeld des Bürgers in Echtzeit eingeblendet werden. In diesem Zusammenhang gibt es spezielle Forschungsprojekte, anhand der Analyse von Gehirnwellen eines Menschen zu erkennen, an welche Begriffe er gerade denkt [INTEL]. Solche technischen Möglichkeiten eröffnen unbegrenzte Kreativität für viele weitere Apps mit einer heute noch unvorstellbaren Anwendungsvielfalt.

Die vorläufige Spitze dieser digitalen Entwicklungen sind aus Anwendersicht neu-artige digitale Computerbrillen, die bislang nur aus Science-Fiction-Filmen wie „Terminator" oder „Minority Report" bekannt sind und nun unseren Alltag er-obern könnten: Informationen jeglicher Art werden direkt in das Sichtfeld des Nutzers eingeblendet, um so z. B. Onlinedienste wie Navigation und Wettervor-hersagen zu sehen oder die Suche nach Freunden über soziale Netzwerke in der näheren Umgebung zu ermöglichen. Außerdem kann der Nutzer mit der Brille natürlich auch noch fotografieren. Ein Tag in einer Stadt aus der Sicht eines männ-lichen Bürgers, der mit einer derartigen Hightech-Brille unterwegs ist, könnte dann ungefähr so aussehen: Erst verabredet er sich mit einem Freund über ein soziales Netzwerk und chattet mit ihm. Dann erfährt er von einer verspäteten U-Bahn und lässt sich deshalb schnell Stadtplanausschnitte für den Fußweg einblenden. Schließlich nutzt er die Brille, um mit ihr ein Foto aufzunehmen und an seine Freundin zu versenden, um anschließend ein Videogespräch mit ihr zu führen [FRÖ].

Diese Entwicklungen zeigen, dass der Umgang mit digitalen Daten nochmals deut-lich vereinfacht wird. Durch 3D-Sichten und innovative Endgeräte wie der Daten-brille werden zusätzliche digitale Dienste und Anwendungen in der Smart City möglich.

In dem Brillengestell sind beispielsweise ein Mikrofon, Kamera, GPS-Empfänger, WLAN, Kompass und ein Prozessor verbaut. Hinter dem Projekt der Firma Google steht die Idee, dass der Nutzer durch die Sensoren, das Mikrofon und die Kamera seine Perspektive der Welt aufzeichnet. Zudem soll der Nutzer Informationen für seinen Alltag direkt in seinem unmittelbaren Blickfeld sehen, ohne dabei von der Realität abgelenkt zu werden. Die Brillen können beispielsweise Geräusche orten und den Ursprung des Geräusches ermitteln.

Aber auch die Entwicklung eines neuen Mobilitätsverhaltens zeigt sich bereits in ersten Ansätzen. Das Auto wird seine Rolle im zukünftigen Zeitalter der Elektro-mobilität und vernetzten Infrastrukturen komplett verändern und die noch beste-hende Dominanz im Individualverkehr verlieren. In unser Vision geht es darum, eine Multi-Modalität zu verwirklichen, indem vorhandene und neue Verkehrsmit-tel einander sinnvoll ergänzen und nicht miteinander in Konkurrenz stehen. In der Folge wird es möglich, die Straßen zu entlasten und die klimaschädlichen Ver-kehrsemissionen zu senken. Der Bürger bleibt dabei aktiv und kann mit Hilfe sei-nes Endgerätes die jeweils beste Route abrufen. Eine weitreichende moderne In-termodalität beruht daher zwingend auf der Verbindung von Mobilität und digitaler Kommunikation.

Widmen wir uns zuerst den technischen Veränderungen rund um das Auto. Es wird zwar viel über die Bedeutung des Elektroantriebes als Königsweg für die Mobilität der Zukunft diskutiert. Aber im Grunde beschränkt sich die Nutzendis-kussion dabei hauptsächlich auf die Senkung der $CO2$-Emissionen durch den

Wechsel der Antriebsart. Dies ist ohne Zweifel ein wichtiger Schritt in die richtige Richtung. Wir sind aber der festen Überzeugung, dass ohne ein intelligentes Zusammenspiel zwischen Auto und Umwelt der Elektroantrieb nur eine begrenzte Wirkung bei diesem wichtigen Thema erzielen kann. Deshalb ist die intelligente Vernetzung des Autos mit anderen Autos, dem Smart Grid und dem Internet über Cloud Computing-basierte Dienste-Plattformen, der entscheidende Schritt für die Weiterentwicklung. Nur so wird das Auto seinen berechtigten Platz bei der Realisierung der zukünftigen digitalen Mobilität erhalten. Die Vision dahinter beschreibt letztendlich ein vollautonomes Fahrzeug, mit einer beeindruckenden Funktionsvielfalt, die über das heute bekannte Autofahren weit hinausgehen wird.

Durch die hochgradige Vernetzung der Autos untereinander und dem Auto mit den Infrastrukturkomponenten entsteht eine bi-direktionale Kommunikation und Interaktion. Die technische Voraussetzung für diese umfassende Kommunikation über das Internet ist der Einbau von Telematik-Modulen in den „on board units" der Autos. Diese sind aber nicht nur für die Kommunikation zuständig, sondern fungieren als zentrale Instanz, um die augenblicklichen Zustände der fahrenden Autos ständig zu überwachen und auszuwerten. Die so gewonnenen spezifischen Daten in Verbindung mit der Funktion eines eigenständigen Kommunikationsnetzknotens ermöglichen beispielsweise ein verändertes kooperatives Fahren auf unseren Straßen. Die „on board unit" des Autos kann dann autonom auf der Basis eigener Daten in Verbindung mit den Umweltdaten in das Fahrsystem eingreifen, um z. B. Unfälle zu vermeiden. Auch andere Smart-City-Mobilitätsdienste werden durch diese komplexe Vernetzungsvielfalt möglich, wie beispielsweise das koordinierte Anfahren an Ampeln, die Umsetzung einer adaptiven Abstandsregelung oder die Reduzierung unnötiger Bremsvorgänge.

Am Ende einer derartigen Entwicklung ist die Verwirklichung einer „Zero Accidents Policy" denkbar. Dafür sind allerdings noch technische Hürden zu meistern und vor allem müssen auch die Bereitschaft und das Vertrauen der Benutzer in diese Systeme schrittweise gefördert werden. Unabhängig von diesem Ansatz entstehen durch die Internetanbindung des Autos an zentrale Smart-City-Dienste-Plattformen intelligente IT-Verkehrssysteme zur Steuerung des Stadtverkehrs und der Parkraumbewirtschaftung. Die Steuerung des Verkehrs kann dabei über Preis-Tarif-Modelle reguliert werden. Konkret bedeutet dies, dass es beispielsweise in der Stadt normale Fahrspuren und daneben so genannte bevorzugte Fahrspuren gegen eine Gebühr gibt. Die normale Fahrspur kann von jedem Verkehrsnehmer ohne zusätzliche Kosten genutzt werden. Bei zunehmendem Verkehrsaufkommen wird die Gebühr flexibel angepasst, um den Verkehrsfluss zu optimieren.

Eine weitere Komponente besteht darin, dem Bürger den optimalen Mix an Fortbewegungsmitteln (Auto, eBike, Bus, Bahn etc.) im städtischen Umfeld anzubieten. Durch die Vernetzung der Fortbewegungsmittel untereinander und über eine zentrale Mobilitätsdienste-Plattform kann mittels bi-direktionaler Kommunikation die Optimierung der Fortbewegung in modernen Städten erfolgen. Der Bürger hat so die Möglichkeit, die Kosten der Beförderung, die CO_2-Emissionen zu senken und den Verkehrsfluss zu optimieren. Das Auto entwickelt sich zu einem hochgradig vernetzten und integrierten Fortbewegungsmittel im Kontext einer Smart City. Möglich wird dies durch die Integration multimedialer Dienste in das Auto, die Vernetzung mit den Social-Media-Anwendungen und die Integration in die digitalen Netze anderer Handlungsfelder einer Smart City.

Dies sind erste Beispiele, welche das Potenzial von Informations- und Kommunikationstechniken im Alltag in modernen Städten, die smart sind, aufzeigen. Entscheidend bei der Umsetzung von digitaler Technik in konkrete, nachhaltige smarte Stadtlösungen bleibt aber die Frage nach der Akzeptanz bei den Bürgern. Bisherige Feldversuche belegen, dass ohne aktive Einbeziehung der Bürger alle technischen Lösungen nur zögerlich akzeptiert werden und diese dann nicht flächendeckend zur Anwendung gelangen [ERNST]. Werden die Bürger aber aktiver Teil einer umfassenden digitalen Entwicklung und Teilnehmer von offenen bürgernahen IT-Plattformen, können sie sich in unserer Vision moderner Städte zu smarten Cities entwickeln.

3.3   Digitale Service-Innovation im Apps-Öko-System

Bei unserem digitalen Smart-City-Ansatz orientieren wir uns an dem konkret Machbaren. Dabei gehen wir der zentralen Frage nach, wie die Verfügbarkeit neuester IT-Technologien wie Cloud Computing und Apps-Öko–Systemen zur zukünftigen Weiterentwicklung größer werdender Städte beitragen kann. Sind mit der Durchdringung dieser innovativen IT-Technologien im Alltag der Bürger z. B. Verkehrsprobleme lösbar? Können neue innovative Mobilitätsangebote zur Verfügung gestellt werden, die auf ‚Nutzen' statt ‚Besitzen' bauen und oftmals Mobilität gerade für ältere Bürgerinnen und Bürger erst möglich machen? Unserer Meinung nach wird dies möglich werden, weil Computer und Sensornetzwerke zunehmend in allen Lebensbereichen zur Verfügung stehen und über das Internet miteinander verbunden sind. Dem Nutzer werden hierzu netzwerkbasierte IT-Services und Daten überall und zur jeden Zeit („anytime and anywhere") in bi-direktionaler Kommunikation zur Verfügung gestellt.

Darauf aufbauend findet eine Entkopplung der Computer-Schnittstelle von der physikalischen Infrastruktur statt. Dies führt zu einer verstärkten Verknüpfung und Integration von Gegenständen, Oberflächen, Räumen und letztlich unserer ganzen Umwelt. Der Benutzer greift auf dieses komplexe Netzwerk mit den flächendeckend verfügbaren intelligenten Endgeräten wie Smartphones, iPads etc. direkt darauf zu. In der Folge entsteht ein bi-direktionales, in Echtzeit ablaufendes und lernendes Netzwerk aus sozialen Netzwerken wie Facebook, Cloud-Computing-basierten Apps, Verkehrs- und Überwachungssensoren, On-board-units in eCars und Ladestationen, Smart Homes und Smart Grids sowie tausenden weiterer Alltagssensoren. Diese Netzwerke sind smart, interaktiv, lernend und in die Umwelt integriert.

In unserer Vision der Stadt der Zukunft verstehen wir deshalb umfassende IT-Dienstangebote für die Bürger durch hoch integrierte städtische Ver- und Entsorgungssysteme mittels modernster IKT-Infrastrukturen. Sie bilden die Grundlage dafür, dass die Bürger, Kommunen und Industrie über Integrations- und Service-Plattformen miteinander verbunden sind. Neuartige App-Öko-Systeme auf der Basis einer breitbandigen bi-direktionalen Informationsverteilung, -speicherung und -weiterverarbeitung wirken als Katalysator und schaffen vielfältige Entwicklungsmöglichkeiten für die Stadt mit dem Ziel, die Lebensqualität der Bürger nachhaltig zu steigern (siehe Abb. 3.2).

Abb. 3.2: Jederzeit und überall online

Außerdem werden sich unserer Meinung nach alle städtischen Bereiche, wie Bildungssektor, Transportwesen, Krankenhäuser und Energieerzeuger und -verteiler, Kommunen, Städte und Industrie in diesem Kontext ernsthaft zu Service-Anbietern entwickeln müssen. In einem Smart-City-Internet of Things and Services werden dem Bürger dann über Cloud-Computing-Dienste-Plattformen innovative, nutzbringende Smart-City-Services sowie aufeinander abgestimmte Mobilitätsdienstleistungen angeboten. Dies ermöglicht mehr Effizienz, Kommunikation, Transparenz und Partizipation. Damit wird deutlich, wie durch den Einsatz innovativer IT-Technologien unsere Städte und Kommunen lebenswerter und wirtschaftlich attraktiver werden.

Ein zentraler Wettbewerbsfaktor bei diesen innovativen Geschäftsmodellen ist die starke Integration von Bürgeranforderungen in die Leistungserstellung und Bereitstellung. In einer intelligenten, auf I&K-basierten Dienste-Plattform verändert sich der klassische, ausschließlich passive Konsument zum Prosumer – also hin zum aktiven Produzenten. Dieser digitale Smart-City-Ansatz soll Ideengeber für Politik, Verwaltung und Wirtschaft sein. Der Ansatz soll auch konkrete Anregungen für

Städte, Kommunen und Infrastrukturlieferanten liefern, um den Bürger in allen Lebensbereichen dabei zu unterstützen, einen Smart-Life-Ansatz zu verwirklichen. In den Kapiteln 6 und 7 stellen wir am Beispiel konkreter Anwendungsszenarien „smart mobility" und „smart health" den digitalen Smart-City-Ansatz detailliert dar.

Mögliche Bürgerfragen könnten wie folgt lauten:

- Wie kann ich unterschiedliche Verkehrssysteme auf Mietbasis in einem durchgängigen, mobilen Gesamtsystem nutzen?
- Wie kann ich als herzkranker Patient meine Mobilität erhalten und auch bezahlen?
- Welche Anwendungen helfen mir in meinem Haus, den Alltag auch im Alter unbeschwert zu meistern?
- Wie kann ich in Echtzeit wertvolle Verbraucherinformationen erhalten, um meinen täglichen Einkauf zu optimieren?

Diese Fragen zeigen die Vielfalt an möglichen Apps innerhalb einer Stadt aus Sicht des Bürgers. Wie sie aber konkret aussehen wird, die User- und Daten-basierte Stadt, die nicht mehr durch die Trennung von städtischen Funktionseinheiten gekennzeichnet ist, liegt noch im Ungewissen. Mit unserem Beitrag verbinden wir die Hoffnung, dass die Stadtplaner und die politisch Verantwortlichen unsere Ideen mutig aufgreifen werden.

Mit dem digitalen Smart-City-Ansatz können sich lokale Nachbarschaften in urbane Zentren hoher Produktivität, Bildungs- und Beschäftigungsmöglichkeiten und technologischen Fortschritt transformieren. Man könnte sagen, dass sich lokale Communities zu intelligenten Nachbarschaften wandeln. Möglich ist dies über die Evolution einer lokalen Informationsinfrastruktur. Den Ausgangspunkt bilden die möglichst überall verfügbaren Breitband- und Wireless-Technologien für den (mobilen) Datenverkehr. In der nächsten Evolutionsstufe folgt die Etablierung des Internets der Dinge, gefolgt vom Internet der Dinge und Services. Diese technologischen Evolutionsstufen werden im folgenden Kapitel näher beleuchtet. Mit dem Internet der Dinge und Services kann die Transformation der Städte in digitalisierte Städte vollzogen werden. Denn dann sind digitale Services auf der Basis von Community-Cloud-Apps-Plattformen realisierbar.

3.3.1   Cloud Computing ermöglicht Apps-basierte Smart-City-Ansätze

Die Essenz einer intelligenten Community innerhalb einer Smart City ist eine nutzerorientierte Initiative, basierend auf einer innovativen Technologie – Cloud Computing [PEL]. Für uns ist Cloud Computing als innovative IT-Technologie keine revolutionäre Technologie. Vielmehr baut Cloud Computing auf bestehenden Technologien und Konzepten auf. Was versteht man aber unter Cloud Computing? Der Begriff Cloud Computing wird in Kapitel 4 ausführlich thematisiert. Für unser Verständnis reicht es an dieser Stelle aus, Cloud Computing als Ansatz zu beschreiben, bei dem abstrahierte IT-Infrastrukturen (z. B. Rechenkapazität, Datenspeicher, Netzwerkkapazitäten oder auch fertige Software) dynamisch an den Bedarf angepasst und über ein Netzwerk zur Verfügung gestellt werden. Aus der Sicht des Nutzers scheinen die zur Verfügung gestellten abstrahierten IT-Services fern und undurchsichtig, wie in einer „Wolke" verhüllt, zu geschehen. Die Spannbreite der im Rahmen von Cloud Computing angebotenen Services umfasst das komplette Spektrum der Informationstechnik und beinhaltet unter anderem Infrastruktur (z. B. Rechenleistung, Speicherplatz), Plattformen und Software (Applikationen) [BSI]. Die meisten Leser verwenden im Privatleben oft bereits Cloud Computing Services. Denken Sie nur an im Internet verfügbare E-Mail-Programme wie google-mail, gmx oder Applikationen wie Facebook, Twitter, Google Apps etc. Diese Applikationen zählen zu der obersten Cloud Computing-Ebene „Software as a Service (SaaS)", siehe Abb. 3.3. In der Abbildung werden zudem die weiteren Bestandteile von Cloud Computing abgebildet. Dazu gehören neben den bereits erwähnten SaaS-Applikationen, Plattformleistungen (Platform as a Service – PaaS) und Infrastrukturleistungen (virtual Infrastructure as a Service – IaaS). Eine ausführliche Definition und Beschreibung des IT-Trends Cloud Computing erfolgt in Kapitel 4.3.

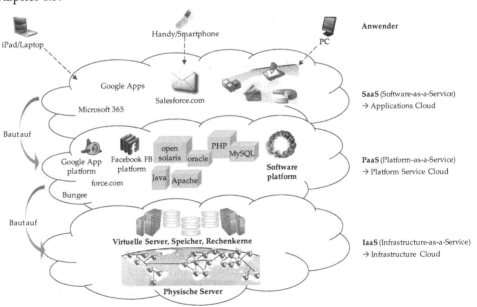

Abb. 3.3: Grundlegende Elemente des Cloud Computing

Durch das Aufkommen des IT-Trends Cloud Computing werden technologische Aspekte beherrschbar, ohne die Apps-orientierte Geschäftsmodellansätze nicht realisierbar wären. Die reale Welt wächst mit der digitalen zusammen. Dabei stellen Apps standardisierte Services dar, die über das Internet bzw. Cloud Computing-basierte Dienste-Plattformen flexibel und bedarfsgerecht auf zahlreichen Geräten wie Smartphones oder iPad dem End-Kunden zur Verfügung gestellt werden. Erst dann können alle digitalen Objekte unbegrenzt miteinander kommunizieren und die Anwender sind durch bi-direktionale Datenströme aktiv mit einbezogen. Auf der Basis bi-direktionaler Kommunikation über Cloud-Computing-Dienste-Plattformen und dazu gehörige Apps entstehen völlig neue Vernetzungsmuster (logisch und physisch) zwischen Bürger und der Infrastruktur innerhalb moderner Städte des 21. Jahrhunderts. In der Folge werden mit diesen Dienste-Plattformen innovative Geschäftsmodelle entstehen und eine Entwicklung von analogen hin zu ‚smarten' Städten vorantreiben.

Im weiteren Verlauf des Buches gehen wir der zentralen Frage nach, wie die Einführung neuester IT-Technologien wie Cloud Computing und Apps-Öko-Systemen zur produktiven Weiterentwicklung größer werdender Städte beitragen können. Sind mit diesen innovativen IT-Technologien z. B. Verkehrsprobleme lösbar bzw. können sie gemildert werden oder werden der überalternden Bevölkerung neue Mobilitätsangebote zur Verfügung gestellt, die oftmals Mobilität erst möglich machen? Unserer Meinung nach wird dies möglich werden, weil Computer heute allgegenwärtig und über das Internet miteinander verbunden sind. Cloud Computing ist dann das verbindende Element dieser über das Internet verbundenen Computer. Dabei werden dem Nutzer netzwerkbasierte IT-Services und Daten überall und zur jeder Zeit („anytime and anywhere") in bi-direktionaler Kommunikation zur Verfügung gestellt.

3.3.2   Die bi-direktionale Kommunikation und der Prosumer

Mit bi-direktionaler Kommunikation ist gemeint, dass der Nutzer nicht nur Daten von einem PC, einer Maschine oder einer Applikation erhält, sondern selbst auch Daten zurücksendet. Darauf aufbauend findet eine Entkopplung der Computer-Schnittstelle von den Maschinen statt, was wiederum zu einer verstärkten Verknüpfung von Gegenständen, Oberflächen, Räumen und letztlich unserer ganzen Umwelt führt. Der Benutzer greift auf dieses komplexe Netzwerk mit den immer öfter verfügbaren intelligenten Endgeräten wie Smartphones, iPads etc. direkt darauf zu. In der Folge entsteht ein bi-direktionales, in Echtzeit ablaufendes und lernendes Netzwerk aus sozialen Netzwerken wie Facebook, Cloud Computing-basierten IT-Diensten, Smartphone- und iPad-Apps, Verkehrs- und Überwachungssensoren, „On board units" in eCars und Ladestationen, Smart Homes und Smart Grids sowie tausenden weiterer Alltagssensoren. Diese Netzwerke sind smart, interaktiv, lernend und umweltumfassend. Mit der Entwicklung der persönlichen Kommunikationsgeräte wie den Smartphones und dem drastischen Anstieg der mobilen Anwendungen auf diesen „Personal Devices" werden die Bürger über cloud-basierte Dienste-Plattformen miteinander und ihrer Umgebung verbunden.

Das führt zu Anwendungen, in der viele Geräte miteinander kommunizieren können und in der sich das smarte „personal device" zunehmend als zentrales Steuerungsgerät für den Alltag erweist. So können beispielsweise simultan Informationen über das Geschäftsvermögen eingeholt werden, der Zustand des Autos analysiert, der Aufenthaltsort des Kindes bestimmt und der Inhalt des Kühlschranks geprüft werden. Der Schlüssel hierfür liegt letztendlich immer in der Querschnittsfunktion der Informations- und Kommunikationstechnologie, die die verschiedenen Aspekte des urbanen Lebens intelligent über IT-Service-Plattformen orchestriert.

Der Nutzer greift beispielsweise mit seinem Smartphone auf die Applikationen des Portals einer eCar-Cloud-Computing-Plattform zu. Dazu kann der Nutzer über eine App auf die Services von Auto Sharing Services zugreifen und ein Stadtteilauto reservieren. Das Stadtteil eCar ist auf der unteren Ebene in eine Informationsnetzstruktur bestehend aus Sensoren, Maschine-zu-Maschine-Kommunikation und Informationsnetzen eingebunden und tauscht mit dieser Ebene Daten und Informationen aus. Durch die bi-direktionale Kommunikation zwischen dem eCar und dem Sensornetzwerk können Daten gesammelt und aufbereitet werden, die zur präventiven Unfallvermeidung beitragen können. Denken Sie nur daran, dass die Sensoren die Personendichte in bestimmten Stadtteilen oder Straßen registrieren und diese Informationen mit dem eCar austauschen können. Das System eCar könnte real darauf reagieren, indem die Geschwindigkeit des Fahrzeugs automatisch reduziert wird. Zudem könnte der Fahrer durch ein akustisches Signal auf die Personendichte aufmerksam gemacht werden. In einer weiteren Stufe können die Sicherheitssensoren und -funktionen (beispielsweise sensorgesteuertes Bremsverhalten) des eCar auf die Situation eingestellt werden. Dies könnte einen Beitrag zur Unfallvermeidung im Straßenverkehr liefern. Der Apps-orientierte Geschäftsmodell-Ansatz wird schematisch in Kapitel 5 ausführlich erläutert. In den Kapiteln 6 und 7 beschreiben wir die Funktionsweise des Geschäftsmodell-Ansatzes konkret am Beispiel von zwei Anwendungsfällen.

Es ist abzusehen, dass die Hardware-basierten Infrastrukturkomponenten ihre alleinige Bedeutung im Geschäftsmodell verlieren werden. Durch die Nutzung von Daten unterschiedlicher Infrastrukturkomponenten, wie beispielsweise beim Smart Grid, entstehen völlig neuartige Daten-Management-Geschäftsmodelle. Es vollzieht sich eine geschäftsrelevante Trennung von Infrastrukturphysik und Datenschicht. Mit den neuen Nutzungsdaten werden innovative Bürgerdienste möglich, die die Lebensqualität der Bürger in modernen Städten spürbar verbessern werden. Mit der zunehmenden Vernetzung sämtlicher Ebenen der städtischen Infrastruktur entstehen Partner-Öko-Netzwerke, die vielseitige Geschäftsmöglichkeiten durch die Nutzung der Daten für zahlreiche Akteure einer Smart City ermöglichen. Von elementarer Bedeutung ist, dass sich die Entwicklung und Umsetzung neuartiger Smart-City-Dienste an den konkreten Bedürfnissen der Bürger orientieren. Die konkrete Lebensrealität ist der Ausgangs- und Orientierungspunkt für die Ausgestaltung innovativer Smart-City-Dienste. Dabei wandelt sich das Selbstverständnis des Bürgers vom reinen passiven Konsumenten hin zum aktiven Prosumer, der selbst Daten für innovative Smart-City-Dienste bereitstellt.

3.4   Die Stadt und das Finanzierungsdilemma

Der finanzielle Aufwand auf Seiten der Städte beim Aufbau einer smarten Infrastruktur ist dabei durchaus beträchtlich. Die gegenwärtige Situation ist aber so, dass viele Städte nicht über die Ressourcen verfügen, um diese Transformation selbstständig bewältigen zu können. Es ist gerade nicht die Stadt an sich, die in unseren Geschäftsmodell-Ansätzen das Gros und damit fast alle Risiken der Vorfinanzierung übernehmen muss. Entscheidend ist, dass mehrere Spieler in dem Geschäftsmodell in Vorleistung gehen und über ausgeklügelte Refinanzierungsmodelle die Vorleistungskosten mehr als kompensieren.

Da die Leistungsfähigkeit der Städte politisch und finanziell an Grenzen stößt, hat die Suche nach neuen strategischen Kooperationen bereits begonnen. Die heute noch in den etablierten Märkten dominanten Infrastruktur-Anbieter werden gezwungen, mit innovativen Anbietern aus dem Internetzeitalter zu kooperieren und strategische Partnerschaften einzugehen. Erst dann können sie am „Internet of Things and Services" partizipieren.

Neben den bereits angedeuteten Rahmenbedingungen benötigen aber moderne Metropolen zusätzlich zu Investitionen in den Aufbau der Infrastruktur auch eine Politik, die den Smart-City-Gedanken nicht bloß als Marketing-Schlagwort verwenden, sondern zur Leitlinie ihres Handelns macht. Denn erst durch eine breite Akzeptanz wird die Grundlage für die Realisierung von neuen internetbasierten Bürgerdiensten und neuen Geschäftsmodellen geschaffen.

Moderne Städte sind in ihren Handlungsfeldern hochgradig vernetzt und werden dadurch zu einer Smart City. Dies geschieht, wenn die verschmelzende Kombination aus herkömmlichen Infrastrukturkomponenten und Daten-Managementbasierten IT-Technologien gelingt. Denn durch diese Kombination in Verbindung mit der umfassenden Vernetzung auf allen Ebenen einer Stadt können neue Geschäftsmodelle mit zahlreichen Akteuren entstehen.

In einer hochgradig vernetzten Umgebung werden dann über Cloud Computing-basierte Dienste-Plattformen dem Bürger Smart-City-Dienste in Form von Apps zur Verfügung gestellt. Die Vernetzung ermöglicht es, dass Bürger, Geschäftsleute, Gesundheitswesen, Energieerzeuger und -verteiler, Bildungssektor, Transportwesen und weitaus mehr Akteure miteinander über standardisierte Schnittstellen kommunizieren und interagieren. Das letztendliche Ziel einer Smart City wird dann erreicht sein, wenn möglichst alle urbanen Lebensbereiche auf dieser Basis miteinander vernetzt sind.

Nach unserem Verständnis verfügt die moderne Stadt in ihrer letzten Ausbaustufe über eine intelligente, hochgradig vernetzte und integrierte Infrastruktur auf der Basis modernster digitaler IT-Technologien. Hinzu kommt ein verändertes Verständnis der öffentlichen Verwaltungen in Bezug auf ihre Rolle im Smart-City-Konstrukt. Nach unserem Verständnis werden sich die öffentlichen Verwaltungen zu Service Providern entwickeln. Dies bedeutet, dass sie aktiv an der Entwicklung von Smart-City-Geschäftsmodellen mitarbeiten und ggf. sogar in Vorleistung gehen werden. Diese Weiterentwicklung wird sicherlich dazu führen, dass sich das Anforderungsprofil von Mitarbeitern in öffentlichen Verwaltungen grundlegend ändern wird. Auf diese Veränderung des Selbstverständnisses der Stadtverwaltungen gehen wir in Kapitel 5 näher ein.

In dem Smart-City-Internet der Dinge und Services kann der Bürger alle Smart-City-Dienste und die damit verbundenen Mobilitätsdienste unbegrenzt nutzen und aktiv gestalten. Durch den Einsatz moderner digitaler IT-Dienste werden so die Städte für ihre Bürger mobiler, lebensfreundlicher und wirtschaftlich attraktiver.

3.5   Fazit

Zusammenfassend könnte man sagen: Die Technologien sind längst da, wir könnten gestern anfangen, aber soweit ist es leider noch nicht. Dafür müssen die Menschen erst mit überzeugenden Konzepten und Visionen abgeholt werden und selbst aktiv am Aufbau einer smarten Stadt mitwirken. Dies geschieht aber nicht über die Diskussion von Technologien und Einzellösungen, sondern über eine Smart-City-Geschichte ganz im Sinne eines Jules Verne als einem der größten Architekturtheoretiker der letzten dreihundert Jahre. Jules Verne hat nie etwas versprochen, sondern eine fesselnde Geschichte erzählt und damit die Menschen inspiriert, eine Zukunft auf Basis seiner Visionen zu entwickeln [MITCHELL].

Unsere Geschichte zur modernen Stadt der Zukunft ist die Idee von Bits und Bytes, die den urbanen Alltag durch digitale Stadtentwicklungsangebote nachhaltig verändern wird. Dabei stehen aber immer die Bürgerinnen und Bürger und deren Bedürfnisse sowie Interessengeflecht im Fokus. Nach unserem Verständnis vollzieht sich die digitale Evolution einer Stadt zur Smart City in mindestens drei evolutionären Stufen: vom Internet der Dinge zum Internet der Dinge und Services und letztendlich zu Apps-basierten Cloud-Computing-Community-Plattformen. Diese Evolutionsschritte werden nachfolgend näher beleuchtet.

4 Die digitale Technologie treibt die Entwicklung moderner Städte

4.1 Der Ausbau der Breitbandtechnologie

Grundlage für Smart Cities ist eine flächendeckende Verfügbarkeit von einer hochwertigen IP-Breitbandkommunikation. Unter „Breitband" versteht man einen Internetzugang mit einer hohen Datenübertragungsrate. Der Begriff „Bandbreite" wird überall dort verwendet, wo Wellen übertragen werden und ist die Differenz zwischen oberer und unterer Grenzfrequenz. Auch in der Glasfaser werden „Wellen" in Form von Lichtwellen übertragen. Die Glasfaser ist daher das geeignete Übertragungsmedium, weil sie eine beinahe unerschöpfliche Bandbreite von mehr als 60 THz (Terrahertz) hat und unempfindlich gegen elektromagnetische Störungen ist. Weiterhin hat die Glasfaser eine sehr niedrige Dämpfung und folglich eine hohe Reichweite. Die Mehrheit der Netzbetreiber scheuen aber die Kosten der Verlegung neuer Glasfaserkabel, als Access (Zugang) zum Kunden und investieren in das vorhandene Telefon- oder Kabel-Fernsehnetz, obwohl die Bandbreiten dieser Netze bereits heute so gut wie erschöpft sind.

Es ist daher wichtig, dass Haushalte und Einrichtungen mit ihren Infrastrukturen an entsprechende Hochleistungsnetzwerke angeschlossen werden. Die Wichtigkeit wird auch durch die Politik erkannt: Im Koalitionsvertrag zwischen den Regierungsparteien CDU, CSU und FDP auf Bundesebene vom Oktober 2009, heißt es: „Eine flächendeckende Breitbandversorgung gehört für uns zur Daseinsvorsorge [BMU10]." In Deutschland wird allerdings unter Breitbandanschlüssen heute noch eine Technik mit 1 Mbit/s Verbindungsgeschwindigkeit verstanden, was im Verhältnis zum Breitbandbegriff anderer Weltregionen weit zurückliegt. In Japan haben bereits 36% aller Haushalte einen Internetanschluss mit einer mindestens 100 MBit/s-Übertragungsrate. Wenn in einer modernen Stadt aber zunehmend multimediale Inhalte aus allen Lebensbereichen für Bürgerdienste benutzt werden, bedeutet dies, dass bis 2020 je Endanwender 100-mal so viel Datenverkehr wie heute entsteht und entsprechend transportiert werden muss [RÜ01].

4.1.1 Festnetztechnologie

Das Maß der Dinge im Festnetz ist daher heute mindestens der 100-Mbit/s-Glasfaseranschluss. Aber auch hier rangiert z. B. Deutschland europa- und erst recht weltweit noch am unteren Ende – noch nicht einmal 1% der hiesigen Haushalte kann auf diese Technologie zugreifen [BMU09].

Eine dedizierte (separate) Glasfaser für jeden Haushalt wäre zwar die zukunftssicherste Lösung für eine Breitband-Netzarchitektur. Aber die Realisierung dieser

Sternnetze mit Glasfaser, auch als „Point to Point" (PtP) bekannt, ist mit zunehmender Anzahl der Haushalte wirtschaftlich heute noch nicht vertretbar. Also werden Verfahren eingesetzt, die über eine zentrale Instanz die Daten breitbandig weiterverteilen können.

Die zwei Lösungsansätze für diese Verteilung bestehen in der Anwendung von AON (Active Optical Network) und PON (Passive Optical Network). Beim AON erfolgt die Verteilung mit Hilfe aktiver Elektronik. Die aktive Elektronik verteilt die Datenpakete an mehrere Kunden und jeder Kunde kann nur seine Datenpakete empfangen. Beim PON erfolgt die Verteilung mit Hilfe passiver Splitter. Der passive Splitter verstreut die Datenpakete an mehrere Kunden und jeder Kunde kann nur seine Datenpakete entschlüsseln.

Folgende Technologie für FTTH (Fiber to the Home)-Netze sind aktuell im Einsatz und versorgen bereits heute viele Millionen Haushalte weltweit: in Europa und Nordamerika verbreitetet sich GPon (Gigabit Passive Optical Networks) und in Asien die asiatische Variante EPon (Ethernet Pon). Beide Pon-Technologien nutzen eine Wellenlänge zum Up- und eine andere auf derselben Faser zum Download der Daten.

- GPon: Gigabit Passive Optical Network hat eine Kapazität von 2,5 Gbit/s Down- und 1,25 Gbit/s Uplink. Beim neueren 10G-Pon sind es 10 Gbit/s Down- und 2,5 Gbit/s Uplink. GPon und 10G-Pon können im selben Netz koexistieren.
- EPon: Ethernet Passive Optical Network, 1 Gbit/s Up- und Downlink, wird bereits seit einigen Jahren implementiert. 10G-EPon steht aber seit 2009 zur Verfügung und liefert die gleiche Kapazität wie 10 GPon aber EPon und 10G-EPon können nicht im selben Netz koexistieren, was höhere Investitionen in die Verteiler bedeutet.

Wahrscheinlich wird in den nächsten fünf bis 10 Jahren WDM-Pon (Wavelength Division Multiplexing) zum Einsatz kommen. Bei dieser Technologie können die Kapazitäten einer Faser durch Nutzung mehrerer Wellenlängen noch besser ausgenutzt werden (siehe Abb. 4.1).

Abb. 4.1: Flächendeckende, digitale Breitbandversorgung

4.1.2 Mobile Netztechnologie

In den mobilen Netzen wird auf die LTE (Long Term Evolution)-Technologie als Breitbandtechnologie gesetzt. Mit LTE stehen Bandbreiten von 70 Mbit/s bis 100 Mbit/s zur Verfügung. Es geht aber vor allem darum, mehr Kapazität für Belastungsspitzen zur Verfügung zu stellen. Während eines Stadtfestes oder bei Großereignissen wie Fußballspielen steigen die Anforderungen an die Übertragungsraten schnell um das Doppelte oder Dreifache. In der heutigen Situation sind daher vor allem Verbesserungen beim intelligenten Management der Funkfrequenzen zu erwarten. Es gibt bereits Antennen, die ihre Ausstrahlung je nach Bedarf in bestimmte Richtungen lenken und konzentrieren können (Beamforming). Sie eignen sich für die Abdeckung begrenzter Areale mit besonders hoher Nutzerdichte, etwa von Fußballstadien. Die Kombination sehr unterschiedlicher Zellgrößen soll verhindern, dass in dichten Bereichen der Verkehr zusammenbricht oder bestimmte Bereiche gar nicht erreicht werden.

Mit LTE Advanced steht bereits der nächste technologische Schritt an. Dieser Standard soll Downloads mit bis zu 1000 Megabit (ein Gigabit) pro Sekunde möglich machen. Diese Übertragungsrate ist erforderlich, weil sich der Bedarf nach schnellen Übertragungsraten und mehr Bandbreite in den Mobilfunknetzen jedes Jahr verdreifacht. Der Vorteil dieser Weiterentwicklung besteht darin, dass die vorhandenen LTE-Basisstationen weiter genutzt werden können. Der Ausbau dieses Standards soll in den nächsten 4 bis 5 Jahren starten [BRETTING]. Abb. 4.2 gibt einen Überblick über die verschiedenen Netzwerke.

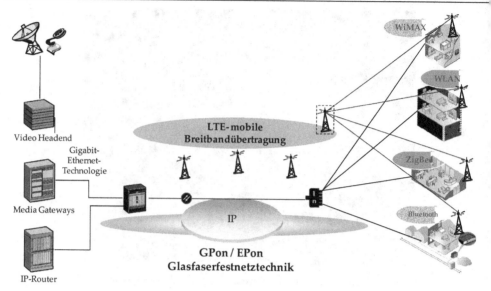

Abb. 4.2: Übersicht über IP-Kommunikationsnetzwerke

4.2   Das Internet der Dinge – erster Evolutionsschritt

Im Jahr 2017 kommen auf jeden Erdbewohner ca. 1000 Sensoren in allen Lebensbereichen. Insgesamt also 7 Billionen Sensoren bei 7 Milliarden Menschen [FRAUN05]. Die Sensoren ermöglichen eine detaillierte Erfassung der eigenen physikalischen Umgebung, indem z. B. Luftdrücke, Temperaturen oder Luftfeuchtigkeit gemessen werden. Akustische Sensoren ermöglichen es, Sprach- oder Umgebungsgeräusche zu erkennen. Es besteht auch die Möglichkeit, dass Sensoren die Umgebung mit Hilfe einer Kamera erfassen. Durch die Ankopplung von physikalischen Geräten und Infrastrukturkomponenten an das Internet entsteht zuerst das Internet der Dinge. Die Basis hierfür bilden so genannte Embedded-Systeme, also autarke Mikrorechner mit einer speziellen Software. Diese intelligenten Objekte werden auf physischer Ebene durch die „Machine-to-Machine (M2M)"-Kommunikation zum Internet der Dinge vernetzt. In Santander (Nordspanien) werden beispielsweise nach und nach über 20.000 Sensoren installiert, um die vitalen Daten der Stadt zu erfassen. Diese stationären und mobilen Datensammler sollen Informationen über Nutzung von Energie- und Wasserverbräuchen, Verkehrsfrequenzen oder Auslastung anderer verschiedenster urbaner Lebensbereiche liefern. Dadurch können beispielsweise Schadstoff- oder Lärmbelästigung, Verkehrsaufkommen oder die Energieeffizienz von Gebäuden überwacht und dann analysiert werden [JAEKEL01].

Durch diese Vernetzung entstehen erste Verbundsysteme zwischen IT und Physik in Form so genannter „Cyber Physical Systems" (CPS). Bei dem Smart Grid als intelligentem Stromnetz handelt es sich beispielsweise um ein solches Cyber Physical System. Dabei wird die Primärenergie entweder zentral oder dezentral zur Verfügung gestellt. Damit durch das Smart Grid die gewünschte CO_2-Reduzierung realisiert werden kann, spielen die erneuerbaren Energieträger wie Windkraft, Solarenergie, Wasserkraft usw. eine zentrale Rolle.

Von entscheidender Bedeutung für die Realisierung eines Smart Grid ist aber die umfassende Anwendung der digitalen Informations- und Kommunikationstechnologien auf allen Ebenen des Energienetzes. Die Idee hinter dem Smart Grid unterstellt eine bi-direktionale Kommunikation zwischen dem Energieerzeuger und dem Verbraucher über eine Cloud Computing-basierte Dienste-Plattform. Nur so kann die Energielast und -erzeugung ‚smart' ausgesteuert werden. Aus Sicht der Konsumenten nimmt das Smart Grid in einem ersten Schritt durch die Einführung von „Smart Metern" Gestalt an. Diese Smart Meter erlauben es, den Stromverbrauch zu überwachen und digital darzustellen. So kann der Bürger nahezu in Echtzeit den Stromverbrauch auf dem Display des Smart Meters verfolgen und mögliche Stromfresser im Haushalt identifizieren.

In der Praxis bedeutet die bi-direktionale Kommunikation beispielsweise, dass der Verbraucher im Smart Grid bekannt gibt, über überschüssige Solarenergie zu verfügen, die er gerne ans Netz abgeben möchte. Der Energieerzeuger und -verteiler kann über die Dienste-Plattform einen Preis für den einzuspeisenden Solarstrom anbieten. So interagieren der Verbraucher, der im Smart Grid zum Produzenten wird, und der Primärenergielieferant miteinander. Es entsteht eine bi-direktionale Kommunikation, die zu einer Verbrauchsoptimierung über flexible Preistarifmodelle führt. Zudem werden dem Verbraucher über die Smart Meter auch Informationen über die Energiearten angezeigt, was wiederum als Ausgangspunkt für eine aktive Steuerung des eigenen Energiemix über die Dienste-Plattform dient. Es wird deutlich, welches Innovationspotenzial die hochgradige Vernetzung der Energieebenen mit sich bringt. Die starren monopolistischen Geschäftsmodelle im Energiesektor erfahren so einen tiefgreifenden Wandel. Das Smart Grid schafft gerade bei der zukünftigen Energieverteilung über digitale IT-Dienste die notwendige Transparenz für diesen Ansatz.

Bei den Smart-City-Energy-Projekten im Rahmen der lokalen Stadtentwicklung in Masdar City und im Emirat Abu Dhabi steht auch die Reduzierung des Energieverbrauchs von Gebäuden und Fertigungsstätten im Vordergrund. Dies geschieht vor dem Hintergrund, dass Gebäude und Fertigungsstätten im weltweiten Vergleich für ca. 40 % des weltweiten Energieverbrauchs stehen und ca. 21 % sämtlicher Treibhausgas-Emissionen verursachen. Um diesem Trend entgegenzuwirken, werden beispielsweise in Masdar Cty die Klimaanlagen in Gebäuden automatisch heruntergefahren, sobald installierte Sensoren signalisieren, dass die Bewohner ihre Gebäude verlassen. Letztendlich werden über ein umfassendes Sensornetzwerk die wesentlichen Verbrauchsdaten im Haus erfasst, die erst den Aufbau eines vernetzten Energiemanagementsystems ermöglichen. Dieses Energiemanagementsystem übernimmt auf der Basis der Verbrauchsdaten eine Lastoptimierung des

Energienetzes durch die bedarfsoptimierte Ein- und Ausspeisung von Energie. In der Folge wird dadurch eine deutliche Reduzierung des CO_2-Ausstoßes realisiert [JAEKEL01].

4.2.1 Maschine-zu-Maschine-Kommunikation (M2M) und Cyber Physical Systems (CPS)

Erst mit der immer weiter schreitenden Miniaturisierung elektronischer Bauteile wird die Herstellung so genannter smarter Objekte als Basis für Echtzeitinformationen in Smart Cities ermöglicht. Durch die Integration verschiedener Sensoren, Akteure, Speicherbausteinen und Mikroprozessoren (im Weiteren als Sensoren bezeichnet) werden Alltagsgegenstände „smart" gemacht. Durch das Zusammenspiel von Telekommunikation, Cloud Computing und Sensorik entsteht eine neue M2M-Infrastruktur als Basis für die Entwicklung von Anwendungen. Die Anwendungen beziehen sich auf folgende Bereiche mit unterschiedlichen Funktionen:

- Alarmierungen/ Meldungen
- Aktionen (Steuern)
- Messen, siehe Abb. 4.3.

Alarmierung/Reporting	Aktion (Steuern)	Messen
• Reporting von Ereignissen • Verwaltung von Alarmen • Benchmark • Planungsgrundlagen für Infrastruktur & Betrieb • etc.	• Türen, Fenster • Klima, Lüftung, Heizung • Licht • Rollläden • Sicherheit • etc.	• Zähler: Strom, Wasser, Gas, Wärme, etc. • Sensoren: Temperatur, Bewegung, Füllstand (Zustände), etc. • Werte aus Geräten oder Anlagen • etc.

Abb. 4.3: Grundfunktionen von Maschine-zu-Maschine-Kommunikation

Grundsätzlich kann ein Sensor in einem IP-Netzwerk entweder eine Informationsquelle oder ein Nutzer von Informationen sein. Abhängig von den Einsatzgebieten kommen dabei unterschiedliche Sensoren mit spezifischen Eigenschaften zum Einsatz. Durch die Vernetzung ist ein ständiger bilateraler Datenaustausch untereinander möglich.

4.2.2 Sensorknoten sind die Basis für smarte Objekte

Sensorknoten sind technisch gesehen so genannte Embedded-Systeme, also autarke Mikrorechner-Plattformen mit einer speziellen Software, um die Kernfunktionen eines bestimmten Gerätes zu steuern, beziehungsweise zu realisieren. Sie besitzen typischerweise Eingangs- und Ausgangssignale und einen Mikrocontroller oder Mikroprozessor mit Programm- und Datenspeicher. In der Regel lassen diese sich auch durch das Zeitverhalten (die Änderung der Ausgangssignale in Abhängigkeit vom Zustand der Eingänge) klassifizieren. Es ist in diesem Zusammenhang häufig von einem echtzeitfähigen Embedded-Control-System die Rede. Ein Kommunikations-Interface, um mit der Umgebung oder untereinander in Verbindung zu treten, gehört nicht zum Standard-Funktionsumfang eines Embedded-Systems, s. Abb. 4.4.

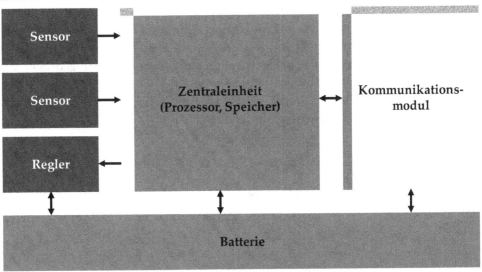

Abb. 4.4: Schematischer Aufbau eines smarten Sensors

Die Erweiterung der Grundschaltung eines eingebetteten Systems mittels einer drahtgebundenen oder drahtlosen Kommunikationsschnittstelle plus entsprechender Software ergibt ein Smart-Objekt, also ein für das Internet der Dinge geeignetes Embedded-System. Es ist realistisch, dass in einem M2M-Verbund die technischen Komponenten in der Lage sind, die eigene Anbindung an das Netzwerk herzustellen und anzupassen – in Abhängigkeit der konkreten Umgebungssituationen. Sie sind selbst konfigurierend, in ihrem Lebenszyklus selbstwartend und können sich teilweise selbst reparieren oder die eigene Entsorgung aktiv anstoßen. Diese Komponenten müssen also eine gewisse 'Intelligenz' enthalten und im gewissen Maß selbstlernend sein, um sich auf unvorhergesehene Umweltveränderungen anpassen zu können, indem sie z. B. Strom sparen oder Energiereserven aufbauen, um bei einem Energieausfall andere Energiequellen selbst finden und nutzen zu können.

Die Energieversorgung der Datenendpunkte und der daran angeschlossenen Sensoren gilt zunehmend als Herausforderung. Typischerweise erfolgt die Energieversorgung heute noch über Kabel (Leitungsverlegung und Notstromversorgung sind notwendig), und bei geringem Energieverbrauch auch per Batterie, wobei die Batterielebensdauer bereits auf 20 Jahre gesteigert werden konnte. Aber in den Vordergrund rücken energieautarke Systeme.

Bei sehr energiearmen Anwendungsbereichen besteht außerdem die Möglichkeit, auf einen in das Gerät integrierten Energiespeicher zu verzichten. Hier spricht man von Energy-Harvesting-Lösungen, also energieautarken Systemen mit Funkschnittstellen. Dabei wird die verfügbare Energie aus der Umgebung in elektrische Energie umgewandelt. Die nötige Energie wird per Induktion von außen nur während eines bestimmten Zeitraums gesammelt. Die eigentliche Schaltung besteht dann nur noch aus einem winzigen Chip und einer Antenneneinheit. Beides kann so dünn hergestellt werden, dass es auf ein beliebiges Trägermaterial wie Verpackungen oder Plastikkarten aufgeklebt, direkt darauf gedruckt oder integriert werden kann. So wird eine batterielose Welt ermöglicht, deren Verwendung in einem M2M-Netzwerk , s. Abb 4.5, oft umständlich, viel zu teuer und unter Umständen gesundheitsgefährdend sind [KREIT].

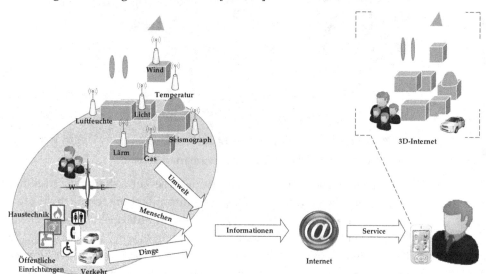

Abb. 4.5: Datenflüsse in M2M-Netzwerken

4.2.3   Sensorbasis-Stationen als Datenintegrationspunkt

Eine Sensorbasisstation ist ein übergeordneter zentraler Rechner, der die Informationen aufnimmt, analysiert und weiterverarbeitet. In Zukunft werden diese Basisstationen in die Cloud-Infrastruktur integriert.

4.2.4   M2M – drahtlose Übertragungsnetzwerke

Gerade bei kleinen mobilen Geräten wird die M2M-Kommunikation typischerweise eine drahtlose Verbindung sein. Kabellose Übertragungsverfahren sind Übertragungsverfahren, welche keinen elektrischen Leiter als Übertragungsmedium benötigen, sondern den Informationsinhalt im freien Raum übertragen.

Eine Übertragung kann zum Beispiel mittels Funk (Antenne) oder Licht (optische Sensoren) erfolgen.

Optisch, z. B.:

- IrDA
- FSO.

Funk, z. B.:

- Bluetooth
- Wireless LAN
- ZigBee
- NFC
- Wibree
- WiMAX.

Eine Auswahl für die richtige kabellose Kommunikation ist natürlich vor allem vom Einsatzgebiet abhängig. Dabei geben unter anderem Kriterien wie die Entfernung zwischen Sender und Empfänger oder die Abhörsicherheit den Ausschlag für die Wahl der zum Einsatz kommenden Technik. Die heutigen Funktechnologien unterscheiden sich in ihrer Sendefrequenz, Bandbreite, Modulation, Reichweite, Sendeleistung und Netto-Übertragungsraten. Alle aufgelisteten Verfahren haben verschiedene Vor- und Nachteile und werden sicher in einer friedlichen Koexistenz zum Einsatz kommen. So benötigt z. B. Zigbee wenig Strom, hat aber eine sehr limitierte Bandbreite. Demgegenüber hat 3G eine fast flächendeckende Verbreitung, ist aber verglichen dazu verhältnismäßig teuer in Bezug auf Hardware und Benutzung (SIM-Karten).

Im zukünftigen Car-to-X-Netzwerk (also der Austausch von Informationen und Daten zwischen Kraftfahrzeugen mit der Umwelt) wird vor allem aufgrund der positiven Erfahrungen aus dem Consumer-Bereich auf die WirelessLAN (WLAN) auf Basis der IEEE-802.11-Übertragung gesetzt. Diese Technik hat neben den kurzen Latenzzeiten auch den Vorteil, so genannte Ad-hoc-Netzwerke aufzubauen [SOM].

Bei einem „Ad hoc" werden zwei oder mehr Endgeräte zu einem vermaschten Netz verbunden. Diese Netze nennt man deshalb auch Mash-Netze. Eine weitere wichtige Funktionalität ist das Selbstmanagement. Ad-hoc-Netze verbinden mobile Geräte und Sensoren (Netzknoten), ohne eine feste Infrastruktur und zentrale Instanz wie z. B. einen Wireless Access Point. Die gesamte Netzstruktur entsteht dynamisch durch Selbstorganisation und Selbstverwaltung. Die Verbindungen zwischen Computern werden nach Bedarf hergestellt, und Daten werden von Netzknoten zu Netzknoten weitergereicht, bis sie ihren Empfänger erreicht haben, wodurch sich die Datenlast vorteilhafter verteilt als in Netzen mit einer zentraler Anlaufstelle. Knappe Ressourcen wie Rechenzeit, Energie und Datenrate fordern eine effektive Zusammenarbeit der Netzknoten. Spezielle Routingverfahren sorgen dafür, dass sich das Netz beständig anpasst, wenn sich Knoten bewegen, hinzukommen oder ausfallen. Dieses Verfahren reduziert die Netzkosten und vereinfacht die Aufbauphase eines Netzprojektes [JAN].

Auch in Zukunft werden zusätzlich zur drahtlosen Übertragung auch kabelgebundene Übertragungswege wie DSL, Ethernet etc. weiter zur Verfügung stehen.
Gerade in zukünftigen Fahrzeugen wird sich das Ethernet als breitbandige Bus-
technologie etablieren und Datenraten ermöglichen, die heute im Büro und Haushalt üblich sind [HACKENBERG]. Aufgrund der Leistungsfähigkeit und der kostengünstigen und flächendeckende Verfügbarkeit der o. a drahtlosen Medien
werden diese aber beim Aufbau einer M2M-Infrastruktur nur eine untergeordnete
Rolle spielen.

4.2.5   Cyber-Physical-Systeme erzeugen Echtzeitdaten

Wenn man heute in einem Wohnhaus Raumthermostate, Smart Meter, Heizkör-
perventile und eine kommunikationsfähige Waschmaschine nebst den dazu gehö-
renden Gateways installiert, hat man zwar zahlreiche smarte Objekte installiert,
aber noch kein Smart Home geschaffen. Die einzelnen Baugruppen bilden erstmals
nur isolierte Lösungen.

Ein Cyber-Physical-System (CPS) ist in der nächsten Stufe einer evolutionären Weiterentwicklung von M2M ein Verbundsystem, das aus der domänen-übergreifen-
den Verknüpfung von smarten Objekten – also vernetzungsfähigen Embedded-
Systemen – mit webbasierten Diensten (z. B. Cloud Services) entsteht. CPS werden
daher auch als „Systeme aus Systemen" (Systems of Systems) bezeichnet. Solche
Verbundsysteme sollen die Interaktion von Geräten und Objekten über Anwen-
dungs- und Branchengrenzen hinweg ermöglichen. Die Anwendungsmöglichkeiten sind vielfältig. Neben selbststeuernden Produktions- und Logistiksystemen,
integrierten Systemen zur Verkehrssteuerung (vernetzte Mobilität) oder sich selbst
regelnden intelligenten Stromnetzen (Smart Grids), werden CPS-Systeme auch in
Telemedizin-Anwendungen realisiert.

Am Beispiel der vernetzten Mobilität sind die Wirkungsweisen des CPS erkennbar.
Bei einer CPS-basierten Lösung werden die einzelnen Fahrzeuge und Verkehrsteilnehmer untereinander so vernetzt, dass beliebige Informationen in Echtzeit miteinander ausgetauscht werden können. Autos werden dann zu so genannten „floating cars". Diese Autos nutzen ihren GPS-Empfänger zur Positionsbestimmung
und die Geschwindigkeit des Fahrzeuges, um beispielsweise Aufschlüsse für den
Verkehrsfluss zu erlangen. Die Daten werden via Mobilfunk an eine Verkehrsleit-
zentrale übermittelt und dort ausgewertet. Aber diese generierten Daten sind immer noch unpräzise. Deshalb werden so genannte Floating Car Data (FCD) benutzt. Das umfasst sowohl Daten über den Zustand des Fahrens als auch
Zustandsdaten des Ortes beim Stehen, z. B. im Stau, vor Ampeln oder auf einem
Warteplatz. Ein Datensatz beinhaltet zumindest den Zeitstempel sowie die aktuellen Ortskoordinaten. Durch den Einsatz des Floating-Car-Data-Verfahrens (FCD)
werden Autos so zu mobilen Sensoren oder zu Software-Agenten. Bei dem Exten-
ded-Floating-Car-Data (XFCD)-Verfahren, welches von BMW in den Markt gebracht wurde, werden zusätzliche Daten aus den Regelsystemen des Fahrzeugs,

also z. B. Einschalten der Warnblinkanlage, oder das Tempo des eingeschalteten Scheibenwischers aus den Steuergeräten und Subsystemen des Fahrzeuges ausgelesen und analysiert. Lokale Gefahrenwarnungen wie Stauende, Nässe, Glätte oder Nebel lassen sich so in Echtzeit vorhersagen und helfen dabei, Unfälle zu vermeiden.

Darüber hinaus sind alle mobilen Objekte mit der gesamten Verkehrsinfrastruktur und den regionalen Wetterdatenquellen gekoppelt. Ein solches System ermöglicht ein verteiltes Verkehrsmanagement, das auf Staus und unvorhergesehene Situationen optimal reagieren kann. Dem einzelnen Verkehrsteilnehmer können sogar vor Fahrtantritt dynamisch die optimale Route ermittelt und ein Zeitvergleich mit alternativen Reisemitteln (Mobilitätsassistenz zur situationsspezifischen Koordination) zur Verfügung gestellt werden. Ein weiteres Assistenzsystem kann den Terminkalender in der Cloud hinsichtlich der tatsächlichen Ankunftszeit am Zielort abgleichen und durch eine Verzögerung betroffene Mitmenschen – beispielsweise die Gesprächspartner eines Meetings – automatisch informieren.

4.2.6   Echtzeitanalyse mit In-Memory und MapReduce-Technologie

Gefragt sind daher Techniken zur Analyse großer Datenmengen, die effizient und in Echtzeit aussagekräftige Auswertungen und Prognosen als valide Grundlage für Entscheidungen liefern und den Bürgern diese wichtigen Informationen in Apps präsentieren. Mit komplexen Abfragemarathons, umständlichen Analyseverfahren und altbackenen Reports sind traditionelle SQL-Datenbanken-basierte Business-Intelligence-Systeme diesen Anforderungen nicht mehr gewachsen. Sie stoßen bei diesen enormen Datenmengen an ihre Grenzen. Bei den Servertechnologien sind derzeit noch viele Techniken in der Entwicklung. Erwartet werden in nächster Zeit massiv-parallele Systeme, die durch parallele Datenverarbeitung riesige Datenmengen in kurzer Zeit analysieren können. Hohen praktischen Nutzen haben auch neuronale Netze, die mit statistischen Methoden kombiniert werden und als lernende Systeme die relevanten Informationen dadurch aus den unstrukturierten Datenmengen herausfiltern.

4.2.7   In-Memory-Techniken

Es sind bereits weitere Techniken verfügbar, die den Umgang mit diesen großen Datenmengen ermöglichen. Dazu gehören beispielsweise In-Memory-Techniken, die kombiniert mit neuartigen Servertechnologien eine Echtzeit-Analyse der Transaktionsdatenmengen sicherstellen. Ihren Geschwindigkeitsvorsprung gegenüber herkömmlichen Datenbank-Techniken gewinnt die In-Memory-Lösung dadurch, dass Daten im Arbeitsspeicher der Hochleistungsserver statt auf externen Speichermedien abgelegt werden.

4.2.8   MapReduce

Das Google Map-Reduce-Framework ist ein weiterer Ansatz, die immer wieder auftretenden Probleme der Verarbeitung von Massendaten zu lösen und basiert auf dem gleichnamigen, von Google entwickelten Algorithmus MapReduce. Das Framework bietet dem Entwickler umfassende Funktionen für die Parallelisierung, die Verteilung der Daten auf die Rechenknoten und insbesondere die Behandlung von Fehlern während der Verarbeitung. Gleichzeitig befreit sie ihn davon, diese immer wiederkehrenden Aufgaben manuell durchzuführen.

Das auf dem Framework aufbauende MapReduce-Programmiermodell erleichtert den Entwurf und die Implementierung paralleler Programme. Es basiert darauf, das Ausgangsproblem in eine Map-Phase und in eine Reduce-Phase aufzuteilen. Die Eingangsdaten liegen in Form einer Liste von Paaren aus Schlüsseln und Werten vor. Ihre Verarbeitung wird gleichmäßig auf eine Menge parallel arbeitender Map-Prozesse verteilt. Die einzelnen Paare in den Listen verarbeiten nun hierin die Map-Funktionen. Das Ergebnis jedes Aufrufs ist eine Liste neuer Schlüssel-Wert-Paare. Die gewählten Schlüssel sind dabei vom Ziel der gesamten Verarbeitung abhängig. Diese Ergebnislisten sind als Zwischenergebnis der Phase des Reducing zuzuführen. In dieser arbeiten ebenfalls parallele Prozesse. Ihnen werden die Ergebnisse des Mapping auf Basis der Schlüssel zugeführt. Somit werden gleiche Schlüssel immer den gleichen Prozessen zugeordnet, auch wenn diese für mehrere Schlüssel zuständig sein können. Mit dem Ende der Eingangsdaten und nach dem anschließenden Mapping geben die Reduce-Prozesse ihre aggregierten Daten aus. Da so das Problem in viele voneinander unabhängige Teilprobleme unterteilt wird, kann das Programm durch ein MapReduce-Framework parallel ausgeführt werden. Abb. 4.6 verdeutlicht das Prinzip anhand eines simplen Beispiels.

Das hier beschriebene Grundverfahren lässt sich auf eine Vielzahl unterschiedlicher Datenverarbeitungen anwenden. Google setzt es beispielsweise neben der Suche auch bei der URL-Analyse, der Zugriffsanalyse und dem Sortieren ein. Teilweise erfolgt das mit Daten im Petabyte-Bereich sowie mit 200.000 Map- und 5000 Reduce-Prozessen auf etwa 2000 Knoten. Derartige große Zahlen verdeutlichen, dass das MapReduce-Verfahren, s. Abb. 4.6, seine wirkliche Stärke erst in verteilten Umgebungen mit einer großen Anzahl an Prozessoren und einer entsprechenden Verteilung der Daten ausspielt. Das MapReduce-Framework sorgt außerdem für die passende Verteilung der Daten auf die Rechenknoten, Last-Balancierung, die Kommunikation zwischen den Rechenknoten, ggf. Fehlertoleranz und viele weitere Dinge, mit denen sich sonst jeder Programmierer selbst beschäftigen müsste.

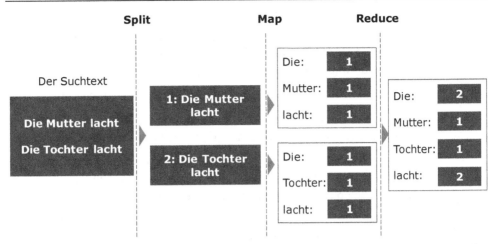

Abb. 4.6: Das MapReduce-Prinzip zur komplexen Datenanalyse (Quelle: http://www.linux-magazin.de/layout/set/print/content/view/full/46285)

4.3   Das Internet der Dinge und Dienste – die Weiterentwicklung

In dem bereits beschriebenen Internet der Dinge und den so genannten „Cyber Physical Systems" kann der Bürger nicht aktiv bei der Entwicklung einer Smart City mitwirken. Die Verbesserung der Lebensqualität in den Städten erfolgt quasi automatisch im Hintergrund durch den Aufbau und die umfassende Vernetzung der bestehenden Stadtinfrastruktur über breitbandbasierte IKT. Im nächsten Schritt bedarf es daher eines völlig neuen Geschäftsmodells, in dem der Bürger eine aktive Rolle einnimmt. Prinzipiell wird es dabei möglich, durch die flächendeckende und breitbandige Smart-City-IKT-Infrastruktur neuartige Smart-City-Dienste (Apps) im Internet der Dinge und Services zu entwickeln. Der Bürger wird aktiv in die Entwicklung und Umsetzung von Smart-City-Diensten mit einbezogen. Durch die Nutzung aller modernen IT-Technologien verschmelzen so zunehmend die virtuelle und die reale Welt miteinander. Für diesen nächsten Schritt bildet die Industrialisierung der Informations- und Kommunikationstechnologien die Basis. Insbesondere das Aufkommen der Cloud-Computing-Technologien ermöglicht die Entwicklung von Smart-City-Diensten (Apps).

4.3.1   Definition von Cloud Computing

Für uns ist Cloud Computing als innovative IT-Technologie keine revolutionäre Technologie. Vielmehr baut Cloud Computing auf bestehenden Technologien und Konzepten auf. Was versteht man aber unter Cloud Computing? Wie bei dem Begriff der Smart City existiert weder in der Industrie noch in der Literatur eine einheitliche Definition, auf die man sich geeinigt hat. Eine in Fachkreisen häufig herangezogene Definition ist die der US-amerikanischen Standardisierungsstelle NIST (National Institute of Standards and Technology): Danach ist Cloud Computing „ein Modell, das es erlaubt, bei Bedarf, jederzeit und überall bequem über ein Netz auf einen geteilten Pool von konfigurierbaren Rechnerressourcen (z. B. Netze, Server, Speichersysteme, Anwendungen und Dienste) zuzugreifen, die schnell und mit minimalem Managementaufwand oder geringer Serviceprovider-Interaktion zur Verfügung gestellt werden können [NIST]."

Nach dieser Definition sind die Charakteristika von Cloud Computing:

On-Demand Self Service: Die Bereitstellung der erforderlichen Ressourcen erfolgt automatisiert, ohne Interaktion zwischen Service Provider und Nutzer.

Broad Network Access: Mittels standardisierter Technologien wird über ein Netzwerk auf die Ressourcen/ Dienste zugegriffen. Die Services/ Ressourcen sind nicht an einen bestimmten Kunden gebunden.

Resource Pooling: Die Ressourcen des Anbieters liegen in einem Pool vor (in einer so genannten „gesharten" Umgebung), aus dem viele Anbieter Zugriff haben bzw. sich bedienen können (Multi-Tenant-Modell). Dabei ist der Speicherort der Daten flexibel und dem Kunden nur bei vorheriger Vereinbarung bekannt. Beispielsweise kann vertraglich geregelt sein, wo sich in einem Land, einer Region oder einem spezifischen Rechenzentrum die Daten befinden.

Rapid Elasticy: Die Services werden dem Nutzer bedarfsorientiert, schnell und elastisch zur Verfügung gestellt. In manchen Fällen können die Services automatisch nach oben und unten skaliert werden. Daher scheinen die Ressourcen aus Anwendersicht unbegrenzt zur Verfügung zu stehen.

Measured Services: Die Nutzung der Ressourcen kann kontrolliert und gemessen werden. Dies erfolgt automatisch mittels integrierter Messfunktionen. Die Ressourcennutzung kann entsprechend bemessen den Cloud-Computing-Anwendern zur Verfügung gestellt werden [BIT01] [BSI].

Darüber hinaus gibt es noch weitere Eigenschaften, die Cloud-Computing-Dienste charakterisieren:

Pay-per-Use: Der Nutzer zahlt nur die tatsächlich in Anspruch genommenen Ressourcen (Pay-per-Use-Modell). Im Rahmen der Pay-per-Use-Modelle existieren auch Flatrate-Angebote. Der Nutzer ist nicht langfristig an eine bestimmte Anzahl an Ressourcen gebunden.

Mandantenfähigkeit: Innerhalb einer Cloud-Computing-Umgebung teilen sich zahlreiche Nutzer gemeinsame Ressourcen, sodass eine Mandantenfähigkeit vorliegen muss. Das bedeutet, dass die Daten und Anwendungen der verschiedenen Anwender völlig isoliert voneinander sind.

Service-orientierte Architektur (SOA): eine SOA bildet die Grundvoraussetzung für Cloud Computing. In der Regel werden die verschiedenen Cloud-Service-Angebote über ein so genanntes REST-API angeboten.

Basierend auf diesen Charakteristika lässt sich eine Definition ableiten, die das Bundesamt für Sicherheit in der Informationstechnik entwickelt hat:

„Cloud Computing bezeichnet das dynamisch an den Bedarf angepasste Anbieten, Nutzen und Abrechnen von IT-Dienstleistungen über ein Netz. Angebot und Nutzung dieser Dienstleistungen erfolgen dabei ausschließlich über definierte technische Schnittstellen und Protokolle. Die Spannbreite der im Rahmen von Cloud Computing angebotenen Dienstleistungen umfasst das komplette Spektrum der Informationstechnik und beinhaltet unter anderem Infrastruktur (z. B. Rechenleistung, Speicherplatz), Plattformen und Software [BSI]."

Diese Definition von Cloud Computing liegt unserem Buch zugrunde. Zu den Bestandteilen von Cloud Computing gehören die dynamische Bereitstellung von IT-Services in Form von Applikationen (Software as a Service – SaaS), Plattformleistungen (Platform as a Service – PaaS) und Infrastrukturleistungen (virtual Infrastructure as a Service – IaaS) – siehe Abb. 4.7.

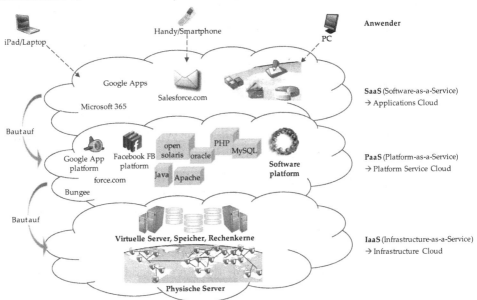

Abb. 4.7: Grundlegende Elemente von Cloud Computing

Erst dann können alle digitalen Objekte unbegrenzt miteinander kommunizieren und die Anwender sind durch bi-direktionale Datenströme aktiv in diesen Prozessen miteinbezogen. Das Internet der Zukunft wird nicht mehr nur ein ausschließlich intelligentes ‚menschliches' Netzwerk sein, sondern wird in einem nie gekannten Ausmaß Objekte und Sensoren aus allen physikalischen Alltagssystemen in Diensten integrieren und damit eine völlig neue Form der ‚Umgebungsintelligenz' erzeugen.

4.3.2 Das Internet-Protokoll Version 6

Neben der Bereitstellung der Netze und Cloud-Plattformen geht es auch darum, das IP-Netz zu modernisieren, um eine nahtlose Kommunikation in Echtzeit von Milliarden unterschiedlichsten, aber klar identifizierbaren digitalen Komponenten zu ermöglichen. Es sind daher noch enorme technische Anstrengungen notwendig, um die Leistungsfähigkeit, Skalierbarkeit, Zuverlässigkeit und Sicherheit des Internet zu realisieren. Zukünftige IP-Netze müssen in der Lage sein, sich selbst zu verwalten, den Nutzern durch Selbstschutzmechanismen mehr Sicherheit anzubieten und umfangreiche Unterstützungsfunktionen für Endsysteme und Anwendungen zu gewährleisten.

Die heutige IPv4 bietet einen Adressraum von etwas über vier Milliarden IP-Adressen (232 = 2564 = 4.294.967.296), mit denen Computer und andere Geräte angesprochen werden können. In den Anfangstagen des Internet, als es nur wenige Rechner gab, die eine IP-Adresse brauchten, galt dies als weit mehr als ausreichend. Aufgrund der nun bereits beschriebenen umfassenden digitalen Vernetzung von technischen Komponenten jeder Art und des damit verbundenen unvorhergesehenen Wachstums des Internet ist mittlerweile eine Adressenknappheit entstanden. Die bereits eingeführte IP-Version 6 erhöht den Adressumfang und damit wäre es möglich, jeden Quadratmillimeter der Erde mit rund 600 Billionen Adressen zu belegen [ELEK01]. Doch nicht nur das, obendrein soll IPv6 Erleichterung bei der Rechnerkonfiguration und Betrieb bringen. IPv6-Adressen bestehen aus 128 Bit. Der Wechsel von IPv4 auf IPv6 in einem LAN gelingt in der Regel problemlos. In Windows XP/SP2, Windows Vista, Windows 7, MacOS und Linux ist IPv6 bereits enthalten. Einzig unter Windows XP muss IPv6 aktiviert werden. Eine Sache von nur wenigen Klicks.

Physikalischen Geräten wie Hubs und Switches ist es egal, ob IPv4 oder IPv6 zum Einsatz kommen. Sie kümmern sich um die Netzwerk-Kommunikation unterhalb des Internet-Protokolls. Nur bei Routern stellt sich da noch ein Problem ein. Im Privat-Bereich gibt es so gut wie keine IPv6-Router. Eine „native" IPv6-Anbindung der DSL-Provider wäre ebenfalls nötig. Die ist jedoch bislang nicht in Sicht.

Der Vorteil von IP ist klar: Die darunter liegende Architektur und das physikalische Übertragungssystem sind völlig zweitrangig und erlauben die flexible Nutzung unterschiedlichster Übertragungswege. Im Grundsatz ist IP ein verbindungsloses Protokoll, d. h. bei den Verbindungspartnern wird kein Zustand etabliert. Erst durch die Nutzung von TCP kommt ein Zustand in den Endgeräten zustande.

Ohne Zweifel ist daher das Internet der Dinge und Dienste die wirkliche nächste IT-Revolution nach dem World Wide Web (WWW) mit einem enormen Potenzial für die Stadt der Zukunft.

4.4 Das IT-Architekturmodell moderner Städte

Die Aufgaben, die sich für die IT-Infrastruktur moderner Städte ergeben, sind vielfältig. Der Wert und die Akzeptanz für die Bürger werden sich dabei aber nur einstellen, wenn sie die angebotenen Dienste wirklich nutzen und von ihnen profitieren können. Es ist daher wichtig, bei der Beschreibung des IT-Architekturmodells den Fokus nicht nur auf das technisch Machbare zu richten, sondern dem Bürger in den Mittelpunkt der Überlegungen zu stellen. Denn die IT-Architektur in einer smarten Stadt hat das Ziel, dem Bürger eine universell-virtuelle Umgebung anzubieten, aus der er jeder Zeit und zu jedem Ort auf Dienste performant, verlässlich und sicher zugreifen kann.

Für einen strukturierten Ansatz ist es daher unbedingt erforderlich, eine allgemeingültige Architektur zu entwerfen, um einen Rahmen vorzugeben, in dem sich die skizzierten Entwicklungen vollziehen können. Das zentrale Element bei der Realisierung einer digitalen Smart City ist und bleibt das Internet und die Verfügbarkeit von fixen oder mobilen Breitbandverbindungen. Neben dieser Netzinfrastruktur ist die Integrationsebene zwischen Anwendungen und Daten auf der einen und dem physikalischen Netz mit Erzeugern und Verbrauchen auf der anderen Seite die entscheidende Herausforderung. Denn hieraus ergeben sich völlig neue Anforderungen an Flexibilität, Skalierbarkeit und Daten-Verfügbarkeit der zugrunde liegenden IT-Infrastruktur. Technologisch betrachtet muss eine Integrationsplattform realisiert werden, welche die Zusammenarbeit einer Vielzahl von Komponenten und intelligenten Endgeräten über heterogene Netze und Institutionsgrenzen hinweg ermöglicht. Diese Aufgabe ist nur über hoch skalierbare Cloud-Compting-Plattformen möglich.

Verschiedene erste smarte Anwendungsfälle zeigen, welche hohen technischen Anforderungen an die Smart-City-Architektur gestellt werden. Am Beispiel von Smart Metering, welches das Messen des Energieverbrauchs mit elektronischen, kommunikationsfähigen Zählern bedeutet, wird deutlich, wie viele Daten in Echtzeit anfallen und verwaltet werden müssen. Wenn alle zehn Sekunden der Messstand der Geräte abgefragt wird und diese Daten akkumuliert, ausgewertet, grafisch aufbereitet und zum Schluss monetarisiert werden müssen, wird klar, welche extremen Anforderungen an die Datenverwaltung anfallen. Versorger werden also große Rechenzentren- und Datenbanksystemkapazitäten benötigen, um den Anforderungen gerecht zu werden und die sich daraus ergebenden Chancen nutzen zu können. Damit Kunden hieran partizipieren können, benötigen sie einen Echtzeitzugriff auf diese Daten in Verbindung mit Zusatzfunktionen, um diese Daten für sich nutzbar zu machen.

Angesichts dieser bi-direktionalen Datenströme ergeben sich grundlegende Herausforderungen, die durch eine Smart-City-I&C-Architektur unterstützt werden müssen:

- Die Architektur muss modular, flexibel und skalierbar sein, um die Flexibilität und Veränderungsfähigkeit von städtischen Institutionen zu gewährleisten.
- Die Architektur muss offen und integrierbar sein, um die Vernetzung und Integrationsfähigkeit auf allen technischen Ebenen sicherzustellen. Speziell die Datenformate für die Realisierung des Open-Data-Ansatzes auf Basis des Linked Open Data (LOD) müssen unterstützt werden. LOD bezeichnet im

World Wide Web frei verfügbare Daten, die per Uniform Resource Identifier (URI) identifizierbar sind und darüber direkt per HTTP abgerufen werden können und ebenfalls per URI auf andere Daten verweisen. Die wesentliche Eigenschaft städtischer Daten besteht also darin, dass diese in von Computer verarbeitbaren, klar definierten Standard-Formaten zur Verfügung stehen.

- Die Architektur muss ubiquitär verfügbar sein und darf nicht an Stadtgrenzen enden.

Die in Abb. 4.8 abgebildete Smart-City-IT-Architektur ist eine allgemeingültige Referenzarchitektur und beschreibt den geplanten Soll-Zustand. Die IT-Architektur hat deshalb folgende Merkmale:

- Sie ist als Schichtenmodell aufgebaut, das bedeutet, dass eine obere Schicht von der darunter liegenden abhängig ist bzw. auf deren Funktionalität aufbaut.
- Sie orientiert sich generell an den Merkmalen einer serviceorientierten Architektur, wie z. B. lose Kopplung, und greift über standardisierte Service-Schnittstellen auf die einzelnen Service-Blöcke zu, die jeweils für sich gekapselt sind.
- Sie unterstützt Mobilität und Plattformunabhängigkeit.
- Sie ist ressourcen- und kosteneffizient.

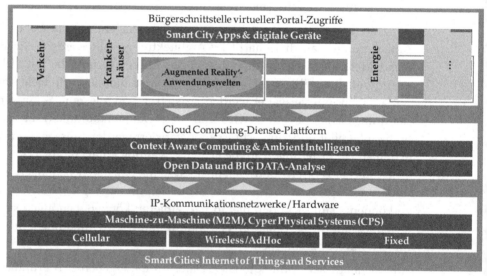

Abb. 4.8: Konzeptionelle IT-Smart-City-Architektur

Im Wesentlichen besteht die Smart-City-IT-Referenzarchitektur zum Aufbau des Internet der Dinge und Dienste aus folgenden Schichten:

Smart City-Apps & Geräte: Anwendungen und Dienste

In dieser Schicht werden alle für den Bürger notwendigen Funktionen durch Applikationen und Dienste mit hoher Verfügbarkeit und Sicherheit bereitgestellt.

Cloud Compting-Plattformen mit folgenden Diensten:

Applikations-Unterstützungsdienste

- Tool-gestützte Software-Entwicklungsdienste für Systementwickler
- Internationalisierung der Anwendungen
- Definition von Benutzerschnittstellen
- Datenmanagement-Funktionen
- Datenaustausch-Funktionen
- Hilfsprogramme für das Verarbeiten und Anzeigen von unterschiedlichen Datenformaten sowie zu deren Integration und Visualisierung
- Kommunikationsdienste zum Aufbau von Interoperabilität in heterogenen Netzwerken.

Übergreifende Plattform-Dienste für die Bereitstellung von folgenden Funktionen

- Security-Dienste, wie z. B. Authentifizierung und Autorisierung
- Integritätssicherungen des Systems
- Vertraulichkeit von Informationen
- Verfügbarkeit der Kommunikationsdienste.

System-Management-Dienste

Infrastrukturplattformen

- IP-Kommunikationsnetzwerke
- Hardware.

4.4.1 Was ist eine Web-App?

Ohne Zweifel sieht und spürt der Bürger von einer Cloud-Plattform gar nichts – das wäre perfekt und ein Zeichen dafür, dass die Technik reibungslos funktioniert. Die Plattform läuft so zu sagen im Hintergrund für den Bürger unsichtbar und sorgt für hoch performante Bereitstellung von Apps und Mash-Ups. Diese sind im unmittelbaren Zugriff des Bürgers und schaffen den Zugang zu den vielfältigen Anwendungsmöglichkeiten innerhalb einer zukünftigen Smart City. Uns interessiert an dieser Stelle zunächst die technische Grundlage dieser Technologien.

Schon die ersten Mobiltelefone enthielten oft kleine Anwendungen wie etwa Kalender, Taschenrechner oder kleine Spiele. Diese waren vom Hersteller für das jeweilige Betriebssystem konzipiert, fest installiert und nicht löschbar. Mit dem Erscheinen von Java auf Mobiltelefonen (Java ME) bekamen Anwender die Möglichkeit, kleine Anwendungen und Spiele von ihrem Mobilfunkbetreiber, oder auch aus dem Internet, herunterzuladen (so genannte Midlets), die häufig schon plattformunabhängig waren. Es entwickelte sich eine Hobby-Programmierer-Szene, aber auch professionelle Softwarehäuser boten solche Anwendungen kostenpflichtig an. Auch auf diversen PDAs konnten jeweils Anwendungen installiert werden. Bekannt, berühmt und nachgefragt sind Apps durch den Apple App Store geworden. Aus diesem Grund wird oft der Begriff App für eine bei iTunes veröffentlichte App verwendet.

Dennoch heißen auch die Anwendungen von anderen Betriebssystemen einfach App, beispielsweise bei Android – erhältlich im Android Market Place. Prinzipiell unterstützen die Apps verschiedene Anwendungsfälle. Eine native App (Applikation) ist ein Programm, das die Funktionen eines mobilen Endgerätes erweitert und damit den fließenden Übergang einer Anwendung zum Gerät ermöglicht. Zudem fokussieren Apps idealerweise ein Ziel bzw. einen Zweck. Diese Ein-Ziel-Politik wird von Peer Wandiger in seinem Artikel „Das App-Prinzip" wunderbar erklärt: Einfachheit als Usability- und Erfolgs-Faktor [WAN01]. Dieser Vorteil beinhaltet insbesondere bei den Apple-Produkten eine starke emotionale Komponente. Apps sind gefühlt näher am Nutzer dran und sind deswegen auch beliebter. Eine native App ist daher optimal auf das mobile Endgerät abgestimmt, z. B. beim Nutzungsverhalten (so genannte Apple-Gesten) sowie bei der Kommunikation mit anderen Anwendungen des Geräts wie z. B. bei der Nutzung von GPS, dem Kalender oder der integrierten Kamera (siehe Abb. 4.9). Somit ist eine App technisch immer plattformabhängig. Folgende Betriebssysteme prägen den heutigen Markt:

- iOS für Apple iPhone, iPad, iPod;
- Android für Smartphones von Samsung, HTC, Sony;
- Symbian für Nokia.

Apps werden nativ programmiert, d. h. in einer „richtigen" Programmiersprache wie Java, C++ oder Objective C und unterstützt von Tools wie dem Google App Builder.

Abb. 4.9: Zugriff auf Apps mittels moderner Tablet-PCs

Eine Web-App ist eine plattformunabhängige mobile Internetanwendung, die mit den Internet-Technologien HTML, CSS erstellt wurde und deren Funktionalitäten mit JavaScript erweitert werden können. Sie können über einen Internetbrowser von jedem mobilen Endgerät angesteuert werden. Streng genommen sind Web-Apps mobile Webseiten mit einem erweiterten Funktionsumfang. Eine Web-App verhält sich im Idealfall genauso wie eine App, wird also vom Nutzer nicht wie eine Webseite oder Webanwendung wahrgenommen, sondern bietet stattdessen eine Benutzeroberfläche, die sich in das mobile Endgerät optisch und ergonomisch integriert. Im Unterschied zu einer Webanwendung kann eine Web-App auch direkt auf Funktionen des mobilen Endgeräts zugreifen. Die Funktionsvielfalt ist jedoch im Vergleich zu Apps reduziert und beschränkt sich meist auf das Auslösen einer Telefon-Direktwahl, dem Start einer E-Mail-Anwendung oder der Präsentation von Multimedia-Inhalten.

Darüber hinaus erreichen manche Web-Apps durch den Einsatz von JavaScript eine höhere Funktionsvielfalt bis hin zu Videospielen.

Letztendlich ist eine Web-App eine mobile Website, die mit Hilfe des neuen Internetstandards HTML5 zu einer mobilen Anwendung wird. HTML5 ist dabei wesentlich mehr als eine Weiterentwicklung bisheriger HTML-Standards. Vielmehr sollen mit HTML5 anwendungstypische Funktionen ermöglicht werden, die man von nativen Apps kennt und die bisher im Browser nicht oder nur eingeschränkt möglich waren.

Zum Beispiel:

- Einbindung von Multimedia (Video, Audio, Animationen) ohne zusätzliches (Flash-) Plug-in,
- Offline-Nutzung durch Speicherung von Datensätzen mittels der „LocalStorage"-Technik oder Zugriff über eine Datenbankschnittstelle,
- Lokalisierung durch Übermittlung von GPS-Positionen,
- Interaktion mit dem Nutzer durch Integration von Texteingaben auf Touchscreens.

Momentan sind Apps technisch gesehen eher eine lokal installierte und ablaufende Software, die allerdings ausschließlich online vertrieben und per Download installiert wird. Es ist absehbar, dass auch ihre Kernfunktionalität zunehmend aus der Cloud kommen wird, wie das teilweise schon der Fall ist (z. B. bei der Schriftzeichenerkennung (OCR) in der Notiz App „Evernote" oder der Song-Erkennung mit „Shazam"). Damit werden Apps zu „Micro-SaaS"-Lösungen, die vollständig in eine Cloud-Infrastruktur und das zugehörige Geschäftsmodell integriert sind.

In der nächsten Entwicklungsstufe werden einzelne Applikationen miteinander verknüpft, wodurch konkrete Anwendungsfälle (Use Cases), z. B für bestimmte Mobilitätsdienstleistungen gebildet werden. In der darauf aufbauenden Evolutionsstufe entstehen ganze Anwendungswelten, bei denen gebündelte Anwendungsfälle und Stand-alone-Applikationen zu vollständigen Anwendungsszenarien, wie z. B. der durchgängigen Nutzung von intermodalen Mobilitätsketten, zusammengeführt werden. Möglich wird diese Verknüpfung prinzipiell dadurch, dass alle Apps, die verschiedene mobile Anwendungsfälle unterstützen, auf der gleichen strukturierten Datenbasis aufsetzen. In der Folge kann eine Applikation, die von einer anderen Applikation erfassten Daten weiterverwenden. In den Kapiteln 6 und 7 wird diese Thematik vertieft.

Die strukturierte Datenablage ist wesentlicher Teil der zentralen Cloud Computing-basierten Dienste-Plattformen. In der weiteren Entwicklung entstehen so zentrale Dienste-Plattformen, die ein umfassendes und durchgängiges Apps-Öko-System mit einer immer größer werdenden Anzahl von unterschiedlichen Smart-City-Diensten erzeugen.

4.4.2   Mash-Ups–Kombination existierender Daten und Dienste

Der englische Begriff „mashup" bedeutet so viel wie „vermischen" oder „kombinieren". Mithilfe des Mash-Up-Ansatzes können existierende Daten, Dienste oder Funktionen optimal miteinander kombiniert werden. So entstehen völlig neue Apps oder Webseiten. Bei diesen neu zusammengefügten Inhalten können alle möglichen Darstellungs- und Inhaltsformen hinzugezogen werden. Dazu zählen z. B. Texte, Grafiken, Audio oder Videos. Dies geschieht über offene Programmierschnittstellen (APIs) wie die von Google Maps, mit denen die eigenen Webseiten einfach um zusätzliche Inhalte erweitert werden können. Ein typisches Mash-Up ist beispielsweise eine Website, die auf Google Maps basiert und deren Kartenmaterial unter bestimmten Gesichtspunkten ergänzt wird, indem z. B. Hotels mit einer audiovisuellen Lagepräsentation in einer bestimmten Region angezeigt werden.

Eine typische Mash-Up-Architektur besteht aus den Ebenen „Präsentation, Webdienste und Daten". Der Stand der Technik ist dabei XHTML, JavaScript, SOAP/REST, XML oder JSON. Weitere Beispiele für einfache Mash-Ups sind die Verortung von Restaurantkritiken auf einer digitalen Landkarte oder die Zusammenführung und Visualisierung verschiedener statistischer Daten. Viele Online-Dienstanbieter wie Youtube, Flickr und Qype nutzen das große kreative Potenzial der Mash-Ups und öffnen bereits seit einigen Jahren ihre Schnittstellen für die gesamte Netzgemeinschaft. Damit erreichen sie auch, dass jedes neue Mash-Up bei Benutzung des APIs gleichzeitig eine kostenlose Werbung für ihr Unternehmen ist.

Bei den „Government Mash-Ups" werden diese Prinzipien auf den öffentlichen Sektor bzw. Daten des öffentlichen Sektors angewendet. So wird es möglich, dass Mitarbeiter der Verwaltung ohne Programmierkenntnisse und mit wenig Aufwand neue Mash-Ups erstellen können, die sich einfach an die ständig wechselnden Anforderungen der öffentlichen Verwaltung anpassen lassen. Der öffentliche Sektor in Deutschland nutzt diese Technik im Vergleich mit den angelsächsischen Ländern allerdings eher zögerlich [KLES].

Beispiele hierfür sind die Kombination und Visualisierung des Einsatzes verschiedener Fördermittel oder die Ergänzung von Restaurantkritiken um Ergebnisse staatlicher Hygieneuntersuchungen. Gegenwärtig sind verschiedene Trends feststellbar, die „Government Mash-Ups" begünstigen. Technologisch wird das Web immer stärker als eine IT-Plattform aufgefasst, die Grundlage zur Entwicklung von Anwendungen wie Mash-Ups darstellt. Rechtlich gesehen existieren bereits seit einiger Zeit Gesetze auf Ebene der Bundesländer, des Bundes und der EU, mit denen die Bereitstellung staatlicher Daten, zumindest in Ansätzen, geregelt wird. Für den öffentlichen Sektor ergeben sich durch die vereinfachte Entwicklung von Anwendungen Möglichkeiten, Kosten einzusparen und Mash-Ups für spezielle Anforderungen aus Sicht einer Smart City zu entwickeln.

4.4.3 Open Data

Eine wesentliche Voraussetzung für die Entwicklung von Government Mash-Ups ist die Bereitstellung von Daten des öffentlichen Sektors in strukturierter, maschinenlesbarer Form (siehe hierzu die Erläuterungen im Abschnitt Smart-City-Architektur). Dazu zählen unter anderem folgende Formate:

- CSV-(Character Separated Values-)Formate, ein für einfache Datenstrukturen gebräuchliches Format,
- XML-(eXtended Markup Language)-Dateien, deren Strukturen typischerweise in XML- Schemata definiert sind,
- SDMX (Statistical Data and Metadata Exchange) als Format für statistische Daten,
- DXF (Drawing Interchange Format), SHP (Shapefile) oder DWG als Formate für Geo-Daten,
- ECW (Enhanced Compression Wavelet) oder MrSID (Multi Resolution Seamless Image Database) als Formate für Rastergrafiken,
- KML (Keyhole Markup Language) – eine Auszeichnungssprache zur Beschreibung von Geo-Daten.

Auf Basis dieser Daten können Mitarbeiter der öffentlichen Verwaltung oder, bei entsprechender Veröffentlichung, auch Unternehmen und zivilgesellschaftliche Akteure spezialisierte Anwendungen erstellen. Kurzfristig können zwar bereits heute eine Menge an Datensätzen mit entsprechenden Extraktionsverfahren aus bestehenden Datenbanken und Webseiten gewonnen werden, jedoch erfordert die kontinuierliche Bereitstellung über eine Dateninfrastruktur Veränderungsschritte in der öffentlichen Verwaltung in technischer, organisatorischer und rechtlicher Hinsicht. Es gilt, IT-Plattformen zur Datenbereitstellung zu entwickeln und vorhandene Verwaltungsprozesse in die Veröffentlichung von Daten einzubeziehen. Es müssen rechtliche Rahmenbedingungen geschaffen werden, die eine aktive Bereitstellung maschinenlesbarer Daten und deren Weiterverwendung stärker unterstützen (siehe Kapitel 5) [SCHIEFERDECKER01].

4.4.4 Datensicherheit durch technische Sicherheitsmechanismen

Grundsätzlich stehen Offenheit und Informationsfreiheit im politischen Spannungsfeld zu Werten des Persönlichkeits- und Datenschutzes. Dieses Spannungsfeld wird insbesondere bei der Vision einer Smart City ersichtlich, die einerseits den Zugriff auf Daten zur gemeinsamen Gestaltung der städtischen Prozesse und Abläufe umfasst. Andererseits sind damit jedoch auch besondere Anforderungen an die Datensicherheit gestellt. Zu diesem Zweck sind in einer zukünftigen Smart-City-IT-Architektur unterschiedliche Schutzkategorien von Daten vorzusehen, die alle Bereiche der IT-Architektur umfassen. Die Schutzmechanismen verhindern die Manipulationen von Daten und die Sicherheitsdienste bieten geeignete Sicherheitsmechanismen wie Authentisierung, Autorisierung und Verschlüsselung an. Denn nur eine technische Implementierung von Sicherheitsmechanismen ermöglicht eine sichere und vertrauenswürdige Datennutzung. Insbesondere für neue datenorientierte Geschäftsmodelle, die im Kapitel 5 beschrieben werden, bildet die Integrität und Sicherheit der Daten eine kritische Geschäftsgrundlage. Dazu gehören auch die rechtssichere Verwendung und Weitergabe von Daten sowie transparente, unverbindliche, rechtliche Regelungen.

4.5   Smart Devices und Augmented Reality

4.5.1   Smartphones

Smartphones können durch folgende Merkmale von klassischen Mobiltelefonen, PDAs und Electronic Organizern unterschieden werden:

- Smartphones sind in Konstruktion und Bedienung nicht nur für das Telefonieren optimiert, sondern sollen die komfortable Bedienung einer breiteren Palette von Anwendungen ermöglichen. Typische Merkmale sind daher vergleichsweise große und hoch auflösende Bildschirme, alphanumerische Tastaturen und/oder Touchscreens.
- Smartphones verfügen meist über ein Betriebssystem mit offengelegter API (siehe Abschnitt Betriebssysteme). Es ermöglicht dem Benutzer, Programme von Drittherstellern zu installieren. Mobiltelefone haben im Gegensatz dazu meist eine vordefinierte Programmoberfläche, die nur begrenzt, z. B. durch Java-Anwendungen, erweitert werden kann.
- Smartphones verfügen oft über unterschiedliche Sensoren, die in klassischen Mobiltelefonen seltener zu finden sind. Hierzu zählen insbesondere Bewegungs-, Lage-, Magnetfeld-, Licht- und Näherungssensoren sowie GPS-Empfänger.

Durch diese Merkmale bieten Smartphones auch die Grundlagen zur mobilen Büro- und Datenkommunikation in einem Gerät. Der Benutzer kann Daten (wie Adressen, Texte und Termine) über die Tastatur oder einen Stift erfassen und zusätzliche Software selbst installieren. Die meisten Geräte haben auch eine Digitalkamera; einige haben zwei, davon eine zur Bildtelefonie.

Die bei PDAs z. B. zur Synchronisierung üblichen Verbindungsarten wie WLAN, Bluetooth, Infrarot oder die USB-Kabelverbindung werden durch die aus dem

Handy-Bereich üblichen Verbindungsprotokolle wie GSM, UMTS (und HSDPA), GPRS und beispielsweise auch HSCSD ergänzt. So ist es beispielsweise möglich, unterwegs neben der Mobiltelefonie auch SMS, MMS, E-Mails sowie, bei modernen Geräten, Videokonferenzen per UMTS oder Internet-Telefonie (VoIP) mit WLAN über Internet-Zugriffspunkte zu nutzen. Theoretisch können damit neben Videostreamings aus dem Internet (z. B. über WLAN) auch Fernsehprogramme über DVB-H und mit entsprechender Hardware auch DVB-T empfangen werden.

4.5.2 Tragbare Computer-Wearables

Unter „Wearables" versteht man mobile Elektroniksysteme, die im eigentlichen Sinne des Wortes „tragbar" und „anziehbar" sind und auch unterwegs ihren Zweck erfüllen. Dazu zählt auch die bereits in Kapitel 3.1 vorgestellte Daten-Brille. Mit Head-Up-Displays, unaufdringlichen Eingabegeräten, kabellosen persönlichen LANs und einem Bündel weiterer kontextsensitiver Kommunikationsgeräte können Wearables als intelligente Assistenten agieren. Sei es als Gedächtnisstütze, Augmented Reality oder Wissensbasis – Wearables unterstützen den Nutzer bei seinen täglichen Aktivitäten. Prototypen gibt es bereits zur Genüge: Brillen, Kontaktlinsen oder Headsets.

Wearable Computing heißt, dass die Geräte:

- in der Bewegung dauerhaft benutzbar sind,
- so am Körper getragen werden, dass der Benutzer – wenn notwendig – die Hände frei für seine primäre Aufgabe hat,
- mit Sensoren Daten aus der Umgebung aufnehmen und den Kontext erfassen,
- „proaktiv" sind, d. h. kontinuierlich Informationen aufnehmen, sie interpretieren und dem Benutzer „von sich aus" präsentieren und
- einen drahtlosen Netzzugang haben.

Oftmals versteht man aber unter „Wearable Computing" nur die in Kleidung integrierten Geräte. Auch hier gibt es bereits eine Vielzahl von technischen Implementierungen. Ob funktional oder einfach zum Spaß, die Möglichkeiten für den Einsatz von Computertechnologie auf und in der Kleidung sind vielfältig. Zum Beispiel gibt es bereits Jacken für Radfahrer, die vor dem Abbiegen einen eingebauten Blinker auslösen. Ein solches Kleidungsstück, kann das Unfallrisiko erheblich verringern.

4.5.3 Mobile Augmented Reality

Obwohl die Anfänge von Augmented Reality schon weiter zurückliegen, ist das Thema erst durch die modernen Smartphones in den Massenmarkt vorgedrungen. Die Akzeptanz und der Wunsch der mobilen Nutzer nach Augmented Reality in Verbindung mit diesen Minicomputern liegen im Wesentlichen in drei technischen Punkten begründet:

1. Die hohe Marktdurchdringung von Smartphones in Verbindung mit Internet-Flatrates lösten einen ungebrochenen Trend nach mobilen Diensten aus, welche leicht zu bedienen sind und einen echten Mehrwert liefern.
2. Die so genannten location based- (ortsgebundenen) Dienste sind ein wesentlicher Treiber für Augmented Reality.
3. Durch die App-Entwicklergemeinde ist ein App-Öko-System entstanden, welches diese innovative Technik in Apps in hohem Maß integriert.

Simpel ausgedrückt, handelt es sich bei Augmented und Mixed Reality um eine Erweiterung oder Ergänzung des mit unseren „nackten" Sinnen Wahrnehmbaren durch eine oder mehrere weitere Informationsebenen. Möglich wird das durch ein mit entsprechender Software ausgestattetes „Gerät", das als Schnittstelle der vorhandenen Informationsebenen dient: Das können ein Smartphone, ein Tablet, ein eReader, irgendein Computer mit Kamera oder eine Spielekonsole sein.

Sobald alle Informationen – die offensichtlichen wie auch die zusätzlich angebotenen – an so einer Schnittstelle zusammengeschnürt wurden, werden sie als Gesamtpaket wieder ausgegeben – meist in verblüffender oder beeindruckender Weise. 3D-Effekte, Hologramme oder aufwändige Animationen sorgen dafür, dass wir uns fast wie in einer Science-Fiction-Welt wähnen. Das macht Augmented Reality zu einem echten Erlebnis und wird dazu beitragen, dass diese Technik nicht nur für rein informative, praktische Zwecke genutzt wird, sondern vor allem auch in Spielen, in der Kunst, im Entertainment und natürlich auch im Marketing zum Einsatz kommt.

4.5.4   Ortsgebundene Auswertung

Wenn der Bürger seine genaue Position kennt und die integrierte Kamera seines Smartphones auf ein beliebiges Objekt in der Umwelt richtet, wird es möglich, zusätzliche Informationen zu diesem Objekt in 3D-Qualität zu integrieren.

Dies funktioniert nur, wenn die Möglichkeiten ausgeschöpft werden, die sich durch den Einbau von Positionssensoren im Smartphone ergeben. Nur so können die richtigen und passenden kontextbasierten Informationen zu der mit der Kamera fokussierten Wirklichkeit gefunden und angezeigt werden:

- Ein GPS-Modul zur akkuraten Bestimmung der lokalen Benutzerposition durch Benutzung der satellitengestützten Dreiecksmessung (Triangulation).
- Ein digitaler integrierter Kompass, um die relative Position zum Nord-Magnetpol der Erde zu messen.
- Ein Beschleunigungssensor, um Geschwindigkeitsveränderungen und kleine Richtungswechsel des Benutzers zu berücksichtigen.
- Ein Gyroscop, um die Genauigkeit des Schwingungsmessers zu unterstützten und Abweichungen aus den winkelförmigen Veränderungen aufgrund des Bewegungsmomentum zu korrigieren.

Diese komplexen technischen Einbauten in Smartphones sind die Basis für die Entwicklung aller möglichen Augmented-Reality-Dienste, welche auf das Einblenden von virtuellen Informationen zu realen Objekten basieren.

4.5.5 Erkennen von Umgebungsmustern

Die zweite wichtige Funktionalität in diesem Zusammenhang betrifft die Vorgehensweise für das Erkennen von Umgebungsmustern. Das Smartphone soll dabei umgebende Formen und Geräusche durch die Identifizierung digitaler Bitmuster erkennen. Für diese Funktionalität ist kein GPS erforderlich.

4.5.6 Nutzung von Markierungen

Die Voraussetzung für diesen Anwendungsfall sind kleine Images, welche durch das Smartphone lesbar sind. 2D-Barcodes, welche nun flächendeckend vorhanden sind, werden dabei gelesen und lösen eine entsprechende Reaktion aus, so z. B.:

- spiele ein multimediales Video im Smartphone ab,
- sende eine SMS zu einem beliebigen Empfänger oder
- verbinde das Smartphone mit einem anderen mobilen Web-Gerät, etc.

Die LLA-Markierungen von Junaio Company erlauben schon heute vielfältige Anwendungen. So können Verbraucher über den Barcode (auch Strichcode, EAN-Code oder ID-Code) auf der Verpackung von Produkten Informationen hierzu abrufen. Apps machen die vorhandenen Produktinformationen, wie beispielsweise Lebensmittelampel, Nachhaltigkeitsampel oder Preisvergleiche, allen Verbrauchern bequem zugänglich und schaffen Transparenz beim Einkauf.

4.5.7 Markierungslose indirekte Erkennung

Mit Shazam können User z. B. durch das Hören eines bestimmten Titels im Autoradio sofort erkennen, wer das Album produziert hat und zu welchem Preis es zu kaufen ist. Dafür werden 20 Sekunden des Liedes gespeichert und digital an einen zentralen Server weitergeleitet. Durch den Vergleich des Inhalts mit den gespeicherten Inhalten der Datenbank werden die Ergebnisse am Smartphone dargestellt. Eine ähnliche und erweiterte Funktionsvielfalt wird auch durch das Google AR (Augmented Reality-) Produkt, auch als Google Glass bekannt, bereitgestellt. Beispielsweise werden Informationen zu Denkmälern oder zu Bildern in Museen geliefert oder beliebige Texte werden automatisch übersetzt.

4.5.8 Markierungslose direkte Erkennung

Diese Vorgehensweise basiert auf der Erkennung von realen Images. Dafür müssen die Produkte digitalisiert und durch einen Datenbankabgleich erkennbar sein. Sowie der Benutzer ein Produkt fokussiert und dieses anhand der Muster in der Datenbank erkannt hat, liefern AR-Applikationen entsprechende 3D-Inhalte zu diesem Produkt.

4.5.9 Wissensbasierte und kontextbasierte Umgebungsintelligenz in Cyper-Physical-Systemen

Wie entstehen nun auf Basis von Datenmanagement-Funktionen in den Backend-Systemen konkrete kontextbasierte Anwendungsmöglichkeiten für den Bürger? In Zukunft könnte sich der Benutzer eines Smartphones z. B. bei seinem Gerät beklagen: „Du erkennst die Zusammenhänge nicht!" Das Smartphone hatte tatsächlich vergessen, seinem Anwender aufgrund von dessen Zeitdruck automatisch die passende und schnellste Route für einen Termin beim Arzt auszusuchen und zu melden, dass es zu regnen droht und die Mitnahme eines Regenschirms von Vorteil wäre. Eine weitere Klage betrifft auf der Rückfahrt die fehlende Unterstützung bei der Auswahl einer Apotheke, welche die speziellen Medikamente führt und vorrätig hat.

Es geht also darum, dass digitale Anwendungen die menschlichen Präferenzen und Bedürfnisse bei der Interaktion erkennen und damit auf eine unauffällige Weise eine digitale persönliche Unterstützung im Alltag erfolgt. Wie schwierig die Einbeziehung von kontextbezogenen Informationen ist, lässt sich leicht nachweisen. Schon in der Grundschule wird den Schülern an simplen Beispielen gezeigt, dass gewisse Wörter, je nach Satz, in dem sie vorkommen, eine andere Bedeutung erlangen können. Das wohl berühmteste Beispiel ist die Bank, welche entweder im Park stehen kann oder eben auch das Geldinstitut beschreibt. Erst wenn erläutert ist, was mit der Bank geschieht, z. B. „Die Bank steht zum Ausruhen im Park", wissen wir, dass es sich um eine Sitzbank handeln muss. Der Kontext hilft also, ein bestimmtes Objekt oder einen Umstand deuten zu können.

Die Analyse großer Datenmengen ist daher die Grundlage für kontextbezogene Anwendungen oder die Realisierung der so genannten Umgebungsintelligenz. Kontextsensitive Geräte können im Wissen um ihren inneren Zustand und ihre Handlungsmöglichkeiten, Kontext-Informationen registrieren und daraus Aktionen auslösen, die vielleicht den Wünschen des Benutzers entsprechen, ohne dass dieser interagieren musste. Es ist also erforderlich, Informationen sowohl vom Benutzer als auch von der Umgebung einzubeziehen, um eine Umgebungsintelligenz zu realisieren. Dabei soll uns eine intelligente Umgebung auf natürliche Art und Weise bei Bedarf unterstützen. Anders ausgedrückt, soll die Nutzung der Computerleistung nicht mehr Aufmerksamkeit erfordern, als die Ausführung anderer alltäglicher Tätigkeiten wie das Gehen, Essen oder Lesen. Diese neue Form der IT als unterstützende Umgebungsintelligenz soll den Menschen eine digitale Umgebung schaffen, welche von sich aus und abhängig von der Anwendung und der erkannten Identität den richtigen Kontext zu dieser Person verarbeiten kann.

Die Sensoren im Alltag und im Smartphone agieren dabei fühlend, sind lernfähig und reagieren auf Wünsche, Angewohnheiten, Gestik und Emotionen des betreffenden Menschen. Dafür sind auch neuartige Mensch-Maschine-Schnittstellen notwendig. So ermöglichen beispielsweise Infrarotsensoren in Autos die Bedienung des immer komplexeren Infotainment-Angebotes. Viele Features, wie Musik und Internetanwendungen, lassen sich dann einfach per Gestik, z. B. über Wisch-bewegungen mit der Hand, steuern. Zukünftig werden aber Sensoren nicht nur die Bedienung erleichtern, sondern den Fahrer auch beobachten und ihm bei Anzeichen z. B. von Stress-Alternativrouten vorschlagen. Möglich wird dies, weil der Kontext ausgewertet wird. Ausgelöst durch unruhiges Lenkverhalten oder durch zu häufiges Gähnen oder zu häufiges Blinzeln mit den Augen erkennt das System den Stressfaktor.

Obwohl Umgebungsintelligenz in vielen Anwendungsumgebungen zum Einsatz kommen könnte, sind im Moment Häuser und Gebäude im Fokus für erste Implementierungen.

4.6 Fazit

Uns ist klar, dass nicht alle heute verfügbaren technischen Möglichkeiten der Informationstechnik im Detail in einem Überblick darstellbar sind. Uns geht es vielmehr darum, aufzuzeigen, dass die IT – allen voran Cloud Computing – schon heute in der Lage ist, als Basistechnologie die Entwicklung smarter Anwendungen in Städten voranzutreiben. Im Vordergrund bleibt dabei aber immer die Frage, wie technische Möglichkeiten konkret umsetzbar werden. Es geht also darum, ein bereits skizziertes funktionierendes Geschäftsmodell zu etablieren, um in einer breitbandbasierten Smart-City-IKT-Infrastruktur die Entwicklung von Smart-City-Diensten (Apps) im Internet der Dinge und Services zu ermöglichen. Dabei ergeben sich weitere Fragen wie:

Wie können dabei Echtzeitdaten von digitalen Objekten zur weiteren Verwendung ökonomisch genutzt werden? Wie können motivierte Bürger durch bi-direktionale Datenströme aktiv in die Erstellung von Apps einbezogen und selbst zum Unternehmer werden?

Welche Partnerschaften und Kooperationen sind notwendig, um die Akzeptanz für neuartige Angebote in Form von Apps zu schaffen? Wie können Finanzierungsmodelle aussehen, um den Druck von belasteten städtischen Haushalten zu nehmen? Wie werden alte Menschen Apps-basierte Angebote in ihren Wohnungen und Häusern erleben?

„Mit dem Internet der Dinge und Dienste besteht grundsätzlich die technische Möglichkeit, dass alle Menschen, Tiere und Dinge eine Art zweite Realität erhalten, die uns hilft, das Leben in der physischen Welt optimal zu strukturieren, vernetzen und wahrscheinlich weiter zu beschleunigen" [WIPPERMANN].

5 Smart, smarter, smartest – mit Apps im Smart-City-Geschäftsmodell

„Phantasie ist wichtiger als Wissen,
denn Wissen ist begrenzt." (Albert Einstein)

Damit überhaupt eine ökologisch, wirtschaftlich und sozial nachhaltige Modernisierung der Städte unter Einbeziehung der Stadtgesellschaft möglich ist, müssen gesellschaftliche und technologische Voraussetzungen gegeben sein. Wie im vorhergehenden Kapitel 4 bereits ausführlich beschrieben, ist eine Kernbedingung für die Entwicklung smarter Städte die Systemintegration über Informations- und Kommunikationssysteme als auch die hochgradige Vernetzung der unterschiedlichen Handlungsfelder wie Mobilität, Energie, Stadt- und Raumplanung usw. Entscheidend ist die Vernetzung von Daten aus diesen Handlungsfeldern. Zu den Basistechnologien zählen die flächendeckende Abdeckung mit Breitbandtechnologien, intelligente Verteilungsnetze für die Energieversorgung und -verteilung. Hinzu kommen Sensornetze im Rahmen des Internet der Dinge (Maschine-zu-Maschine-Kommunikation – M2M) und eine City Data Cloud als hocheffiziente IT-Infrastruktur. Mit der City Data Cloud werden staatliche und unternehmerische Informationen und Daten einer Stadt integriert [ACA]. Auf dieser Basis können neuartige digitale Dienste entwickelt werden, die dazu beitragen, die Lebensqualität der Bürger in Städten zu erhöhen.

5.1 Der smarte Bürger in der modernen Stadt

Es ist nicht die Einführung technologischer Lösungen, die über den Erfolg einer Smart-City-Initiative entscheidet. Die Technologie ist eine notwendige Bedingung, aber die gesellschaftliche Problemlösung sowie die Technikakzeptanz bei den Nutzern sollten im Vordergrund stehen. Das bedeutet auch, dass bei Smart-City-Initiativen Geschäftsmodelle und Mehrwerte im Fokus stehen und nicht die Einführung neuer Technologien [HATZELHOFFER01]. Am Beispiel der T-City in Friedrichshafen hat sich gezeigt, dass wenn es gelingt, den „Austausch vor Ort und Mehrwerte in Geschäftsmodell-Innovationen mit der Wirtschaft und in Service-Innovationen für die Bürger, Patienten, Schüler, Studierenden" zu realisieren, „dann können Mittelstädte die nächsten magnetischen Metropolen werden [HATZELHOFFER01]." Das bedeutet auch, dass eine Smart-City-Initiative nicht eine Einführung technologischer Lösungen darstellt, sondern vielmehr abhängig ist von Technikakzeptanz bei den Bürgern [MANDL]. Bei der Entwicklung digitaler Dienste bei der Stadtentwicklung sollte nach dem Vorbild von Apple besonderer Wert auf die nutzerorientierten Ansprüche und gesellschaftlichen Anforderungen gelegt werden. Die Einführung neuer Technologien ist auch mit einer Verhaltensänderung bei den Bürgern verbunden und einem veränderten Bewusstsein gegenüber neuartigen Diensten. Dies kann nicht von oben verordnet oder am Bürger vorbei eingeführt werden [MANDL]. Einer der Gründe liegt darin, dass bei den Akteuren der Stadtentwicklung das Bewusstsein zur Verhaltensänderung im Umgang mit den technologischen Lösungen nicht oder nur unzureichend vorhanden ist. Hinzu kommt, dass bei der Entwicklung der digitalen Dienste viel zu wenig die nutzerorientierten und gesellschaftlichen Ansprüche berücksichtigt werden [MANDL].

Und so zeigt sich in der Praxis häufig, dass Smart-City-Initiativen nur dann erfolgreich sind, wenn die Städte über eine technologieaffine bzw. bewusste Bevölkerung verfügt, die vor teilweise umwälzenden Veränderungen der Stadtinfrastruktur nicht grundsätzlich zurückschreckt. Es wird häufig auch von der Herausbildung eines „Smart Citizen" gesprochen.

5.1.1   Die Herausbildung des Smart Citizen

Damit Smart-City-Initiativen nachhaltige Wirkung erzeugen, sind Veränderungsprozesse und Bewusstseinsbildung bei allen Akteuren der Stadt erforderlich. Letztendlich sollen Smart Citizens, d. h informierte Bürger einer modernen Stadt, die in einer Kultur der aktiven Partizipation bereit sind, Verantwortung zu übernehmen und die Stadt nach ihren Bedürfnissen nachhaltig zu gestalten, herausgebildet werden. Hinzu kommen muss eine bereichsübergreifende Zusammenarbeit von Bevölkerung, Stadt, Politik und Wirtschaft, um gemeinsam Visionen, Ziele und Vorgaben einer Smart City sowie regulative Grundlagen für die moderne Stadt zu entwickeln [MANDL].

Dabei müssen die unterschiedlichen Lebensstile der Bevölkerung berücksichtigt werden, um weite Teile der Bürger zu erreichen. Insbesondere müssen auch die Informationen nutzerspezifisch aufbereitet und auf die Bedürfnisse der unterschiedlichen Bürger abgestimmt werden. Eine weitere wichtige gesellschaftliche Voraussetzung ist die aktive Einbindung der Bevölkerung in städtische Entscheidungsprozesse. Damit ist eine konstruktive Partizipationskultur gemeint, die über reine Anhörungen hinausgeht.

Wie könnte die aktive Einbindung der Bürger konkret aussehen?

Die Partizipation der Bürger könnte über teilweise offene IT-Dienste-Plattformen ermöglicht werden. Diese Plattformen dienen nicht nur dazu, dass die Bürger als Informationslieferanten oder Feedbackgeber fungieren. Vielmehr soll den Bürgern auch eine Test-Umgebung zur Verfügung gestellt werden. In dieser Test-Umgebung sollte der Bürger die Möglichkeit haben, selbst Apps entwickeln zu können.

Erste Schritte in diese Richtung gehen Städte wie Singapore oder Luxemburg. Über die IT-Plattform „Singapore LIVE!" werden die Bürger von Singapur als wichtige Informationslieferanten in das System integriert. Das innovative Element dieser IT-Plattform ist die Einbindung der Bürger über Smartphones. Die Stadt Singapur verfolgt mit dieser Plattform das Ziel, das Leben in der Stadt in Echtzeit widerzuspiegeln.

Die Stadt Luxemburg geht mit der Initiative „HotCity Luxemburg" noch einen Schritt weiter und ermöglicht interessierten Bürgern eingeschränkt die Entwicklung eigener Dienste in einer offenen Cloud-Computing-Plattformumgebung. Wir sind der Auffassung, dass diese Art der Partizipation nicht weit genug geht. Denn viel zu oft werden von Unternehmen und der Stadt technische Lösungen umgesetzt, ohne die gesellschaftlichen Anforderungen zu berücksichtigen. Damit kann kaum eine Identifikation mit den Smart-City-Initiativen erzeugt werden. So kommt es oftmals dazu, dass technische Lösungen vom Bürger nicht angenommen werden.

In unserem Modell wird diese Möglichkeit der aktiven Beteiligung der Bürger über offene IT-Plattformen bei der Entwicklung innovativer digitaler Dienste explizit berücksichtigt. Der entscheidende Faktor ist, dass beim Bürger so der Wunsch nach entsprechenden Anwendungen verstärkt wird und der Bürger diese Anwendungen erleben kann. Da er diese selbst mitentwickelt, identifiziert er sich eher damit und integriert diese in den Lebensalltag. Es findet eine aktive, selbst initiierte Teilnahme der Bürger an Smart-City-Initiativen statt. Der Bürger wird eine digitale Anwendung nur dann annehmen und nachhaltig in den Lebensalltag integrieren, wenn er selbst einen direkt wahrnehm- und erlebbaren Nutzen davon hat. Man kann auch davon sprechen, dass der Bürger erst dann die virtuelle Welt in die reale Welt integriert.

In diesem Zusammenhang spricht Stefan Schmitz [SCHMITZ] von einer „Parallel-Urbanität". Bei dieser Parallel-Urbanität verschmelzen die Urbanität und die Virtualität. Beide Dimensionen ergänzen und erweitern sich gegenseitig. Zukünftig wird man aber nicht von einer Parallel-Urbanität sprechen. Das suggeriert das Nebeneinander existierender Stadtrealitäten, die abgegrenzt sind. Diese Sichtweise wird einer Vorstellungswelt weichen müssen, in der immer mehr analoge Lebensbereiche digitalisiert werden. Die Technologie tritt dabei nicht immer offen zu Tage, sondern arbeitet quasi im Hintergrund. Wir sprechen in diesem Zusammenhang lieber von *„integrierter Urbanität"*. Die digitale Technik ist Teil unserer Lebenswelt geworden, ohne abgrenzend zu sein. Es verschmilzt die digitale mit der realen Urbanität zu etwas Neuem. Dabei ist die digitale Urbanität eine reale Urbanität, die integriert und vernetzt. Diese integrierte Urbanität ist „real-digital".

Was bedeutet das für Smart-City-Initiativen? Sobald die Bürger die Akzeptanz für neue Technologien entwickelt haben, können die Lösungen in das städtische Leben integriert werden bzw. das Leben in der Stadt erweitern. Wenn die Vorbehalte der

Bürger gegenüber den neuen Technologien nicht abgebaut werden, kann es nicht zu einer integrierten Urbanität kommen. Dann wird die virtuelle Welt keine nachhaltige Wirkung entfalten und abgegrenzt bleiben.

Eine Hürde ist sicherlich die altersbedingte Affinität zu den neuen digitalen Medien. Fällt es jungen Bürgern, die als „Digital Natives" mit dem Internet aufgewachsen sind leicht, sich mit neuen Technologien auseinander zu setzen, so nimmt die Affinität tendenziell mit höherem Alter ab. Die älteren Mitbürger haben eine andere, weitgehend analoge Mediensozialisation erlebt. Die jüngere Generation ist auch eher bereit, die virtuelle Welt, besonders die Social-Media-Anwendungen, mit der analogen Urbanität zu verschmelzen. Am Beispiel von Facebook lässt sich dies besonders eindrücklich sehen. Die Bereitschaft der jüngeren Bevölkerung, persönliche Daten auf Social-Media-Plattformen zu veröffentlichen, ist sehr hoch. Auch entwickeln sich diese Medien zunehmend zu beständigen Lebensbegleitern junger Menschen.

Bei Facebook werden alle möglichen persönlichen Informationen über die Person, Erlebnisse, Freunde etc. offen gelegt. Allerdings auch mit der Möglichkeit, die Daten nur einem gewünschten Freundeskreis zugänglich zu machen. Daher ist die jüngere Generation auch viel eher bereit, digitale Dienste in ihr Leben zu integrieren. Wenn dies geschieht, formen sich smart vernetzte Communities aus. Es bildet sich ein gesellschaftliches Milieu, das durch nicht planbare Interaktionen gekennzeichnet ist. Die Interaktionen ergeben sich im virtuellen Raum und können sich auch im realen Raum niederschlagen. Beispielsweise der Aufruf zur Demonstration über Facebook. Wenn dieser dann tatsächlich stattfindet, vollzieht sich quasi die integrierte Urbanität. Auf das städtische Leben übertragen, könnte man von einer „user responsive city" sprechen. Bei den Social-Media-Technologien kommt noch ein weiterer Aspekt hinzu, der ganz allgemein auch für Smart-City-Lösungen gilt. Die Social-Media-Technologien haben eine fast unaufhaltsame Attraktivität für den Nutzer. Diese Attraktivität muss auch für Smart-City-Lösungen gelten. Nur dann kann der Übergang vom komplizierten digitalen Dienst hin zur Akzeptanz, Integration und schließlich zur Verschmelzung von virtueller mit der realen Welt gelingen.

Damit sich eine integrierte Urbanität entwickelt, sollte dem Bürger die Nutzerfreundlichkeit der digitalen Lösung klar und nachvollziehbar kommuniziert werden. Dabei sollte klar werden, welchen Zweck die neuen technischen Lösungen haben und wie diese den Lebensstandard erhöhen können. Der Bevölkerung muss das Vertrauen vermittelt werden, dass die langfristig vernetzte Community zukünftig ökonomisch, sozial und politisch besser da steht. Zugleich sind die Fragen des Datenschutzes und der Sicherheit offensiv zu thematisieren, um Vertrauen zu erzeugen.

Der öffentlichen Verwaltung und der beteiligten Wirtschaft kommt bei der Entwicklung von Smart-City-Initiativen eine zentrale Rolle zu. Die unterschiedlichen

Bevölkerungsschichten sind zielgruppenspezifisch zu informieren und zur Teilnahme anzuregen. Zu dieser Teilnahme gehört im ersten Schritt sicherlich das Abfragen von Anregungen oder Ideen bei den Bürgern über Social-Media-Kanäle. Die aufgegriffenen Ideen müssen dann auch konkret und nachvollziehbar mit den betroffenen Bürgern diskutiert und bei Eignung umgesetzt werden.

Dazu gehört auch die Herausbildung einer aktiven bürgerschaftlichen Partizipationskultur. Sie entsteht nicht von selbst und muss aus den Stadt- und Kreisverwaltungen heraus in die organisch gewachsenen Stadtstrukturen in den Gemeinden und Kommunen vor Ort hinein getragen werden. Da die Bundesrepublik Deutschland – im Gegensatz etwa zur Schweiz – auf keine jahrhundertelange Historie der Bürgerbeteiligung zurückgreifen kann, muss diese erst mühsam erlernt und danach gezielt implementiert werden.

Dies erfordert einen radikalen Mentalitätswandel in den kommunalen Administrationen. Hier kommt eine besondere Verantwortung der bürgernächsten Organisationseinheit zu – nämlich den Bürgermeistern, Oberbürgermeistern und Landräten. Sie müssen die ihrer politischen Funktion eigentümliche Nähe zu den Bürgerinnen und Bürgern nutzen und gesellschaftliche bzw. städtische Partizipation zum Selbstverständnis bzw. Leitbild ihrer Verwaltungsarbeit erklären.

Denkbar wäre es z. B., Stabsstellen der Bürgerbeteiligung einzurichten und die Mitarbeiter in den Verwaltungen darin zu schulen, wie große Infrastrukturprozesse oder sonstige Veränderungsprozesse in einer Stadt konstruktiv begleitet werden können. Dabei müssen praktikable Wege gefunden werden, wie ein möglichst breiter Querschnitt an repräsentativen Vertretern einer Stadt in die Begleitung eines Veränderungsprozesses aktiv eingebunden werden kann. Um möglichst alle relevanten Akteure einer Stadt in den Prozess einbeziehen zu können, müssten hieran junge Menschen genauso gut wie ältere Einwohner, berufstätige, aber auch arbeitslose, technikaffine- und skeptische Stadtbewohner beteiligt werden. Dieser Prozess der Bürgerbeteiligung ist kein Selbstläufer und erfordert einen ausgeklügelten Moderationsprozess von der ersten Stunde der Projektplanung an bis zur Fertigstellung bzw. Projektvollendung.

Eine besondere Herausforderung dürfte dabei bestehen, solche Bevölkerungsteile zu mobilisieren, die sich nicht schon per se gesellschaftlich engagieren und sich vielleicht tendenziell aus einer skeptischen Grundhaltung heraus gegen staatliche Vorhaben wenden. Dazu muss wiederum eine Kultur der Partizipation entstehen, die den mündigen Bürger ins Zentrum jeglichen staatlichen Handelns rückt. Sie wird nicht von heute auf morgen entstehen, sollte aber von den politisch Verantwortlichen schnellstmöglich angegangen werden, um den Transformationsprozess in eine digitale Gesellschaft mit ihren zahlreichen Herausforderungen und Chancen gewinnbringend vollziehen zu können.

Eines ist dabei klar: In Zeiten des Internet und einer weitgehenden Informationsdurchdringung ist Bürgerbeteiligung quasi zum Primat der Politik avanciert. Sie dürfte bei der in Deutschland geplanten Energiewende genauso relevant sein, wie auch bei dem in diesem Buch skizzierten städtischen Wandel hin zu einer Smart City.

Auch bei der Wiener Smart-City-Initiative wurden Partizipationsportale „Wir sind mehr" und „Wiener Charta" dem Bürger zur Verfügung gestellt. Diese Portale erlauben dem Bürger einen öffentlichen Austausch über stadtrelevante Themen. Außerdem muss dem Nutzer über teilweise offene IT-Plattformen der Raum geboten werden, um selbst experimentieren zu können. Konkret bedeutet dies: Der Bürger kann selbständig Apps entwickeln, testen, Konzepte mit anderen Bürgern erarbeiten und ggf. mit Unterstützung der Stadt selbständig umsetzen. Es wird eine teilweise offene digitale Plattform zur Verfügung gestellt, mit der die Apps oder Services mit den bestehenden Smart-City-Applikationen verknüpft werden können, man spricht auch von „mashed services". Diese IT-Plattformen bzw. Teile von IT-Plattformen sollten teilweise offen sein und für eine spezifische, smart vernetzte Community gelten. Wichtig dabei ist auch die Unterstützung von wissenschaftlichen Einrichtungen oder professionellen Entwicklern, die den Bürger bei der Entwicklung eigener Dienste unterstützen bzw. den Prozess moderieren können. Innerhalb dieses offenen Community-Plattformbereiches sollten Online-Tools zur Verfügung stehen, die Bürger vernetzen. Zu diesen Online-Werkzeugen kann man Gmail, Google Docs, Google Calendar, You Tube, Facebook, Dropbox, Google Maps oder Flickr zählen.

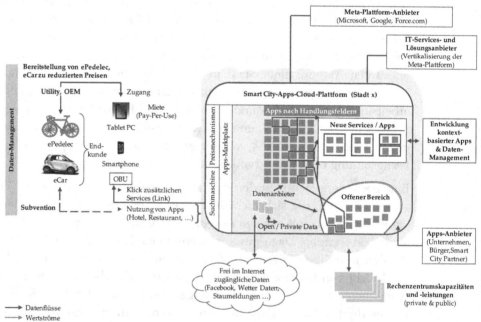

Abb. 5.1: Offener und geschlossener Bereich einer Smart-City-Apps-Community-Plattform

Aus der Abbildung wird deutlich, dass auf der Smart-City-Apps-Community-Plattform (siehe Abb. 5.1) ein geschlossener und ein offener Bereich vorhanden ist. Innerhalb des geschlossenen Bereiches werden sicherheitsrelevante und/ oder kommerzielle Apps für die einzelnen Handlungsfelder einer Smart City entwickelt. Die dabei verwendeten Daten sind nur einem eingeschränkten Kreis an Smart-City-Akteuren zugänglich. Im öffentlichen Bereich der Plattform hingegen können alle Akteure einer Smart City Apps entwickeln, testen und einer breiten Öffentlichkeit zur Verfügung stellen. Die dabei verwendeten Daten stammen aus frei im Internet verfügbaren Datenquellen und werden vom Nutzer oder der öffentlichen Verwaltung zur Verfügung gestellt.

5.2 Die Bereitstellung von Applikationen

Damit auf der Smart-City-Apps-Cloud-Plattform digitale Services in Form von Apps einer Vielzahl von Nutzern zur Verfügung gestellt werden können, fungiert die Plattform als marktplatzähnliche Infrastruktur. Die IT-Plattform unterstützt nicht nur das Auffinden, den Erwerb und die Nutzung der unterschiedlichen Apps. Bevor eine App Bestandteil des Plattform-Angebotes wird, muss sie bestimmten Qualitätskriterien genügen. Zu diesen Qualitätskriterien zählen Sicherheit, Benutzbarkeit, Verfügbarkeit und Update-Management. Es ist zu empfehlen, dass der Cloud-Apps-Plattform-Betreiber die Zertifizierung der Apps vornimmt, bevor diese in das Apps-Öko-System aufgenommen werden. Im Vorfeld sind Richtlinien hinsichtlich der Qualitätskriterien und des Zulassungsprozesses allgemein zugänglich zu machen.

Leider verfügen nicht alle Bürger einer Stadt über den unbegrenzten Zugang zu digitalen Kommunikations- und Informationsmedien. Daran müssen die Akteure einer Smart-City-Initiative besonders denken, und sicherstellen, dass möglichst viele Bürger Zugang zu diesen digitalen Medien haben [MANDL]. Nicht nur der Zugang, sondern auch die damit korrelierende Medienkompetenz, also der kompetente und qualifizierte Umgang mit digitalen Medien, muss vorhanden sein.

In der Literatur wird oftmals davon gesprochen, dass dem Bürger bei der Entwicklung und Annahme von Smart-City-Lösungen keine oder kaum Kosten bzw. Einschränkungen entstehen dürfen. Diese Feststellung deckt sich aber nicht mit den Erfahrungen beispielsweise in Friedrichshafen. Bei dem T-City-Projekt wurden eHealth-Projekte umgesetzt, bei denen die betroffenen Bürger nahezu vollständig innerhalb der eigenen vier Wände überwacht wurden. Dadurch trat ein Verlust an persönlichem Freiraum und Datenschutz ein. Dennoch waren diese Projekte erfolgreich, weil diese Bürger etwas hinzugewonnen haben. Dieser Gewinn überstieg die Kosten um ein Mehrfaches. Den Bürgern war es wieder möglich, selbstbestimmt in den eigenen Wänden wohnen zu können und trotzdem die Sicherheit zu haben, dass Hilfe bei Bedarf kommt. Der Anreiz wieder „selbstständig" im eigenen Umfeld zu leben war „unwiderstehlich". Damit zeigt sich wieder, dass der Nutzen einer Smart-City-Lösung direkt erfahrbar sein muss und beim Nutzer ein „unwiderstehliches" Bedürfnis auslösen sollte.

Abb. 5.2: Stauvermeidung ist ein wichtiger Bürgerwunsch

Über eine Bottom-up-Strategie können Bürger aktiv am Ausbau einer modernen Stadt mitwirken, sich mit der Community identifizieren und vernetzen (siehe Abb. 5.2). Erst wenn die Bürger eine Verantwortung und einen unbestreitbaren Nutzen in einer Smart-City-Lösung erfahren, werden sie diese in ihre reale Welt integrieren wollen. Dann erst kommt es zur integrierten Urbanität. In dieser parallelen Urbanität agieren selbstbestimmte Smart Citizens.

Damit der Bürger wissenschaftliche Institutionen, Unternehmen und die Stadt neue digitale Dienste entwickeln können, benötigen die Akteure Zugang zu öffentlichen und derzeit noch geschlossenen Daten.

5.2.1   Das Open-Data-Paradigma

Aus technologischer Sicht sind moderne Städte intelligent, integriert und hochgradig vernetzt. In einem Acatech-Positionspapier der deutschen Akademie der Technikwissenschaften wird herausgestellt, dass für die drei genannten Attribute entsprechende Technologien zur Unterstützung von Entscheidungen sowie zur Steuerung von Informationsflüssen und Bewertung komplexer Situationen zur Verfügung stehen. Bei diesen technischen Lösungen geht es um neuartige Primär- und Sekundärlösungen zur Effizienzsteigerung bereits existierender Stadtinfrastrukturen durch moderne Informations- und Kommunikationstechnologien bis hin zu umfassenden „Ambient Intelligence" in hochvernetzten Sensornetzen [ACA]. Zu den Primärlösungen zählt die Bereitstellung von Breitband- und leistungsfähigen Mobile-Wireless-Technologien. Bei den Sekundärlösungen hingegen

handelt es sich um digitale Bürger-Dienste, die ausführlich in diesem und besonders in den Kapiteln 6-7 beschrieben werden.

Damit diese technischen Lösungen funktionsfähig sind, müssen zuerst die notwendigen Daten bereitgestellt werden. Diese liegen nicht immer in der gewünschten Form vor oder stehen gar nicht zur Verfügung. Insbesondere der freie Zugang
zu öffentlichen Verwaltungsdaten, die für den Menschen und die Maschine lesbar
sind, ist von Bedeutung. Bisher ist es so, dass die Stadt von den umfangreichen
und gut geschützten Daten der Verwaltung, öffentlichen Institutionen und weiteren Beteiligten in der Stadt profitiert [SCHIEFERDECKER02]. Die öffentlichen Daten müssen transparent und einem breiten Kreis zugänglich gemacht werden. Erst
wenn diese Daten offen gelegt und aktuell sind, können sie durch Informations-
und Kommunikationstechnologien als Sekundärlösungen in verwertbare Informationen und Lösungen umgewandelt werden. Erst dann können die Bürger, Unternehmen, professionelle Entwickler oder Wissenschaftler, eigene Daten mit den
offenen Daten zu neuen Apps bzw. digitalen Diensten verknüpfen.

Diese Aufgabe stellt hohe Anforderungen an alle Beteiligten einer Stadt [SCHIE-
FERDECKER02]. Damit ist klar, dass kein Unternehmen – sei es noch so groß – in
der Lage ist, im Alleingang eine Anwendung zu entwickeln, die eine umfassende
Smart-City-Initiative realisiert. Erst der Zusammenschluss aller Akteure einer Stadt
bildet die Grundlage für erfolgreiche Smart-City-Initiativen.

Damit die Daten überhaupt verfügbar werden, bedarf es der Digitalisierung und
Vernetzung der unterschiedlichen Systeme. Dann können die Daten analysiert und
integriert werden, um auf den spezifischen Handlungsbedarf einer Stadt reagieren
zu können. Durch Sensorik, Vernetzung und Mobilkommunikation werden die
weitgehend statischen Daten der Stadt beobachtbar, bewertbar und optimierbar
[ACA]. Durch die Transparenz und den Zugang zu den Daten können durch innovative IKT-Dienste die Abläufe von öffentlichen Dienstleistungen effizienter gestaltet und zudem die Lebensqualität in den Städten erhöht werden. So können
auch die Transparenz in den Städten und die aktive Beteiligung der Bürger gefördert werden. Dies ist ein weiterer Schritt hin zur transparenten Demokratie.

Mit dem Berliner Portal für offene Daten (daten.berlin.de) konzipierte das Fraunhofer-Institut für Offene Kommunikationssysteme FOKUS im Auftrag der Berliner
Senatsverwaltung für Wirtschaft, Technologie und Forschung eine zentrale IT-
Plattform mit strukturierten und offenen, lizenzierten Daten (siehe Abb. 5.3). Dies
ist eine breit angelegte Open-Data-Initiative, die darauf abzielt, Verwaltungsdaten
der breiten Öffentlichkeit zur Verfügung zu stellen. Mit diesen Daten können Unternehmen, wissenschaftliche Institutionen oder Bürger eigene digitale Anwendungen entwickeln. Bis zum Juni 2012 standen 65 Datensätze in 17 Kategorien für
Recherchen und Apps-Entwicklungen bereit. Umgesetzt wurde das Projekt gemeinsam mit „BerlinOnline". Das Projekt zeigt deutlich, dass für den Erfolg derar-
tiger Datenportale die Aktualität und Qualität der Daten sowie die zuverlässige

und dauerhafte Verfügbarkeit der Daten von entscheidender Bedeutung sind [SCHIEFERDECKER02].

Abb. 5.3: Berlin Open-Data-Initiative (Quelle: http://daten.berlin.de)

Die Konzeption und der Betrieb dieser Datenplattformen sind mit vielfältigen politischen, rechtlichen, organisatorischen und technischen Herausforderungen verbunden. Nicht zu unterschätzen ist bei der Öffnung der öffentlichen Datensätze, dass damit die Interpretationshoheit der öffentlichen Verwaltung zumindest teilweise aufgegeben wird. Das Projekt zeigt auch deutlich, dass es klar definierter Prozesse und einheitlicher Lizenz- und Nutzungsbestimmungen und klarer technischer Standards für Sicherheit, Qualitätssicherung und Interoperabilität der Systeme bedarf [SCHIEFERDECKER02].

5.2.2   Datensicherheit

Besondere Anforderungen an die Datensicherheit ergeben sich dadurch, dass bei der teilweise offenen Smart-City-Apps-Cloud-Plattform der Zugriff auf offene Daten der Stadt möglich sein soll. Auf der Basis dieser Daten können die städtischen Prozesse und Abläufe gemeinsam gestaltet werden. Zur effektiven Steuerung der Datennutzung ist es erforderlich, unterschiedliche Schutzkategorien von Daten zu bilden. Hinzu kommen sollten geeignete Access- und Identity-Management-Mechanismen, wie Authentisierung, Daten-Zugriffsauthorisierung und Verschlüsselung der Daten. Die Datenintegrität ist insbesondere für Daten-Management-Unternehmen von Bedeutung, die auf der Basis der Smart-City-Cloud-Plattform und den Daten neue Apps und Produkte entwickeln und vermarkten. Das bedeutet aber auch, dass die Verwertung von privaten und halboffenen Daten nur unter der Voraussetzung der ausdrücklichen Genehmigung durch den Bürger erfolgen kann. Zudem ist anzustreben, bei der Weiterverwertung möglichst anonymisierte Daten zu verwenden. Dabei handelt es sich nicht um Kann-Bestimmungen, sondern um rechtlich klar zu regelnde Datenschutzbereiche.

Hinsichtlich der Verwendung und Weitergabe der Daten müssen transparente rechtliche Regelungen zur Anwendung kommen. Das bedeutet, dass für Daten geeignete Lizenzmodelle zu entwerfen sind. Dabei handelt es sich um Standard-Lizenzen, die typische Anwendungsfälle abdecken. Darüber hinaus müssen aber auch rechtliche Regelungen geschaffen werden, die für höherwertige Daten gelten. Diese höherwertigen Daten werden aus der Kombination, Integration und Filterung von vorhandenen Daten im Rahmen eines Kontext-Brokerings erzeugt [SCHIEFERDECKER01].

Dem Beispiel Berlins folgten weitere Städte. So entstanden IT-Open-Data-Plattformen in München, Leipzig und Wien. Das Open-Gouvernement-Data-Projekt der Stadt Wien wird in Abb. 5.4 schematisch aufgezeigt. Für nähere Informationen zu diesem spannenden Open-Data-Projekt der Stadt Wien lohnt sich ein Besuch auf der angegebenen Website (siehe Quellenangabe auf Abb. 5.4).

Open Government Data

Open Data Österreich

Mit dem OGD Portal des Bundes stehen nun alle freien Daten der öffentlichen Verwaltung in Österreich zentral zur Verfügung. mehr

VIII. OGD Plattform Wien

Die nächste Informationsveranstaltung findet am 20. September um 16 Uhr statt. mehr

Datenkatalog Wien

Der Open Government Data-Katalog enthält umfangreiche Daten in verschiedenen Formaten zur weiteren Bearbeitung. mehr

Anwendungen

Auf Basis der Open Government Daten der Stadt Wien wurden schon mehrere Apps und Visualisierungen entwickelt. mehr

Abb. 5.4: Open Government Data Wien (OGD) (Quelle: http://data.wien.gv.at)

5.2.3 Beispiele von Open-Data-Anwendungen auf dem Berliner Portal für offene Daten

Welcher konkrete Nutzen ergibt sich aus dem Berliner Projekt für die Akteure der Stadt?

5.2.3.1 Berlinwahlkarte

Zum einen ermöglicht beispielsweise die interaktive Berlinwahlkarte die Visualisierung von Wahlergebnissen. Diese zeigt die Wahlergebnisse der Abgeordnetenhauswahl 2011 grafisch aufbereitet in einer Karte dar. Der Nutzer hat dabei die Möglichkeit, die Daten über Filter zu überblicken und die gewünschten Informationen schneller zu finden.

5.2.3.2 Fluglärm BBI

Sobald der neue Flughafen Berlin Brandenburg eröffnet wird, könnte es durchaus nützlich sein, zu wissen, wie hoch die Lärmbelastung an bestimmten Orten sein wird. An diese Daten kommt man mit der Anwendung der taz.de: Fluglärm BBI. Die Fluglärmkarte zeigt die prognostizierte Lärmbelastung durch den neuen Flughafen BBI auf einer Karte an. Dabei können die Nutzer ihre Adresse in ein Suchfeld eingeben und erhalten so Details zur Lärmbelastung an ihrem jeweiligen Wohnort.

5.2.3.3 Berlin OSM-Ortsteile

Bei der Anwendung Berlin OSM-Ortsteile wird eine andere Anwendung im Sinne eines Mash-Ups genutzt. Die Anwendung der Website kartenwerkstatt.at stellt statistische Daten über Berlin übersichtlich auf einer Karte dar und kombiniert so verschiedene Datensätze, die über dieses daten.berlin.de erreichbar sind.

5.2.3.4 Wheelmap – Rollstuhlgerechte Orte finden

Eine weitere interessante Anwendung, die auf offenen Stadtdaten basiert, ist „Wheelmap – Rollstuhlgerechte Orte finden". Hierbei handelt es sich um eine Online-Karte für rollstuhlgerechte Orte. Dabei kann jeder Bürger leicht über die Internetseite oder über ein Smartphone Orte finden, eintragen und verändern. Die IT-Plattform ging im September 2010 online. Schon nach einem halben Jahr haben Freiwillige über 40.000 Orte eingetragen, täglich kommen 100 neue Orte dazu. Seit November 2011 gibt es auch die kostenlose iPhone-App. Für weitere interessante Anwendungen der Berlin Open-Data-Initiative besuchen Sie doch die Website: http://daten.berlin.de/anwendungen.

Zusätzlich zur Entwicklung dieser Open-Data-Anwendungen findet seit 2011 jährlich der „Berlin Open Data Day" statt. Dieser Tag wird von der D2B1 ausgerichtet. Es ist eine ehrenamtliche Initiative, die weder vom Land Berlin noch Sponsoren oder sonstigen Firmen finanziert wird. Diese Initiative möchte einen Beitrag zum Thema Bürgerbeteiligung sowie Transparenz von Politik und Verwaltung leisten. Denn nach ihrer Auffassung wird dieser gesellschaftliche Wandel durch den inzwischen nahezu überall und jederzeit verfügbaren Internetzugang mit seinen neuen Möglichkeiten für schnelle Informationsweitergabe sowie die Mitbestimmung unterstützt. „Sie machen neue Formen der Zusammenarbeit und der Arbeitsteilung in ausnahmslos allen Politikfeldern möglich [ODB]."

Die Initiative zielt darauf ab, aus offenen Daten lebensnahe digitale Anwendungen zu entwickeln – mit und für den Bürger. Und so lautet auch das Leitmotto: „Wir möchten Verständnis, Akzeptanz und Begeisterung schaffen, um für Berlin gemeinsam neue Chancen und Perspektiven zu entwickeln." [ODB] Beim 2. Berlin Open Data Day am 6. Juni 2012 zeigte der Student Philip Mangelow eine interessante App, mit der die Wartezeiten in den Bürgerämtern angezeigt werden. Der Nutzen für den Bürger ist offensichtlich. Allerdings ist zumindest bis Juni 2012 die App nicht live geschaltet worden, weil die Daten von den Behörden noch nicht freigegeben wurden.

Dies sind erste Gehversuche bei der Nutzung öffentlich zugänglicher Daten, die von Ämtern in Berlin zur Verfügung gestellt werden. Dabei werden diese aufbereiteten Daten mit anderen, von den Bürgern oder von Dritten bereitgestellten Daten miteinander kombiniert. Man spricht auch von so genannten Mashed-Up-Applikationen, bei denen entweder unterschiedliche Daten oder Applikationen zu neuen Anwendungen verknüpft werden. Beispielsweise werden die bereits erwähnten Wartezeitdaten in den Ämtern mit den Geo-Daten von Google Maps kombiniert, um entscheiden zu können, welches Amt insgesamt die kürzeste Wartezeit ermöglicht.

Damit weitere Anwendungen entwickelt und veröffentlicht werden können, bedarf es eines Mentalitätswechsels in der öffentlichen Verwaltung. Die Frage danach, welche Daten für die Öffentlichkeit bestimmt sein sollen und welche nicht, wird einer öffentlichen Auseinandersetzung entzogen. In der Öffentlichkeit aber formiert sich zunehmend die Forderung, einen Paradigmenwechsel in der öffentlichen Verwaltung herbeizuführen: Open Data ist das Schlagwort. Die Verwaltungen sperren sich noch gegen diese Forderung, da ihnen der Nutzen nicht klar ist. Zudem ist unklar, wer für die Kosten der Bereitstellung und Umwandlung der Daten in maschinenlesbare Form aufkommt [MERSCH]. Zudem fehlt es noch an tragfähigen Geschäftsmodellen. Die EU-Kommission schätzt, dass über Open Data eine Wertschöpfung bis zu 40 Milliarden Euro bis 2020 möglich sei [EURO2]. Wie diese Wertschöpfung konkret erreicht werden soll, ist allerdings noch unklar. In den Kapiteln 6-7 über die Anwendungswelten werden wir versuchen, schematisch aufzuzeigen, wie die Wertschöpfung bei Smart-City-Initiativen und Open-Data-Management-Modellen aussehen könnte.

5.3   Die konzeptionelle Apps-Geschäftsmodell-Architektur

Die Grundlage für die Entwicklung innovativer Smart-City-Initiativen bildet eine Bottom-Up-Strategie, die von den Bedürfnissen des Bürgers in einer Stadt ausgeht. Die Bedürfnisse sollten mit den Handlungsfeldern einer Smart City (siehe Kapitel 2) in Verbindung gebracht werden, um mögliche themenspezifische Projekte ableiten zu können. Vorausgegangen ist dieser Projektbestimmung die Formulierung einer Smart-City-Vision, die für jede Stadt unterschiedlich ist. Die Vision dient dazu, das abstrakte Gebilde „Smart City" für den Bürger vorstellbarer und greifbarer zu machen. Dabei ist es wichtig, dass die Vision eine gemeinsam formulierte Smart-City-Charta darstellt, zu der sich alle Akteure (Bürger, Wirtschaft, Politik und Gesellschaft) verpflichten. Die Vision einer Smart City könnte sich beispielsweise an der diesem Buch zugrunde gelegten Definition orientieren und dann um lokale Bezüge bzw. Besonderheiten modifiziert werden. Bei der Formulierung einer Vision sind insbesondere folgende Fragestellungen von Bedeutung:

- Wie kann eine Partnerschaft aller Akteure gebildet werden, die zu einer „Winwin"-Strategie führt?
- Welche sind die kritischen, lokalen und regionalen Themen?
- Was sind die wichtigsten Bedürfnisse der Wirtschaft und der Bürger in der Stadt?
- Welche der Handlungsfelder einer Smart City wirken in der spezifischen Stadt direkt auf den Lebensalltag der Bürger durch?
- Welche Technologien und IT-Plattformen sollten für die Umsetzung entscheidend sein?
- In welchem Ausmaß kann eine Smart-City-Initiative die Wettbewerbsfähigkeit einer Stadt erhöhen (auf regionaler, nationaler oder internationaler Ebene)?
- Was sind die langfristigen Auswirkungen, wenn eine Smart-City-Initiative nicht durchgeführt wird?
- Was ist das beste Technologie-Ökonomie-Modell zur Umsetzung der Initiative?

Die Liste lässt sich um weitere Fragen erweitern. Den meisten Smart-City-Visionen liegt die sozio-ökonomische und technologische Transformation zugrunde [PEL].

Bei der schon häufiger genannten T-City-Initiative umfasste die Vision die Möglichkeit „durch die Informations- und Kommunikationstechnologien neue Möglichkeiten für alle Mitglieder der Stadtgesellschaft zu schaffen. Bisher getrennte, isoliert stehende Technologien und Daten sollten miteinander verbunden werden, um Menschen, Organisationen und Unternehmen in der Stadt mithilfe der Breitbandtechnologie besser zu vernetzen [HATZELHOFFER01]."

Diese Vision müsste um wesentliche Aspekte der Bürgerpartizipation – wie in diesem Buch bereits beschrieben – erweitert werden. Zudem erscheint die Vision sehr technologieorientiert. Eine Smart City ist aber kein Technologiekonzept, sondern ein sozio-ökonomisches Entwicklungskonzept, in dessen Mittelpunkt der

Bürger mit seiner Lebenswelt im Fokus steht. Der Erfolg einer Smart-City-Initiative hängt entscheidend von der Vision, der Führung und der interdisziplinären, gruppenübergreifenden Koordination ab. Die spezifische Initiative ist nicht notwendigerweise ein lang laufendes Unterfangen, sondern ist oftmals eine Serie von kurz angelegten Projekten, eingebettet in einer dauerhaften Vision der modernen Stadt. Die Entwicklung einer lokalen Informationsinfrastruktur bildet lediglich den ersten Schritt jeder Smart-City-Initiative. Aber diese ist nicht dominiert von der Infrastruktur (Breitbandnetzte, Mobilnetze etc.), sondern ist service- und damit geschäftsmodellorientiert. Diese Geschäftsmodelle, die wir im Folgenden detailliert erläutern, liegen der Architektur innovativer Smart-City-Initiativen zugrunde. Bei der Architektur innovativer Smart-City-Konzepte stehen Geschäftsmodelle im Vordergrund, die den Bedürfnissen zahlreicher Akteure einer Smart City entsprechen. Mit Architektur meinen wir die schematische Struktur der Geschäftsmodelle, die den Smart-City-Initiativen zugrunde liegen. Diesem Verständnis folgen auch die weiteren Ausführungen.

Auf der Basis der Smart-City-Vision werden konkrete Ziele formuliert, die mit den Smart-City-Projekten erreicht werden sollen. Es empfiehlt sich, die Ziele zu konkretisieren und an den Handlungsfeldern auszurichten. Letztendlich sind die Ziele von der Leistungsfähigkeit einer Smart City abhängig. Diese kann folgende Aspekte umfassen:

- Den Aufbau einer neuen Partnerschaft zwischen Stadtverwaltung, lokaler Politik, Wirtschaft und Bürgern.
- Die Entwicklung einer umfassenden lokalen Informationsinfrastruktur, die zur Steigerung der lokalen, regionalen und nationalen Wettbewerbsfähigkeit beiträgt.
- Die Bildung eines Stadtmodells zur Weiterentwicklung der Urbanität durch die Anwendung von Informations- und Kommunikationstechnologie.
- Den Aufbau einer sicheren Stadt und intelligenter Infrastruktur, um die Attraktivität für Bürger, Besucher und Fremdinvestoren zu erhöhen.
- Steigerung des Bewusstseins innerhalb der Nutzer-Gemeinschaft hinsichtlich des Potenzials innovativer Technologien im Unternehmens- und Endkunden-Bereich [PEL].
- Die Schaffung von Verständnis, Akzeptanz und Begeisterung, um für eine Stadt gemeinsam neue Chancen und Perspektiven zu entwickeln.
- Die Erzeugung von „Offenen Daten" – oder „Open Data" – sie sind ein Schlüsselelement zur Schaffung von Transparenz und neuer Formen der Zusammenarbeit aller Akteure einer modernen Stadt.
- Schaffung neuer Formen der Zusammenarbeit und der Arbeitsteilung in nahezu allen Handlungsfeldern einer modernen Stadt.

Um die Architektur von Smart-City-Initiativen weiter zu entwickeln, kann das Smart-City-Öko-System herangezogen werden (siehe Abb. 5.5). Die Architektur basiert auf einem kooperativen Zusammenschluss zwischen Bürgern, Politik und Wirtschaft. Deutlich sichtbar ist die zentrale Rolle der Informations- und Kommunikationstechnologie als verbindendes Element für die Entwicklung neuer Dienste. Besonders hervorzuheben ist noch die „Open Area" innerhalb der Smart-City-Community-Plattform. Innerhalb dieses Bereiches können Bürger, Entwickler und Besucher Apps entwickeln, offene Daten weiterverwenden und experimentieren. Denkbar ist auch der Aufbau einer Community-Ecke für bestimmte Stadtbezirke. In dieser Nachbarschaftsecke können sich Nachbarschaftsmitglieder über Open-Source-Social-Media-Applikationen miteinander vernetzen. Unternehmen und Stadtverwaltungen können Nachrichten, Bekanntmachungen veröffentlichen etc. Erste Anfänge dieser Open Area Communities wurden bereits im Buch vorgestellt.

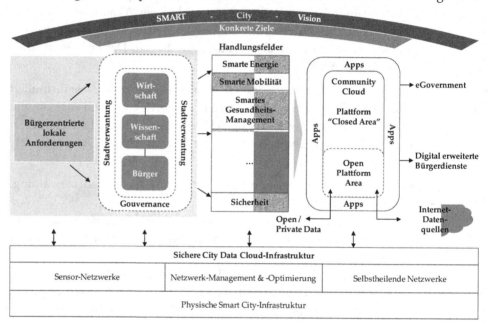

Abb. 5.5: Das Smart-City-Öko-System

Aus der Abbildung zum Smart-City-Öko-System wird zudem deutlich, dass reine Stadtinfrastrukturkomponenten, die keine IKT-Technologien umfassen nicht zur „Smartness" einer Stadt beitragen. Dies hat Auswirkungen auf die Wertschöpfungskette von reinen Infrastrukturlieferanten. Im Umkehrschluss bedeutet dies, dass ITK in zunehmendem Maße eine prägende und bedeutsame Rolle in Smart-City-Wertschöpfungsprozessen spielt. Besonders hervorzuheben ist die fortschreitende Digitalisierung und Vernetzung von Systemen und Netzen. Im Zuge der Digitalisierung werden Massendaten gesammelt, analysiert, integriert und schließlich zur Entwicklung von Value Added Services verwendet. Mit diesen Services kann dann spezifisch auf die Bedarfe der Städte und ihrer Communities reagiert werden. Intelligente, selbstheilende Netze optimieren Produkte, Systeme und Services und erkennen sicherheitskritische Angriffe, auf die sie selbstständig Gegenmaßnahmen ergreifen. Diese intelligenten Netze und Systeme fangen an zu lernen und ermöglichen regionale Interaktionsplattformen bis hinunter zu lokalen Communities [ACA].

Die Interaktions- und Entwicklungsplattformen mit Open Areas sind prinzipiell offene IT-Plattformen, die als Einladung zum Mitmach-Smart-City-Projekt zu verstehen sind. Es geht darum, Bürger, Besucher, Wirtschaft und Politik und Stadt im Zusammenschluss zu mobilisieren. In diesem Sinne sind moderne Städte als Interaktionsplattformen zu verstehen.

Bevor wir diese Interaktionsplattformen näher charakterisieren, skizzieren wir kurz die Veränderungen der Wertschöpfungskette für reine Stadtinfrastrukturanbieter.

5.3.1 Dynamik in der Wertschöpfungskette reiner Stadtinfrastrukturanbieter

Nicht wie früher die Hardware, sondern standardisierte Software Services bildet die Basis zukünftiger Entwicklung von analogen, hin zu digitalen Smart Cities.

Durch die Kombination von Infrastruktur-Komponenten mit Apps-basierten Cloud-Computing-Plattformen entstehen dynamische IT-Services, die in der Folge zu neuen Formen moderner Urbanität führen. Die Modernisierung der physischen Stadtinfrastruktur bestimmt die prinzipielle Weiterentwicklung von Städten, führt aber nicht unmittelbar dazu, dass sich smarte Städte herausbilden. Auf der physischen Infrastruktur entstehen digitale Stadt-Dienste, die in der Folge zu Daten-Management-Geschäftsmodellen führen. Möglich ist dies durch das Aufkommen enormer Datenmengen. Diese Datenmengen entstehen dadurch, dass Maschinen untereinander Daten austauschen und der Endverbraucher Daten mit Software-Applikationen über Apps und mit Maschinen austauscht. So entstehen bidirektionale Kommunikationsverbindungen, die im Idealfall zukünftig zu Echtzeitreaktionen führen können.

Welche Auswirkungen hat die zunehmende Bedeutung von Daten-Management-Modellen für das Hardware-orientierte Infrastrukturgeschäft einzelner Akteure von Smart-City-Initiativen? Dazu zählt im Übrigen auch die Stadt, da diese den Bürgern sekundär die Infrastruktur zur Verfügung stellt. Tendenziell wird sich die Wertschöpfungskette von reinen Infrastrukturanbietern verkürzen bzw. weniger Raum für ein langfristiges Geschäft in der Zukunft lassen. Der Verkauf isolierter Produkte an die Stadtverwaltungen wird zukünftig nicht mehr im Fokus stehen. Vielmehr verlangt die Modernisierung der Städte zu Smart Cities nach umfassenden Smart-City-Lösungen. Diese setzen sich aus Infrastruktur- und Daten-Management-Komponenten zusammen. Es kann sogar soweit kommen, dass reine Infrastrukturanbieter an Bedeutung verlieren werden.

Sie entwickeln sich zu austauschbaren Lieferanten von Infrastrukturkomponenten, die in einem intensiven Preiswettbewerb stehen. Demgegenüber treten Marktteilnehmer auf, die mit der reinen Infrastrukturmodernisierung nahezu nichts zu tun haben. Dann kann es zu einem gespaltenen Markt kommen. Innovative Daten-Management-Firmen wie IBM, Microsoft oder Google entwickeln Daten-Management-Lösungen, die dem Bürger einen direkten Nutzen stiften. Die bereits erwähnten innovativen Daten-Management-Spezialisten brechen etablierte, in der Vergangenheit gut geschützte Märkte wie Energie, Gesundheit etc. auf. So sind denn auch die EBIT-Margen bei Hardware-orientierten Leistungen tendenziell rückläufig. Demgegenüber sind die EBIT-Margen bei Daten-Management-Leistungen sehr hoch, ohne dabei signifikante Kosten zu verursachen.

Zusammenfassend lässt sich sagen, dass sich bei Smart-City-Initiativen die Wertschöpfungskette um datenorientierte Angebote aus der Cloud-basierten IT-Infrastruktur erweitern (siehe Abb. 5.6).

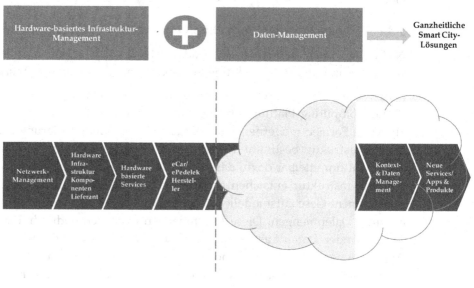

Abb. 5.6: Schematische Darstellung der Wertschöpfungsdynamik

Dann bekommen auch Echtzeitdaten einen eigenen wirtschaftlichen Wert und ermöglichen innovative Leistungsangebote, ohne die die Entwicklung digitaler Bürger-Dienste nicht möglich wäre. Damit entwickeln sich Daten zu einem handelbaren Wirtschaftsgut, das mit einem Preis versehen werden kann. Der Handel und die Verwertung öffentlicher und privater Daten, um neue digitale Dienste zu entwickeln, ist für die Entwicklung moderner Städte von entscheidender Bedeutung. Auf diesen Aspekt wird im Verlauf des Buches noch stärker eingegangen.

Ein bedeutender Treiber von Daten-Management-Modellen ist sicherlich der US-amerikanische Suchmaschinen-Spezialist Google. Das Geschäftsmodell von Google basiert im Wesentlichen auf Werbung und dem Handel von Daten. Zudem entwickelt Google innovative Datendienste wie GoogleMaps, Google Earth, StreetView etc., die auf der intelligenten Verarbeitung öffentlicher und privater Daten basieren. Diese Applikationen können mit anderen öffentlichen und privaten Daten neu verbunden werden. Daraus entstehen dann neue „Mash-Ups", also eine Verbindung unterschiedlicher Datendienste zu innovativen digitalen Diensten. So geschehen bei den Beispielen im Rahmen des Open-Data-Projektes Berlin (siehe hierzu Kapitel 5.3.2).

Google kooperiert beispielsweise mit der Daimler AG bei der Entwicklung „intelligenter Autos". Auf der Elektronikmesse CES in Las Vergas 2012 hat Dieter Zetsche, CEO Daimler AG, eine Kooperation mit Google bekannt gegeben. Demnach soll der Automobilkonzern zukünftig bereits in der Entwicklungsphase auf die Schnittstellen neuer Google-Kartendienste zugreifen können. Diese sollen dann Bestandteil des Navigationssystems werden, via GPS bzw. Internetverbindung. Darüber hinaus wird der Daten-Dienst Google Maps für die Routenerstellung im Auto verwendet. In kommenden Mercedes-Generationen soll beständig die ständige Verbindung zu Netzdiensten wie Navigation, E-Mail oder Social Media ausgebaut werden. Diese Entwicklung ist unaufhaltsam, da die reine Hardware, also das Auto, nicht mehr der kaufentscheidende Faktor ist. Vielmehr spielen innovative Daten-Dienste bei der Entwicklung moderner Mobilität eine zunehmend stärkere Rolle. Es geht um die Vernetzung von Daten und Netzen.

5.3.2   Integrierte Hardware und Daten-Management-Smart-City-Angebote

Für einen reinen Infrastruktur-Lieferanten bietet sich die Chance, mit einem Daten-Management-Spezialisten als Partner den Bürgern, Städten und Unternehmen ein integriertes Gesamtlösungsangebot inklusive Finanzierungsmodelle über die gesamte Wertschöpfungskette anzubieten. Für die datenorientierten Angebote empfiehlt sich der aktive Aufbau eines Partnermodells mit den neuen Spielern wie Google und anderen innovativen IT-Unternehmen.

Folglich bedarf es neuer Stadtentwicklungsprojekte, die eine intelligente Kombination aus Hardware-basierten Infrastrukturleistungen mit Daten-Management-Modellen darstellen, um die Lebensqualität von Bürgern in modernen Smart Cities zu erhöhen.

5.4   Die Grundlage Daten-Management-orientierter Geschäftsmodellansätze

Durch den IT-Trend Cloud Computing entwickelt sich eine Dynamik, die zu völlig neuen Geschäftsmodellansätzen sowohl auf Anbieter- (IT-Anbieter, Städte, Stadtentwickler etc.), aber vor allem auch Anwenderseite, führen wird. Denn der Hauptmehrwert von Cloud Computing ist die kostenoptimierte und für viele unterschiedliche Nutzer gleichzeitige Bereitstellung von standardisierten und wieder verwendbaren Services wie z. B. für die Erfassung, Validierung, Bereinigung, Analyse, Zugriff und Archivierung von Massendaten. Möglich wird dieser Paradigmenwechsel auf der Geschäftsebene durch IT-Technologien und Trends, die inzwischen einen Verfügbarkeits- und Reifegrad erreichen, der eine grundlegende Änderung des Bereitstellungsmodells für IT-Leistungen erlaubt: Zu diesen IT-Technologien und Trends zählen das überall verfügbare Internet als universale IT-Plattform, die zunehmende Verbreitung und Einsatz von Virtualisierungstechniken, Hardware-Kommoditisierung, der sich verstärkende Trend zur IT-Standardisierung und Open-Source-Software.

5.4.1 Die Community-Cloud-Plattform

Auf der Basis der in den Kapiteln 3 bis 4 beschriebenen Cloud-Computing-Ebenen SaaS (Applikationen), PaaS (Plattformen) und IaaS (II Infrastrukturen) werden zunehmend Dienste-Plattformen entwickelt, die sich evolutionär in Richtung Branchenorientierung (z. B. Energie-Sektor) und auf spezielle Anwendungsfälle zugeschnittene Plattformen (z. B. Kauf von eBikes) entwickeln. Es handelt sich um so genannte Community-Cloud-Plattformen (siehe Abb. 5.7).

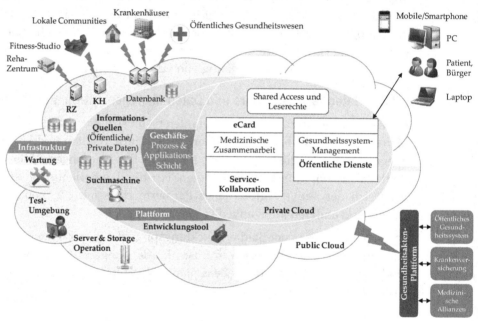

Abb.: 5.7: Community Cloud für den Gesundheitssektor

Für einen limitierten Verbund von Unternehmen und Nutzern mit gleichen Anforderungen wird innerhalb einer Community Cloud eine hoch sichere Cloud aufgebaut. Es handelt sich in der Regel um eine Private Cloud. Diese Community Cloud ermöglicht die Kollaboration der Unternehmen mittels standardisierter Apps. Dabei ist der Nutzerkreis auf die beteiligten Unternehmen begrenzt. Von besonderer Bedeutung sind Themen wie Eigentums- und Nutzungsrechte an den gemeinsam erzeugten und bearbeiteten Daten. Eine zentrale Instanz überwacht die Kommunikation und Wahrung von Vertraulichkeit in der Nutzercommunity. Diese Aufgabe übernimmt in der Regel der Betreiber der Community Cloud. Er orchestriert gewissermaßen das Zusammenwirken der Unternehmen über standardisierte Apps auf der Community-Plattform. Möglich ist dies durch so genannte Broker-Modelle. Bei dem Broker-Modell handelt es sich um Geschäftsmodelle, bei denen ein zentraler Partner als so genannter Orchestrator alle an dem übergreifenden Cloud Computing-basierten Plattform-Geschäftsmodell involvierten Partner im Öko-System steuert und kontrolliert. Diese Funktion ist von entscheidender Bedeutung bei der Herausbildung von Smart-City-Initiativen und Projekten. Bei unserer Vision der Smart City sollte die Stadt diese Funktion übernehmen. Gemeint ist dabei nicht die technologische Aussteuerung von IT-Partnern. Dies muss im Vorfeld ausverhandelt und dann möglichst automatisiert ablaufen. Vielmehr geht es darum, dass die Stadt Geschäftsmodelle mit den Akteuren der Smart-City-Initiative entwickelt. Welche Konsequenzen das nach sich zieht, thematisieren wir in Kapitel 5.8.

Über diese Cloud-Computing-Plattformen ist es möglich, sämtliche disparaten Daten-Quellen aus verschiedenen Handlungsfeldern einer Smart City miteinander zu vernetzen und zu verbinden. So können dann Entwickler (professionell oder privat) durch den sicheren Zugang zu neuen Cloud-basierten Datenpools, Daten von öffentlichen und kommerziellen Quellen kaufen. Bei diesen Daten handelt es sich beispielsweise um Wetterdaten, Energiepreise oder Verkehrsdaten. Daneben gibt es private Daten, wie Gebäudebelegungszahlen, Daten von den unterschiedlichen Industrien, Versand – und Lieferdaten, location-based services, Finanzdaten, Daten aus der Wissenschaft etc. Diese Daten können ausgewertet und visualisiert werden. Zukünftig können Entwickler nach Maßgabe der Sicherheitsvorschriften neue digitale Lösungen entwickeln. Das erhöht die Transparenz in zahlreichen Lebensbereichen für die Ausbildung von Smart Cities. Damit wird schon deutlich, dass Stadtverwaltungen bzw. öffentliche Institutionen zukünftig als Spieler im sicheren Datenhandel auftreten werden. Dies wird dann möglicherweise zur Haushaltskonsolidierung der kommunalen Haushalte beitragen. Die Entwicklung von Community-Cloud-Plattformen stellt aber nicht das Ende der digitalen Evolution dar. Die finale Entwicklungsstufe von Smart-City-Initiativen stellen Apps-orientierte Geschäftsmodellansätze auf der Basis von Cloud Computing ohne bzw. mit geringer Einschränkung bezüglich der angesprochenen User dar (siehe Abb. 5.8).

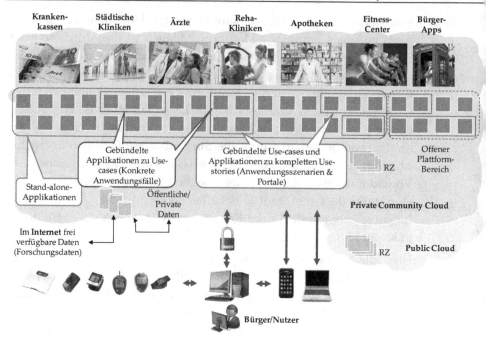

Abb. 5.8: Schematische Darstellung der Smart-City-Angebotsarchitektur

Zu differenzieren ist dabei zwischen „offenen" und „geschlossenen" Bereichen auf der Apps-basierten Community-Cloud-Plattform. Zur Zeit existieren zwei grundsätzliche Ansätze, wie die Marktakteure zusammenwirken:

Der erfolgreichste Vertreter des Ansatzes eines geschlossenen Modells ist Apple mit dem iTunes-Modell. Apple hat ein hoch integriertes Ökosystem und Geschäftsmodell aufgebaut, das durch die komplette Abdeckung der technischen und wirtschaftlichen Wirkungskette einen unerreichten „ease-of-use" in Form intuitiver Anwendbarkeit erzielt.

Der Ansatz eines offenen Modells wird durch Googles Android-Plattform exemplifiziert. Hier sind die Auflagen an Entwickler geringer, die Auswahl an Geräten und App-Marktplätzen größer. Damit wächst aber auch die Gefahr, dass einzelne Komponenten des Ökosystems technisch nicht zusammenarbeiten oder wirtschaftlich nicht so erfolgreich sind. Kritisch bei diesem Geschäftsmodell ist prinzipiell der Umgang mit vertraulichen Daten (Nutzungsdaten etc.). Allerdings können diese Sicherheitsbedenken durch umfangreiche technische Lösungen beherrscht werden, so dass dieser Aspekt bei der Weiterverarbeitung vertraulicher Daten der weiteren Entwicklung des Geschäftsmodells nicht gravierend im Wege steht.

Innerhalb der geschlossenen Bereiche stehen die Daten nicht für alle Akteure einer Stadt offen zur Verfügung. Diese Daten werden für spezifische Bürgerdienste innerhalb einer Nachbarschaft herangezogen oder unterliegen besonderen Sicherheitsanforderungen bezüglich des Datenschutzes. Des Weiteren werden diese Daten für dezidierte geschäftliche Anwendungen genutzt und unterliegen wirtschaftlichen Bedingungen. Innerhalb des offenen Bereiches hingegen werden dem Bürger und der Öffentlichkeit allgemein offene und aufbereite Verwaltungsdaten zur Verfügung gestellt. Der Bürger kann dann diese Daten mit anderen öffentlichen und privaten Daten bzw. Applikationen zu neuen Applikationen verknüpfen. So können innerhalb einer Stadtnachbarschaft oder über die Nachbarschaftsgrenzen hinaus völlig neue digitale Dienste entstehen. Bedeutsam für die Entwicklung von Apps-orientierten Plattformen ist dabei nicht die Hardware, sondern primär die Software. Die Anwender dieser Apps greifen geräteunabhängig via Smartphones, Tablet-PC, Laptop etc. darauf zu.

Bevor wir die konzeptionelle Architektur dieser Apps-basierten Community-Cloud-Modelle näher betrachten, sollten wir die Frage klären, was unter Smart-City-Apps zu verstehen ist?

5.4.2 Was sind Apps und IKT?

Um sich der Beantwortung dieser Frage anzunähern, ist es hilfreich, prinzipiell die Möglichkeiten der neuen Informations- und Kommunikationstechnologien kurz zu beleuchten. Nach Lobeck et al [LOB01] eröffnen die neuen IKT drei Möglichkeiten der Nutzung:

1. Der einseitige Zugriff auf eine Fülle von Informationen.
2. Die direkte Kommunikation bzw. der unmittelbare Austausch von Informationen zwischen einzelnen Nutzern.
3. Die Verbreitung und der Austausch von Inhalten, die die Nutzer selbst produzieren und im Netz bereitstellen.

Diese Sichtweise von IKT muss aus unserer Sicht noch um eine weitere Komponente erweitert werden. Mit unserer Open-Area- und Open-Source-Technologien können Nutzer allgemein auch Anwendungen selbst entwickeln und im Netz zur Verfügung stellen. Der Nutzer wird hier zum Produzenten und kann damit aktiv an der Transformation einer Stadt in eine Smart City mitwirken. Der Mitmach-Charakter einer Smart-City-Initiative wird erneut deutlich.

5.4.3 Was sind Apps im Smart-City-Kontext?

In diesem Fall können wir uns an das Smart-City-Apps-Manifest der im Jahre 2012 in Amsterdam gegründeten „Apps for Smart Cities" Community orientieren [APP01]. Die Apps für Smart Cities Community kommt zu folgender Definition für Smart City Apps:

> „Apps for Smart City = Intelligent places + Data + Mobile Apps + Community + Services = City as a Platform." [APP01].

Damit ist gemeint, dass Smart Cities nur dann das volle Potenzial entfalten können, wenn sie zu einer IT-Plattform werden für z. B. Softwareentwickler, Kreativität und Anwendungen. Oberflächlich betrachtet erscheinen Smart City Apps gewöhnliche mobile Applikation zu sein. Ausgehend davon haben Smart City Apps noch folgende Charakteristika:

- Die Apps zielen auf das Empowerment der Bürger ab und ermöglichen Smart-City-Applikationen.
- Die Apps können auch mit existierenden Smart-City-Initiativen von unabhängigen Software-Vendoren integriert werden, wie z. B. IBM, Cisco, Microsoft und anderen.
- Die Stärkung von App Communities stellt einen wichtigen Bestandteil von Smart City Apps dar.
- Die Apps umfassen typischerweise Open Source Hardware, die intelligente Data Spots in Städten ermöglichen.
- Die Apps bauen auf existierenden und neuen Mobile-Technologien auf. Dies beinhaltet sowohl Augmented Reality als auch andere IT-Plattformen. Zudem könnten auch Hardware-Technologien wie BUG, Gainer, Funnel, Wiring, Sun SPOTs, Pinguino, Firmata und andere hinzu kommen.

Nach Auffassung der „Apps for Smart Cities Community" spiegelt die Stadt das Verhalten des Internet wider. Die Stadt wird zu einer IT-Plattform und ermöglicht die Entwicklung von Long-Tail-Applikation von, mit und für den Smart Citizen [APP01]. Diese Sichtweise deckt sich mit unseren bisherigen Überlegungen und stellt den Gedanken des Open-Community-Cloud-Plattform-Bereichs in den Mittelpunkt.

Neben den oben erwähnten Charakteristika klassifizieren folgende sieben Elemente eine Smart City App:

Sensible: Sensoren überwachen unsere Umwelt.

Connectable: Netzwerkbasierte Geräte leiten die Umgebungsdaten an das Internet.

Accessible: Die Umgebungsdaten unserer Umwelt werden im Internet veröffentlicht und der Allgemeinheit zugänglich und nutzbar gemacht.

Ubiquitous: Der Nutzer erhält Zugang zu den Daten über das Internet bzw. mobil any time, any place (mobile).

Sociable: Der Nutzer kann die Information über sein soziales Netzwerk veröffentlichen.

Sharable: Die Datenobjekte (nicht nur die Daten) müssen in Form einer Peer2Peer-Netzwerk-Manier zugänglich und adressierbar sein.

Visible/Augmented: Um die physische Infrastruktur digital nachzurüsten, werden die Daten nicht nur dem Smart-Mobile-Phone-Nutzer geöffnet, sondern an öffentlichen Plätzen veröffentlicht und präsentiert [APP01].

Hinzu kommt, dass diese Apps hoch standardisiert sind und im Software-as-a-Service (SaaS)- Modus, also bedarfsabhängig betrieben werden. In der Praxis fungieren die Smart City Apps wie folgt:

Smart Traffic: Intelligente Verkehrssysteme haben das Ziel, die Verkehrssteuerung über intermodale Mobilitätsketten zu optimieren. Dabei bieten Apps den Bürgern eine optimierte Nutzung aus einem Mix aus Fahrrad, Bus, Bahn und Auto. Zukünftig rückt die Nutzung und nicht der Besitz eines Autos in den Vordergrund. Apps bieten dann jederzeit die Möglichkeit, abhängig von Preisen und Verkehrsaufkommen, z. B. vom Auto auf öffentliche Verkehrssysteme zu attraktiven Preisen umzusteigen. Diese Apps setzen voraus, dass die Verkehrsdaten der unterschiedlichen Verkehrsträger offen verfügbar und mit anderen verkehrsrelevanten Daten verknüpft werden können (z. B. GPS-Daten in Taxis). Logistikunternehmen wie Speditionen und Paket- und Kurierdienstleister können beispielsweise die Bewegungsdaten ihrer Fahrzeugflotte in Echtzeit mit Transportaufträgen abgleichen und bei Bedarf Fahrzeuge mit freien Transportaufträgen ad hoc zu einem neuen Kundenauftrag disponieren. So werden über Apps die Disposition flexibel an die Verkehrssituation angepasst und Kundenwünsche in Echtzeit erfüllt. Diese Apps führen darüber hinaus indirekt auch zu einer erheblichen Reduzierung von CO_2-Emissionen.

Smart Buildings: Bei dem Konzept der Smart Buildings ermöglichen Apps bei längeren Abwesenheitszeiten die Optimierung des Energiebedarfs von allen elektrischen Geräten. Die Energieprofile können so über ein Smartphone jederzeit und von jedem Ort aus verändert und optimiert werden. Außerdem können Bürger mit Apps vor allem auf Komfort- und Assistenzfunktionen in smarten Häusern zugreifen. Eine typische Situation ist die Unsicherheit bei längerer Abwesenheit, ob z. B. die Fenster geschlossen, das Licht aus- oder die Elektrogeräte abgeschaltet sind. Apps ermöglichen die Auswertung der Sensordaten und eine Steuerung der Funktionen über das Internet.

Smart Metering: Es ermöglicht das Messen des Energieverbrauchs und das Anzeigen der aktuellen Energiepreise mit elektronischen, kommunikationsfähigen Zählern (Smart Meter) in Echtzeit. Der Zweck dieser intelligenten Zähler ist es, den Bürgern über Apps die Verbrauchsdaten akkumuliert und grafisch aufbereitet darzustellen. So lassen sich Stromfresser relativ leicht identifizieren. Zudem ermöglicht die Datenanalyse eine verbrauchsabhängige Tarifstruktur. Aufgrund dieser Möglichkeit kann der Bürger seine Stromkosten permanent überwachen und optimieren. Eigene Auswertungen ermöglichen ihm, z. B. von der Tageszeit abhängige günstigere Energieangebote zu nutzen. Im Gegenzug dazu erhält der Energiebereitsteller die Möglichkeit, die vorhandene Kraftwerkinfrastruktur besser ausnutzen zu können sowie Investitionen für Spitzenlastausbau zu vermeiden.

An dieser Stelle angekommen, sind wir nunmehr in der Lage, die konzeptionelle Architektur von Smart-City-Plattformen zu skizzieren.

5.5   Konzeptionelle Architektur von Smart-City-Plattformen

Die Apps-orientierten Plattformen mit Smart-City-Diensten setzen wie bereits erläutert auf Cloud Computing-basierenden Entwicklungs- und Dienstplattformen auf. Diese IT-Plattformen bieten zahlreichen Akteuren einer Smart-City-Initiative die einfache Möglichkeit, internetfähige Services in Form von Apps zu entwickeln und anzubieten. Die End-Anwender können dann auf diesen Services-Plattformen einzelne Apps suchen, vergleichen und kombinieren.

Abb. 5.9: Smart-City-Plattform führt zu vernetzten Städten

Die Smart-City-Plattform-Konzeptionen erlauben vernetzte Plattform-Strukturen und komplexe Partner-Öko-Systeme (siehe Abb. 5.9). Möglich wird dies durch zuverlässige Netze, die Ausbildung weitgehender Standards und ausgeprägter Governance-Strukturen. Hinzu kommt, dass die Bürger, Kommunen und Industrie über diese Integrations- und Service-Plattformen miteinander verbunden sind. Über diese Smart-City-Plattformen wird eine bi-direktionale Informationsverteilung, -speicherung und -weiterverarbeitung ermöglicht. Es handelt sich dabei um eine weitgehend offene und flexible, in der Cloud betriebene „Smart City as a Service"-Lösung, in starker Anlehnung an eine „Community Cloud".

Auf diesen IT-Plattformen können alle Akteure Services bzw. Apps für die Bürger entwickeln, testen, bündeln und zur Verfügung stellen. Die Apps befinden sich im Architekturbild auf der obersten Ebene des Smart-City-Ebenen-Modells. Sie werden über Community-Cloud-Portale wie z. B. ein Energie-Portal (mit Dashboard-Funktionalität, Brokerage-Anwendungen, Investment Funds mit diversifizierten Energieinvestments etc.) nutzbar. Der Bezug der Apps ist nicht geräteabhängig, sondern bietet weitgehend offene Schnittstellen an. Das bedeutet, dass die sich immer stärker verbreitenden Smartphones, Smart Pads und Laptops den leichten Zugriff auf die Apps ermöglichen. Dabei sind die Plattform-Apps zu den meisten Betriebssystemen kompatibel offen.

Eine ganzheitliche Kundenbeziehung steht dabei im Vordergrund, wenn es um die Lebensqualitätsverbesserung für den Bürger geht. Diese Geschäftsmodelle, die wir im Folgenden in Form von Anwendungsfällen und -welten detailliert erläutern, liegen der Architektur innovativer Smart-City-Initiativen zugrunde. Bei der Architektur innovativer Smart-City-Architekturen stehen Geschäftsmodelle im Vordergrund, die den Bedürfnissen zahlreicher Akteure einer Smart City entsprechen. Mit Architektur meinen wir die schematische Struktur der Geschäftsmodelle, die den Smart-City-Initiativen zugrunde liegen.

5.5.1 Von Apps über Anwendungsfälle bis hin zu komplexen Anwendungswelten

Die erste Entwicklungsstufe Apps-orientierter Geschäftsmodelle auf der Basis von Cloud Computing sind einzelne Applikationen auf geschlossenen und offenen IT-Plattformen für eine ganz spezielle Nutzergruppe. Dabei werden Stand-alone-Applikationen von Akteuren der Stadt entwickelt und den Nutzern der Smart-City-Plattform isoliert angeboten. Die Nutzung der Apps kann für die Bürger kostenfrei oder mit einer relativ geringen Gebühr verbunden sein. So wird beispielsweise das Blutdruckmessen per Mobile App bereits angeboten. Bei dieser singulären App werden die Blutdruckdaten des Patienten gemessen, archiviert und ausgewertet.

Im nächsten Evolutionsschritt werden Applikationen zu konkreten Anwendungsfällen gebündelt. In unserem Beispiel des Blutdruckmessens könnten die Messergebnisse mit den Pulsdaten, Temperaturdaten bzw. Insulinwerten, die auch das Smartphone erfasst, kombiniert werden. Dies wäre für Patienten mit einer Zuckererkrankung sicherlich sinnvoll, um die Zufuhr von Insulin bedarfsgerecht zu steuern.

In der letzten Ausprägung erfolgt die Bildung von komplexen Anwendungswelten: gebündelte Anwendungsfälle und Stand-alone-Applikationen werden zu kompletten Anwendungswelten zusammengeführt. Am Beispiel einer Smart-City-Gesundheitsplattform lässt sich das Prinzip der Anwendungswelten konkret beschreiben. Alle Apps setzen auf der gleichen Datenbasis, der strukturierten Datenablage-Gesundheitsplattform, auf. So kann eine Applikation „B" Daten, welche durch eine Applikation „A" erfasst wurden, wiederverwenden.

Diese Synergien zwischen den Applikationen lassen sich im Gesundheits-und Fitnessumfeld in gleicher Weise erzielen. Serviceanbieter können ihre Apps durch Teilservices anderer Anbieter ergänzen und damit den Nutzen für den Patienten deutlich steigern. So könnte der Anbieter eines Präventionsportals Applikationen Dritter in sein Portal integrieren. Konkret bedeutet dies beispielsweise: Durch die Kombination der Apps eines Unternehmens, das sich auf die Bedürfnisse von Diabetes-Patienten zur Führung eines Diabetes-Tagebuchs spezialisiert hat, könnten Anbieter spezieller Diabetes-Menüs dieses Tagebuch erweitern. Die Anwender könnten ihr Diabetes-Tagebuch mit den Menü-Vorschlägen ergänzen und erhalten so einen zusätzlichen Mehrwert. Wird dieses Tagebuch um die Fitnessdaten aus der Fitness-App tagesaktuell ergänzt, erweitert sich der Mehrwert nochmals. Dieser Datenbestand kann dann über die Gesundheitsplattform mit dem behandelnden Arzt jederzeit ausgetauscht werden. So kann der Arzt auf dieser Datenbasis die Medikamentendosierung bedarfsgerecht anpassen.

Eine bürgerzentrierte Gesundheitsplattform schafft damit über die Vernetzung für alle Partner einen Mehrwert. Die Einhaltung strengster Datenschutzbestimmungen und sichere IT- Infrastrukturen sind neben der einfachen Bedienbarkeit für den Erfolg dieser Plattform entscheidend. Im Mittelpunkt stehen die Bürger, die die Hoheit über ihre persönliche Gesundheitsakte behalten und somit auch die alleinige Kontrolle über ihre Gesundheitsdaten. Die Infrastruktur ist so aufgebaut, dass die Plattform in gekapselten Bereichen hochsicherer Rechenzentren betrieben wird. Die Speicherung und Weitergabe der personalisierten Daten wird für den Bürger durch eine geeignete technische Infrastruktur und passende Tools so transparent organisiert, dass die strengen Richtlinien des Datenschutzes jederzeit eingehalten werden.

Der Nachweis über die Einhaltung der Datenschutzbestimmungen wird von den jeweiligen Partnern der Gesundheitsplattform sichergestellt. Eine konkrete Maßnahme besteht z. B. in der anonymisierten Anmeldung der Bürger und optional in einer zertifikatsbasierten Anmeldung von Anwendungen. Die Integration von innovativen Authentifizierungskonzepten – wie der elektronischen Gesundheitskarte oder dem Elektronischen Personalausweis – wird möglich sein und die Daten von Anwendungen können weiterhin elektronisch signiert und verschlüsselt werden.

Eine bürgerorientierte Gesundheitsplattform fungiert quasi als Datendrehscheibe und kann über die frei geschalteten Apps die vielfältigen Prozesse zwischen allen beteiligten Gesundheitspartnern wesentlich optimieren. Dazu zählen Prozesse wie Terminvereinbarungen, Patientenaufnahme, elektronische Medikationsanweisungen, Präventionsmaßnahmen, Überweisungen und Abrechnungen mit den Krankenkassen. Technologiepartner erhalten aufgrund der standardisierten Schnittstellen den Zugang zu einem breiten Markt und bieten vielseitige Geräte und Apps an. Geräte wie beispielsweise Waagen, Pulsmesser, Schrittzähler, Blutdruckmessgeräte oder Blutzuckermessgeräte übertragen ihre Daten direkt via App in die persönlich geführte Gesundheitsakte des Patienten. Der Arzt oder Fitnesstrainer können dann die Werte vom Bürger übermittelt bekommen und weiter verwenden. Mobile Technologien ermöglichen auch umfangreiche telemedizinische Anwendungen und erlauben es, den Patienten, auch auf Reisen z. B. seine akuten Blutwerte mit dem behandelnden Arzt auszutauschen. So entsteht eine zentrale Gesundheitsplattform mit einem sich erweiternden Spektrum von Mehrwert-Diensten in Form von Apps für die Bürger.

Das grundsätzliche Ziel aller Plattformen besteht darin, dass unterschiedliche Partner, wie im Gesundheitsbeispiel beschrieben, Services für die Bürger entwickeln, testen, bündeln und zur Verfügung stellen. Diese Apps befinden sich im Architekturbild auf der obersten Ebene des Smart-City-Schichtenmodells. Sie sind hoch standardisiert und werden verbrauchsorientiert im Software-as-a-Service (SaaS)-Modus betrieben. Die Apps werden über Portale, wie z. B. das Gesundheitsportal, und über die Gesundheitsakte für alle nutzbar. Andere Portale, wie z. B. ein Energie-Portal, bieten dagegen Dashboard-Funktionalitäten, Brokerage-Funktionalitäten, Investment-Funds mit diversifizierten Energieinvestments etc.

Das grundsätzliche Ziel besteht immer darin, eine Erleichterung und Flexibilisierung des Alltags für den Bürger zu ermöglichen. Die Nutzung der App sollte idealerweise nicht geräteabhängig sein, sondern weitgehend offene Schnittstellen anbieten. Eine ganzheitliche Kundenbeziehung steht dabei im Vordergrund, wenn es um die Lebensqualitätsverbesserung für den Bürger geht. Wenn z. B. das Krankenhaus über das Gesundheitsportal Operationsdaten hinterlegt, sollten diese auch für Krankenkassenabrechnungen quasi per Knopfdruck zur Verfügung stehen. Vor allem darf der Zugang zu diesen Diensten nicht an technischen Hürden und mangelnden Sicherheitsvorkehrungen scheitern. Dies ist dadurch zu fördern, dass eine einfache Benutzung gewährleistet ist und ein Mehrwert für den Einzelnen sofort sichtbar wird. Für alle Beteiligten besteht eine wesentliche Aufgabe deshalb darin, eine breite Akzeptanz der Smart-City-Apps vor allem auch über geeignete Geschäftsmodelle sicherzustellen.

Die Smart-City-Initiative wird es allen beteiligten Akteuren wie Einwohnern, Geschäftsleuten, öffentlichen Einrichtungen, Bildungssektor, Transportwesen, Krankenhäusern und Energieerzeugern und -verteilern ermöglichen, miteinander über hoch standardisierte IT-Dienste-Plattformen und Schnittstellen zu kommunizieren, um damit insgesamt einen höheren Lebensstandard für die Bürger zu verwirklichen. Dieser Ansatz führt zu einem Smart-City-Partner-Öko-System auf Basis neuartiger Geschäftsmodelle. Nahezu alle städtischen Bereiche wie z. B. Bildungssektor, Transportwesen, Krankenhäuser, Energieerzeuger, Kommunen, Städte und Industrie werden sich in diesem Smart-City-Kontext zu Service-Anbietern entwickeln müssen. Bei der Umsetzung dieses Ansatzes erhält das Partner-Management bzw. das Stakeholder-Management eine zentrale Bedeutung. In unseren Vorstellungen übernimmt die Stadt die Rolle des Betreibers und Orchestrators im Rahmen des Smart-City-Geschäftsmodells.

5.5.2 Die Rolle des Orchestrators einer Smart-City-Plattform

Die Akteure entwickeln gemeinsam – wie in den vorigen Kapiteln beschrieben – Smart-City-Community-Cloud-Plattformen und dazu gehörige Apps. Diese Apps orientieren sich an den konkreten Lebensbereichen der Bürger und zielen darauf ab, die Lebensqualität in den modernen Städten zu erhöhen. Wer aber steuert die Akteure einer Smart-City-Initiative bzw., wer orchestriert die Partner einer Smart-

City-Community-Plattform? Das Amalgam bildet das Vertrauen zwischen den Akteuren, das grundsätzlich vorhanden sein muss, um solche Initiativen möglich zu machen. Das Vertrauen bildet die Grundlage. Dazu kommen muss aber ein Regulativ. In unserer Vision der Smart City kommt den Stadtverwaltungen bei der Führung einer Smart City eine besondere Rolle zu. Die Stadt bildet das Aushängeschild für die städtische Smart-City-Vision. Darüber hinaus werden sich die Stadtverwaltungen zunehmend mit neuen Geschäftsmodellen auseinandersetzen müssen. Dazu gehört auch die öffentliche Diskussion darüber, welche Daten von der Stadt öffentlich gemacht werden sollen und welche nicht. Die Smart-City-Initiativen bieten den Städten Möglichkeiten, neue Umsatzquellen zu erschließen. Dazu müssen in den Stadtverwaltungen Konzepte erarbeitet werden, wie mit den Daten der Stadt neue Services entwickelt werden könnten. Ein Teil der Daten wird sicherlich öffentlich zugänglich gemacht. Ein weitaus größerer Teil der Daten aber lässt sich aus verschiedenen – insbesondere datenschutzrechtlichen – Gründen nicht gänzlich öffnen. Dennoch kann man im Verbund mit Wirtschaftsunternehmen oder Forschungseinrichtungen Bürgerdienste entwickeln, die wirtschaftlich nutzbar sind. Welche Wertströme bei diesen Bürgerdiensten entstehen, wird im nächsten Abschnitt näher beschrieben.

Um es konkret zu sagen: Die Stadt muss auf Wirtschaftsunternehmen oder Forschungseinrichtungen proaktiv zugehen und mit diesen über Bürgerdienste in Form von Apps und Geschäftsmodellen kompetent diskutieren. Den Schlüssel dazu hält die Stadt selbst in ihren Händen: die Daten. Das verändert das Selbstverständnis der Stadtverwaltungen. Vom hoheitlichen Verwalter von Daten hin zur aktiven Entwicklung von Smart-City-Initiativen und dazu gehöriger Daten-Management-Modelle. Dies könnte für die Stadt eine Möglichkeit darstellen, die kommunalen Haushalte auf eine breitere Basis zu stellen, da so neue Erlösquellen erschlossen werden können.

Das bedeutet aber nicht, dass die Stadt auch für die technologische Entwicklung dieser Smart-City-Initiativen verantwortlich ist. Diese Aufgabe kann an einen Verbund von lokalen und international agierenden IT-Unternehmen delegiert werden. Dazu werden die von großen IT-Software-Firmen (AZURE von Microsoft. Google Apps von Google oder Force.com von Salesforce etc.) zur Verfügung gestellten Cloud-Computing-Plattformen vertikalisiert und in ein Gesamtsystem integriert.

Der Orchestrator einer Smart-City-Initiative muss aber notwendigerweise über ein umfassendes Verständnis von Smart-City-Geschäftsmodellen verfügen. Das bedeutet, dass die Stadt zusammen mit den Bürgern, Unternehmen und Forschungseinrichtungen dynamische Rollenmodelle entwickeln wird.

Nach unserer Einschätzung wird dies lediglich mit neuen Allianzen und Partnerschaftsmodellen gelingen. Die Stadt nimmt dabei eine übergeordnete, führende Rolle ein. Nur mit diesen vereinbarten Rollenmodellen kann entschieden werden, welche Leistungen die Stadt erbringt und welche Leistungen nach dem Rollenmodell innerhalb des Smart-City-Ansatzes von anderen Unternehmen geleistet werden können. Das führt auch dazu, dass nicht nur einige große Unternehmen den größten Umsatz bei der Verwirklichung von Smart-City-Initiativen realisieren. Auch die lokale Wirtschaft wird aktiv in die Leistungserstellung miteinbezogen.

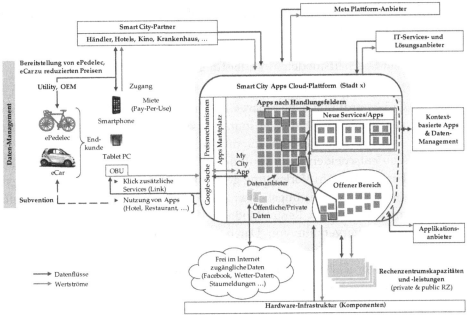

Abb. 5.10: Übersicht der Wert- und Datenströme einer Smart-City-Plattform

Aus der Abbildung 5.10 wird deutlich, dass die beteiligten Partner gemeinsam an dem Modell partizipieren und vom Betreiber (Orchestrator) der IT-Plattform klar definierte Rollen zugewiesen bekommen.

Die Rolle des Orchestrators, der alle beteiligten Partner moderiert, fällt primär der Stadt zu. Daneben können noch andere Partner in die Orchestrator-Rolle miteinbezogen werden. Die Führung der übergreifenden Smart-City-Initiative sollte von der Stadt übernommen werden, unter Beteiligung von Dritten. Neben den Rollenmodellen müssen tragfähige Partnermodelle entwickelt werden. Diese Partnermodelle müssen so gestaltet sein, dass sie dynamisch auf Veränderungen im Verlauf von Smart-City-Initiativen reagieren können. Eine wesentliche Grundlage bildet sicherlich das Vertrauen zwischen den Akteuren der Initiative. Darüber hinaus muss aber auch eine Governance-Struktur aufgebaut werden, die das Aussteuern und Überwachen von Akteuren ermöglicht. Auf der anderen Seite müssen neben den Rollenmodellen auch Wertstrommodelle etabliert werden. Damit werden notwendige Anreize für alle Akteure einer Smart-City-Initiative geschaffen.

Wie können die Anreize geschaffen werden und wie könnte die Wertschöpfung bei Smart-City-Initiativen aussehen? Dieser Frage wollen wir nun nachgehen.

5.5.3   Wertschöpfung durch Smart-City-Initiativen

Die Finanzierung von Smart-City-Initiativen ist der neuralgische Punkt bei der Umsetzung. Die größeren Städte sind meist verschuldet und haben kaum noch Spielraum, um größere Infrastrukturvorhaben zu finanzieren. Daher sind neue Ansätze zu entwickeln, um die Transformation der Städte zu Smart Cities verwirklichen zu können. Konkret bedarf es der Entwicklung innovativer Refinanzierungsmodelle. Eine Voraussetzung ist, dass andere Akteure als die Stadt bei diesem Geschäftsmodell in Vorleistung gehen.

Prinzipiell kann weder eine Stadt noch ein einzelnes Unternehmen, egal welcher Größenordnung, eine Smart-City-Initiative alleine planen, finanzieren und umsetzen. Die Folge ist, dass es immer zu einem Verbund von Städten, Wirtschaft, Wissenschaft und Bürgern kommt. Dies betrifft letztendlich auch die Finanzierung. Von entscheidender Bedeutung ist, dass mehrere Akteure einer Initiative bei der Finanzierung in Vorleistung gehen. Über ausgefeilte Refinanzierungsmodelle werden diese Vorleistungskosten mehr als kompensiert. Zu diesen Refinanzierungsmodellen zählen Rental-Modelle, Wertschöpfung durch Apps und Apps-Clicks, der Weiterverkauf von Daten und Datenpaketen. Da wir in unserem Modell schwerpunktmäßig auf Daten-Management-Modelle abstellen, tritt die Entwicklung von Daten-basierten Wertschöpfungsmodellen in den Vordergrund. In diesem Zusammenhang werden Daten zu Handelsobjekten. Prinzipiell ist es möglich, reine Daten-Management- und Wertschöpfungsmodelle zu realisieren, aber eben auch sinnvolle Kombinationen aus Hardware-basierten Infrastrukturleistungen und Daten-Management-Services.

Zu den zentralen Treibern dieser neuen Geschäftsmodelle zählen die Devices wie ePedelecs oder eCars in Verbindung mit den sich stark verbreitenden Smartphones, iPads oder On Board Units in Autos. Bei der Nutzung der Devices differenzieren wir zwischen a) dem Kauf oder b) so genannten Rental (Miet-)Modellen moderner eVehikel wie eCars, ePedelecs. Die Rental-Modelle werden in den modernen Städten überwiegen. Die möglichst rasche Verbreitung dieser Mobilitätsvehikel führt in der Folge zu einem erhöhten Bedarf an Infrastrukturkomponenten wie Ladesäulen, Smart-Grid-Komponenten, ausgebauter Radinfrastrukturen und intermodalen Mobilitätssystemen, die einen Wechsel von beispielsweise Bahn zu ePedelc ohne Schnittstellenbruch zulassen.

Am Beispiel des sich in größeren Städten zunehmend etablierten ePedelecs (Fahrrad mit Elektroantrieb) erläutern wir exemplarisch die Wertschöpfungselemente der Smart-City-Dienste. In der Modellregion Stuttgart erprobt die Deutsche Bahn Rent GmbH mit der Landeshauptstadt Stuttgart und der EnBW Energie Baden-Württemberg mit dem Projekt „Kesselkraxler" das Miet-Modell ePedelec. Die Partner zielen darauf ab, Stuttgarter, Berufspendler und Besucher der Stadt dafür zu begeistern, mit dem ePedelec zu fahren. Und so formuliert der regierende Oberbürgermeister von Stuttgart die Zielsetzung des Projekts: „Ich sehe es als eine wichtige Aufgabe der Stadt an, die Voraussetzungen für eine nachhaltige Mobilität zu schaffen. Es liegt im Interesse aller Bürger, dass der die Umwelt belastende Individualverkehr weiter abnimmt" [STU].

Der Entleihvorgang ist leicht: Jede der 44 Stationen im Stadtgebiet verfügt über ein zentrales Bedienterminal. Dort ist es möglich, sich mit der EC- oder Kreditkarte anzumelden. Die Räder können auch per Telefon oder App angemietet werden. Die Mietkosten liegen bei zwölf Cent in der Minute. Dies ist die erste Entwicklungsstufe von Smart-City-Initiativen im Handlungsfeld der eMobilität. Dieses Modell lässt sich noch um weitere Komponenten ergänzen.

Im ePedelec-Szenario bildet die starke Verbreitung von ePedelcs in modernen Städten entweder in Form von Rental-Modellen oder als Kaufobjekt zu sehr niedrigen Preisen – in Anlehnung an die Telekommunikationsbranche mit subventionierten Mobile Phones – die Treiber.

Beim Kauf kann der ePedelec-Anbieter den Preisnachlass über Refinanzierungsmodelle wieder kompensieren. Die Subventionierung der ePedelecs erfolgt in der Form, dass die Elektrofahrräder mit einem Abschlag von bis 70% vom Kaufpreis an den Bürger verkauft wird. Bei den Rental-Modellen werden die ePedelcs dem Nutzer gegen eine Mietgebühr überlassen. Dabei wird die Nutzung im pay-as-you-go-Modus abgerechnet. Es liegt also ein Transaktionsmodell vor. Für die Nutzung der Apps wird pro Transaktionseinheit und damit verbrauchsabhängig bezahlt. Der Nutzer registriert sich auf der Smart-City-Plattform und kann dann via App die Devices ausleihen. Der Endnutzer greift via Smartphone oder iPad auf die Dienste-Plattform zu, um die Apps zu nutzen. Über die App kann der Nutzer ePedelecs reservieren, Rechnungen einsehen etc. Die Registrierung der Nutzer oder die Reservierung von Services etc. erfolgen zentral über die Dienste-Plattform.

Durch so genannte „Dynamische Preismechanismen" werden die Preise flexibel festgelegt. Über diesen dynamischen Preismechanismus lassen sich Lastspitzen preissensitiv steuern und beispielsweise auch der Verkehrsfluss in modernen Städten beeinflussen. Die Preismechanismen werden erfolgreich in zahlreichen Metropolen dieser Welt wie London oder Singapur erprobt und angewendet.

Auf der Smart-City-Plattform werden dem Nutzer noch weitere Apps angeboten. Die Klick-Rate-Refinanzierung erfolgt insoweit, dass die Nutzer weitergehende Apps (Hotel, Restaurant, Museumsführer, Events etc.) nutzen und darüber hinaus dem ePedelec-Anbieter Umsätze zufließen. Diese Refinanzierungsmodelle über Klick-Raten im Verbund eines Partner-Öko-Netzwerkes sind beliebig erweiterbar. Darüber hinaus kann die Stadt auf der IT-Plattform Werbeflächen zur Verfügung stellen und die Google-Suche integrieren. Bei jedem Klick der Nutzer auf Werbung, Apps etc. verdient die Stadt mit (siehe Abb. 5.11).

	Meta Plattform-Bereitstellung	Apps-basierte Cloud Plattform-Bereitstellung	Smart City Apps-Plattform-Betreiber	Smart City Apps-Entwicklung	Daten-Aufbereitung & -Bereitstellung	Daten-Management	Neue Apps-Services-Produkte
Rolle/Aufgabe	► Weiterentwicklung ► Bereitstellung ► Update/Upgrade Management	► Städte spezifische Vertikalisierung ► Implementierung und Vermarktung der Plattform	► Management der Plattform ► Vermarktungs-Apps ► Geschäftsmodell-Entwicklung (Rollen & Erlösmodelle) ► Hosting (RZ)	► Entwicklung von Apps auf der Basis offener und geschlossener Daten ► Update-Management	► Datenpflege ► Datenaufbereitung ► Selektion: offene und geschlossene Daten	► Daten-Aggregation ► Datenanalyse (Business Intelligence) ► Kontext-Brokering ► Big Data-Management	► Entwicklung völlig neuer Apps, Services und Lösungen auf der Basis aggregierter und analysierter Daten auf der Smart City-Plattform und dem Internet
Anbieter	► ISV[1]	► ISV ► Systemintegratoren	► Stadt ► Smart City-Lösungsanbieter	► Alle Akteure einer Smart City-Initiative	► Stadtverwaltungen ► Bürger ► 3rd Parties	► Städte ► Smart City-Lösungsanbieter ► Daten-Management-Spezialist	► Städte ► Bürger/Öffentlichkeit ► 3rd Parties (ISVs. Unternehmen, wissenschaftl. Inst.)
Kunden	► IT-Integrator	► Städte ► IT-Integrator und Stadt	► Städte ► IT-Technologie ((Groß-) Unternehmen & Städte)	► Endkunden/ Öffentlichkeit ► IT-Unternehmen ► wissenschaftl. Inst.	► Endkunden (Bürger) ► Unternehmen	► Städte ► Daten-Management-Spezialisten ► Wirtschaftunternehmen	► Endkunden ► Unternehmen
Erlösquellen	► Lizensierung ► Hosting (RZ) ► Consulting	► Lizensierung ► Systemintegration ► Consulting	► Lizensierung (andere Städte) ► Werbeklicks ► Apps-Vermarktung ► Partnerintegration ► Consulting	► Umsatzteilung mit Plattformbetreiber Apps-Vermarktung ► Werbeklicks	► Kooperation mit Unternehmen bei der Vermarktung von Daten ► Pay-Per-Use von Daten	► Nutzenorientierte Preisfindung für Daten/Datenpakete ► Kooperation von Infrastruktur & Daten-Management-Spezialisten	► Vermarktung von Apps, Services und Lösungen (Verkauf + Pay-Per-Use) ► Lizensierung
Geschäfts-modellansatz	Cloud Plattform-Anbieter	Technologie-Anbieter (Integrator)	Smart City Apps-Plattform-Betreiber	Apps-Anbieter	Verwaltungs-Daten-Anbieter	Smart City-Daten-Management-Anbieter	Smart City Services & Lösungsanbieter

1) ISV: Independent Software Vendor

Abb.: 5.11: Wertschöpfung für alle Partner des Smart-City-Geschäftsmodells

Bei näherer Betrachtung der Umsatzströme kann man am Beispiel des ePedelec/eCar-Szenarios folgende Umsatz-Komponenten beispielhaft aufzeigen (siehe Abb. 5.12).

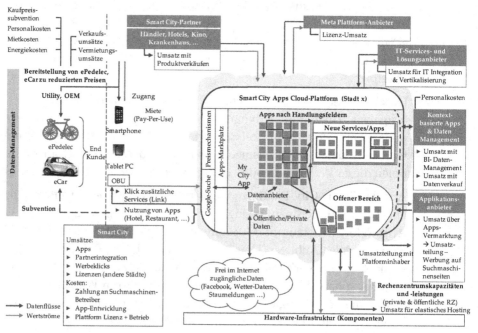

Abb. 5.12: Die Umsatzströme innerhalb des Smart-City-Geschäftsmodells

Alle beteiligten Parteien verfügen über dezidierte Erlösquellen, die sowohl direkte Einnahmequellen aus der Nutzung der Devices als auch Erlöse aus der Nutzung von Datensätzen über Google Search oder Klicks auf Apps etc. umfassen.

Zu diesen Erlösquellen kommen noch mögliche Umsatzanteile von Applikationspartnern hinzu, die die IT-Plattform nutzen, um eigene Applikationen gegen eine Gebühr anzubieten. Weiterhin könnte die Plattform mit dem Apps-Öko-System an andere Städte lizensiert werden. Die interessierten Städte leasen dann die IT-Plattform und entwickeln diese nach ihren Ansprüchen ggf. weiter. Das Geschäftsmodell der Smart-City-Plattform basiert darauf, Telekommunikations-, kommerzielle, interne Applikationen für City Services und öffentliche Applikationen teilweise gegen Gebühr bereitzustellen. Dabei kommt es eben auch zu Umsatzaufteilungen zwischen der Stadt als Plattform-Betreiber und externen Applikations-Entwicklern [HELM].

Neben diesen Erlösquellen kommt eine zusätzliche Komponente hinzu, das so genannte Kontext-Brokering. Der Betreiber der Smart-City-Plattform sammelt umfangreiche Daten über Nutzer, Nutzung von Apps, Nutzung von Devices etc. Im Rahmen des Kontext-Brokerings werden die Daten einzelner Apps ausgewertet und neu kombiniert. Daraus entstehen so genannte Anwendungsszenarien. Für den Smart-City-Plattform-Betreiber, dem Orchestrator, ergeben sich weitere Erlösquellen. Im Rahmen des Kontext-Brokerings werden die Nutzerdaten gespeichert, verarbeitet und zu neuen kontextbasierten Datenbündeln verknüpft. Insbesondere der Weiterverkauf von Daten, die Bündelung von Daten zu neuen Anwendungsfällen bis hin zu neuartigen Anwendungswelten ist nur über das „Kontext-Brokering" möglich. Dabei liegen letztendlich kontextuale Daten vor, die weiter vermarktet werden können. Ein zentraler Punkt dabei ist der Datenschutz und Gewährleistungsrechte, die einer strengen Governance mit genau definierten Kontrollsystemen und unter Wahrung des Rechts auf informationelle Selbstbestimmung unterzogen werden müssen.

Über Kontext-Brokering können nun beispielsweise Verkehrsflüsse in modernen Städten optimiert werden. Dazu werden die Nutzungszeiten und zurückgelegten Wege miteinander kombiniert. In diesem einfachen Fall lassen sich Verkehrsflüsse aufzeichnen. Neben statischen und personenbezogenen Daten existieren Daten zum Nutzungsverhalten sowie Daten Dritter. Um die Dynamik der Plattform zu steigern, kann der Nutzer auch aktiv an ihr teilhaben. Sie könnte beispielsweise in Form eines sozialen Netzwerks ausgeweitet werden. Diese „Mass Customization" generiert durch aktive Verbesserungsvorschläge seitens der Nutzer, Präzisierung von Angaben oder aber der Erweiterung der Inhalte wiederum ein Mehrfaches an Daten. Diese quasi-öffentlichen Daten dürften dann Relevanz sowohl für lokale Anbieter als auch für weitere Interessenten haben.

Die Nutzung von Mobilitätsdienstleistungen und Produkten können dabei über die Smart-City-Plattform aus völlig unterschiedlichen Bestandteilen nahtlos zu

einer individuellen Mobilitätskette zusammengestellt werden: öffentlicher Nah-
und Fernverkehr, Individualverkehr auf Basis von ePedelecs und eCars, alltägliche
Mobilitäts-Services durch Dienstleister (u. a. Beförderung zum Einkauf, zu Behörden oder zum Arzt) und Freizeitmobilität (u. a. Besuche von Veranstaltungen und
Ausstellungen, Naherholung und Fernreisen).

Im Gesundheitsumfeld entsteht über eine eHealth-Smart-City-Plattform eine Vielzahl von Dienste-Angeboten, die wiederum eine schier unbegrenzte Datenflut
produzieren. Wie schon beschrieben, sind alle Gesundheitspartner über verschiedenen Apps mit der Plattform verbunden. Dazu gehören Krankenkassen, Krankenhäuser, Ärzte, Apotheken, Pharmakonzerne, Fitness- oder Reha-Anbieter. Es
wird deutlich, dass bei der Nutzung dieser Dienste vielfältige Daten anfallen, die
durch Genehmigung und unter strikter Einhaltung der Datenschutzbestimmungen
des Patienten untereinander verknüpft werden können. So entstehen auf der Basis
innovativ vernetzter und kombinierter Daten völlig neue digitale Bürgerdienste,
die über eine Smart-City-Plattform angeboten werden könnten. Das kontextuale
Verknüpfen von Daten aus unterschiedlichen Datenquellen auf der Smart-City-
Plattform wird in den zwei Anwendungswelten im Kapitel 5 ausführlich thematisiert. Dabei ist der Kosmos möglicher Anwendungen, Anwendungsfälle und Anwendungsszenarien im Rahmen von Smart-City-Initiativen nahezu unbegrenzt,
abhängig von der Kreativität bzw. der Phantasie der Menschen und den gesetzlichen Rahmenbedingungen.

Smart-City-Initiativen sind nicht notwendigerweise groß angelegte Initiativen, die
sämtliche Handlungsfelder mit entsprechenden Apps abdecken. Vielmehr wird es
auch sehr viele kleinere Initiativen geben, die in eine ganzheitliche Smart-City-
Vision eingebunden sind. Die Transformation zur modernen Stadt erfolgt dann
eher inkrementell. Das bedeutet auch, dass man in gewissen Grenzen mit Initiativen experimentiert. Das führt dann zu kurzläufigen Test-Apps, die entweder man-
gels Akzeptanz bei dem Bürger eingestellt oder dynamisch weiterentwickelt werden. Die Entwicklung von Städten basiert immer auf einem Zusammenspiel von
exakter Planung und kreativem Experimentieren.

5.5.4   Smart City Apps in der Praxis

Nehmen wir das Beispiel der Car-Sharing-Modelle, die sich zunehmend in den
größeren Städten etablieren und die Mobilität nachhaltig verändern werden.

5.5.4.1 Zip Car

Bei Zipcar handelt es sich um ein Car-Sharing-Modell ähnlich dem deutschen Pen-
dant Car2Go der Daimler AG. Bei Zipcar wurde eine Smart-City-App entwickelt,
die es erlaubt, in 30 Sekunden ohne Transaktionskosten bei vorheriger Registrierung zu reservieren. Zipcar hat innerhalb von sechs Jahren eine Flotte von 1000
Fahrzeugen aufgebaut. Einen ähnlichen Weg ist Whipcar in Großbritannien ge-
gangen. Hierbei handelt es sich um ein Peer-2-Peer-Car-Sharing-Modell. Das Prin-

zip dahinter ist einfach: Nachbarn leihen sich gegenseitig ihre ungenutzten Autos. Auch dies geschieht über eine Community-App. Der Nutzen für den Bürger ist offensichtlich. Nach Statistiken von Whipcar selbst kommt jeder durchschnittliche Verleiher auf ca. 200 – 700 Dollar im Monat [GANSKY]. Hier wird ganz deutlich, dass diese Smart-City-Applikation direkt die Lebenswelt der Bürger berührt. Es findet die bereits erwähnte integrierte Urbanität statt. Der Bürger integriert diesen Service in das reale Leben und lässt es miteinander verschmelzen.

Wozu Zipcar sechs Jahre benötigt hat, brauchte Whipcar nur sechs Monate, um 1000 Fahrzeuge in „local communities" zu gewinnen. Ein wichtiges Prinzip bei diesen Lösungen ist der Faktor Vertrauen. Dabei erlauben die neuesten Technologien über Bewertungsmechanismen Vertrauen zwischen Fremden zu erzeugen. Besonders erwähnenswert ist, dass sich Zipcar nicht als Transportmöglichkeit begreift, sondern als Informations- und Datenfirma. Zipcar sammelt massenhaft Daten über das Nutzungsverhalten der Kunden. Diese Daten werden unter strikter Beachtung des Datenschutzes zur Entwicklung neuer Dienste verwendet und mit Daten Dritter verknüpft.

5.5.4.2 MyTaxi-App

Ein weiterer digitaler Dienst, der in Deutschland Furore macht, ist die MyTaxi-App. Mittels Smartphone ist es möglich, die Positionsdaten von bisher 7000 Taxifahrzeugen in vorwiegend deutschen Großstädten zu ermitteln. Mit der App „MyTaxi" wird sofort die Bestellung eines Taxis, das sich in der Nähe des Nutzers befindet, nach Wunsch ausgeführt. Möglich ist das Ganze durch die Nutzung von GPS und Google Maps-Daten. Durch diese Open Data ist es „MyTaxi" möglich, dem Wartenden exakt mitzuteilen, an welchem Standort sich das bestellte Taxi befindet und wann es den eigenen Standort voraussichtlich erreichen wird [BEUT].

Diese App zeigt sehr deutlich, wie mit Open Data und wirtschaftlichem Gespür innovative Bürger einer Stadt intelligente Smart-City-Projekte umsetzen können. So lautet auch das Credo der beiden Gründer: Jan-Niclaus Mewes und Sven Külper, Geschäftsführer und Gründer der Intelligent Apps GmbH: „Wir sind ein junges, rebellisches Team aus Mitarbeitern und Fahrern. Unsere Spezialität: Die Konzeption und Entwicklung innovativer Apps, die emotionalisieren und alle aus den Socken hauen." Diese App zielt auch wieder exakt auf die Bedürfnisse der Bürger in modernen Städten ab. Und die Entwickler dieser App fokussieren sich genau auf die Lebensrealität: Florian und Jan haben die Technik fest im Griff: „Im Fokus jeder unserer Entwicklungen sind immer die App-User" [MYTAXI].

Der Nutzer hat nun auch die Möglichkeit, den Service eines Taxifahrers zu bewerten. Dies war in der Vergangenheit nicht möglich. Damit wird auch für den Taxifahrer ein Anreiz geschaffen, den Service zu verbessern und damit die Attraktivität zu erhöhen.

Hier haben die Taxivermittlungen die Hoheit über Taxireservierungen gehabt. Dabei wird von den Taxifahrern eine feste Vermittlungspauschale erhoben, unabhängig davon, wieviele Taxifahrten tatsächlich durchgeführt wurden. Anders bei MyTaxi: Für jeden vermittelten Auftrag werden dem Taxifahrer 79 Cent innerhalb von Deutschland und 99 Cent innerhalb von Österreich in Rechnung gestellt [ORT05]. Für den Nutzer der App ist die Bestellung von Taxis kostenfrei. Ein weiteres Merkmal, dass in unserem Smart-City-Architektur-Modell angesprochen wurde, ist, dass MyTaxi ein Informationsunternehmen ist. Es sind die Daten, die ausschlaggebend sind, nicht die Technologie. Den größten Erfolg hat MyTaxi bei Taxifahrern mit Smartphone-Erfahrungen. Um die Verfügbarkeit der App zu erhöhen, versorgt MyTaxi Hotels mit iPads, die bei der Rezeption aufgestellt werden [ORT05]. Dort können die Gäste dann kostenlos ein Taxi über die MyTaxi-App bestellen. Im Vordergrund steht die Information und nicht die Technologie oder Hardware. Auch die Daimler AG ist über ihr Tochterunternehmen Car2go an dem Start-Up-Unternehmen MyTaxi beteiligt.

Diese singulären Apps sind prominente Beispiele von Smart-City-Projekten, die von innovativen Bürgern entwickelt und umgesetzt wurden. Dabei steht das wirtschaftliche Interesse im Vordergrund. Erfolgreich sind diese Projekte aber nur deshalb, weil sie auf den Lebensbereichen der Bürger ansetzen und intuitive Apps anbieten – mit einem spürbaren Nutzen für den Anwender.

Gehen wir einen Schritt weiter und beleuchten ganzheitliche Smart-City-Initiativen, die mehrere Handlungsfelder einer Stadt betreffen. Hier tritt die Stadt in den Vordergrund und übernimmt die Führung für die Smart-City-Initiative.

5.5.4.3 HotCity Luxembourg

Hinter dem Label „HotCity Luxembourg" verbirgt sich die Idee, eine städtische WLAN-Infrastruktur aufzubauen und mobile Dienste zur Verfügung zu stellen. Über die HotCity-Plattform können die unterschiedlichen Zielgruppen auf smarte und integrierte Applikationen u. a. via Mobile Phone zugreifen. Die Stadt geht aber noch einen Schritt weiter, um die parallele Urbanität bei den Bürgern zu etablieren.

Darüber hinaus soll aber eine offene und betreiberunabhängige IT-Plattform „HotCity 4 you" dem Bürger zur Verfügung gestellt werden, auf der Nutzer in einer Testumgebung eigene Services testen und entwickeln können. Die offene IT-Plattform wird in Zusammenarbeit mit der SNT, Universität von Luxembourg, entwickelt. Erste Projekte sind in den Bereichen „Green IT" und „Smart Mobility" geplant. Diese offene IT-Plattform soll den Bürgern die Open Area zur Verfügung stellen, innerhalb derer sie neue Anwendungen testen und entwickeln können, ggf. mit Unterstützung der Projektpartner.

Der Bürgermeister von Luxembourg, Paul Helminger, charakterisierte die HotCity in 2010 als nutzerorientiertes und offenes Innovationssystem, das bereichsübergreifende Vernetzung in den Bereichen smart economy, smart people, smart governance, smart mobility, smart environments und smart living ermöglichen soll.

Ins Leben gerufen wurde das Joint Venture zwischen der Stadt Luxembourg (51%) und dem Telekommunikationsunternehmen P&T (49%) im Jahre 2009. Mittlerweile wurde das Joint Venture in ein Gemeinschaftsunternehmen in Form einer Aktiengesellschaft überführt [HELM]. Als einen Erfolgsfaktor für das HotCity-Projekt halten die beiden Projektpartner die klar definierten Strukturen. In diesem Fall ist es gelungen, die unterschiedlichen Interessen zu harmonisieren – ökonomische Zielsetzungen und Steigerung des Gemeinwohls [HATZELHOFFER02].

Das Projekt „HotCity Luxembourg" wird von Bürgern weitgehend angenommen, da beispielsweise beim Ausbau der Informationsinfrastruktur ein Informationscontainer zur Verfügung gestellt wurde, in dem der Baufortschritt präsentiert werden konnte. Hier konnten sich die Bürger auch über weitere Vorhaben umfassend informieren und ein Gefühl für die Smart City entwickeln.

5.5.4.4 Wien

Auch die Stadt Wien versucht den Mitmach-Charakter ihrer Smart City-Initiative auszuweiten. Insbesondere das Partizipationsportal „Wir sind mehr" soll einen Schritt in offene IT-Plattform für Bürger gehen. „Wir sind mehr" ist eine IT-Plattform, die es leichter machen soll, Gruppen zu starten und bestehende Gruppen zu einer Wien-weiten Bewegung zu vernetzen [WIR]. Bei dieser Initiative werden den Community-Mitgliedern Infrastruktur, Ressourcen, Vernetzung und Tools für die Gruppen, Medienunterstützung und Unterstützung bei gemeinsamen Missionen angeboten. Hier wird deutlich, dass die Technologie nur den Enabler darstellt. Die IT-Plattform stellt dezidiert auf Lebensnähe ab und unterstützt Online- und Offline-Bürgerdienste. Es handelt sich also um eine Mischform, bei der quasi die parallele Urbanität angestrebt wird. Es ist erst ein erster Versuch in die Richtung einer partizipativen, offenen IT-Plattform zu gehen, die aber doch über den Zustand eines reinen Feedback- und Input-Mediums hinausgeht.

5.5.4.5 LIVE Singapore!

LIVE Singapore! ist ein weiteres Beispiel für das Entstehen einer Open-Data-Smart-City-Plattform, die es Bürgern erlauben soll, eigene Anwendungen bzw. Mashed-Up-Applikationen zu entwickeln (siehe Abb. 5.13). Das Projekt in Zusammenarbeit mit dem MIT in den USA steckt noch in den Kinderschuhen, schreiet aber kontinuierlich voran.

Die IT-Plattform „Live! Singapore" versucht die Feedback-Schleife zwischen den Bürgern, die sich in Städten bewegen und den Real-Time-Daten, die von multiplen Netzwerken gesammelt werden, zu schließen. Die Daten, die der Bürger durch Handlungen erzeugt, werden ihm im Rahmen der bi-direktionalen Kommunikation wieder zurückgegeben. Durch diese Datenrückkopplung sind die Bürger mit der sie umgebenden Umwelt verbunden und können so Entscheidungen auf der Basis von Informationen treffen, die den aktuellen Status ihrer Stadt reflektieren.

Abb. 5.13: Die LIVE Singapore!-Initiative (Quelle: http//senseable.mit.edu/livesingapore/)

Um dieses Ziel zu erreichen, wird im Rahmen der Live! Singapore eine offene IT-Plattform aufgebaut, die es erlaubt, Real-Time-Daten zu sammeln, kombinieren und zu verknüpfen, die aus einer Vielzahl unterschiedlicher Datenquellen stammen. Die Plattform ist nicht dafür gedacht, nur singuläre Apps zu entwickeln, sondern hat vielmehr den Anspruch, ein Öko-System von Apps abzubilden und anzubieten. Zudem soll ein Software-Werkzeugkasten für Real-Time-Daten zur Verfügung gestellt werden, der es erlaubt, urbane Dynamiken abzubilden. Die digitalen Informationen, die menschliche Aktivitäten im urbanen Raum in Bezug auf urbane Systeme beschreiben, werden exakt durch die erzeugten Daten nachgebildet.

Basierend auf dieser IT-Plattform kann eine Community von Entwicklern in Zusammenarbeit mit Bürgern völlig neue digitale Bürger-Services aus den Real-Time-Daten entwickeln [KLOECKL03]. Die Mehrzahl der urbanen Systeme erzeugt Daten, die für andere urbane Systeme oder die Öffentlichkeit nicht direkt zugänglich sind. Die IT-Plattform wird im Kontext des Stadtstaates Singapore aufgebaut. Die urbane Umwelt dieses Stadtstaates verfügt über einige Charakteristika, die Singapore für eine Smart City prädestinieren: hoch-entwickelte Stadtinfrastrukturen, ein aus nur einer Stadt bestehendes Land, das durch sein Inseldasein klar abgegrenzt ist, eine technologieaffine Bevölkerung, die an dynamische Veränderungen der urbanen Umwelt gewöhnt ist und diese auch akzeptiert.

Eine der großen Herausforderungen bei Daten-Sharing-Partnerschaften ist die Formierung dieser Partnerschaften. Dazu ist die Entwicklung eines Wertschöpfungsmodells mit dezidierten Wertströmen für alle Akteure dieser digitalen Real-Time-Plattform von Bedeutung. Zum Beispiel ist es wichtig, zu erläutern, warum ein Daten-Provider seine Daten einem anderen Daten-Provider zur Verfügung stellen sollte. Und wie ist es möglich, diese Bereitschaft überhaupt in Gang zu setzen, wenn für das volle Potenzial die Voraussetzung gegeben sein muss, dass mehrere Daten-Zulieferer ihre Daten hierfür zur Verfügung stellen?

Die Akteure im „Live! Singapore-Projekt" haben klar erkannt, dass es auf der IT-Plattform einen offenen und einen geschlossenen Bereich geben sollte. Der geschlossene Bereich ist eher geeignet, Daten kommerzieller Applikationen zu entwickeln, die allen Akteuren einen wirtschaftlichen Nutzen stiften. Zur weiteren Entwicklung der IT-Plattform wird den Bürgern die Möglichkeit eingeräumt, Daten mittels Mobile Devices oder persönlicher Sensoren-Netzwerke in die Plattform einzuspielen (z. B. Sensoren im eigenen Zuhause).

Diese ausgewählten Beispiele demonstrieren den ersten Schritt hin zu einer umfassenden, teilweise offenen Smart-City-Community-Plattform, die einen Mitmach-Charakter aufweisen. Wir stehen aber noch ganz am Anfang. Auch den Projektverantwortlichen in Singapore, Wien, Luxembourg, Seattle oder Friedrichshafen ist klar geworden, dass die größte Hürde darin besteht, die Interessen aller Beteiligten in der Umsetzung der jeweiligen IKT-Technologie angemessen zu berücksichtigen. Noch werden die neuen digitalen Dienste von den Anwendern oft nicht angenommen und in den Lebensalltag integriert. Die erfolgreiche Etablierung von Basistechnologien gelingt bei den meisten Smart-City-Initiativen problemlos. Aber warum scheitern die Projektverantwortlichen daran, die neuen digitalen Dienste im Lebensalltag der Bürger zu integrieren? Warum entsteht nur eine Parallel-Urbanität und nicht eine integrierte Urbanität?

5.6 Gründe für das Scheitern von Smart-City-Initiativen

Im vorausgegangen Kapitel wurde versucht, die Struktur von Geschäftsmodellansätzen aufzuzeigen, die es erlauben, erfolgreiche Smart-City-Initiativen zu entwickeln. Diese Initiativen erfordern die Einbindung aller Akteure einer Stadt und eine Bottom-up-Strategie, die vom Nutzer und dessen Bedürfnissen ausgeht.

In der Praxis zeigt sich aber, dass Smart-City-Initiativen oftmals an diesen Anforderungen scheitern. Die neuen digitalen Services orientieren sich oftmals an wirtschaftlichen Interessen von Großunternehmen oder Stadtverwaltungen. Anders ausgedrückt: Die neuen Technologien werden vom Bürger nicht angenommen, weil dessen Nutzen-Bedürfnisse nicht oder nur unzureichend berücksichtigt werden.

Zudem wird nicht spezifisch auf die unterschiedlichen Lebensstile der Stadtbewohner eingegangen und die Förderung der Urban Diversity wird vernachlässigt. Nicht unerwähnt bleiben soll der Umstand, dass die Technik-Affinität in der Bevölkerung nicht gleich verteilt ist. Es gibt noch weitere Gründe, warum neue Technologien von Bürgern nicht akzeptiert werden: Dazu zählen die Angst, die Kontrolle über die eigene Lebenswelt zu verlieren. Hinzu kommt die Furcht vor realen oder vermuteten Gefahren sowie negative Gesundheitsauswirkungen oder Eingriffe in die Privatsphäre. Diese Faktoren sind bei der Einführung von Smart-City-Lösungen zu berücksichtigen.

5.7 Förderung der Akzeptanz neuer Technologien

Zur Förderung der Akzeptanz von neuen Technologien schlagen Bettina Mandl et al. einen dreistufigen Prozess vor, siehe Abb. 5.14. Ihrer Auffassung nach ist die Entwicklung einer Stadt zu einer Smart City von einer aktiven Bürgerschaft abhängig. Der Smart Citizen lässt sich auf die neuen Technologien ein und will diese anwenden.

Medienkompetenz
- ▶ Aufbauend auf Akzeptanz von Neuem
- ▶ Programme zur Stärkung der Medienkompetenz (Politik/Wirtschaft)
- ▶ Aufbau lokaler Smart City-Anlaufstellen
  (Test neuer digitaler Technologien/Medientage)

Bottom-up-Strategie
- ▶ Konstruktive Bürger-Partizipation bei Planung, Entwicklung und Umsetzung von Smart City-Initiativen
- ▶ Open Data-Paradigma (Diskussionen über Öffnung von Verwaltungsdaten)
- ▶ Partizipative Kommunikation (Informationscontainer – Vermittlung der Initiative als Mitmach-Projekt)

Crowd Sourcing
- ▶ Mitsprache-Möglichkeiten (Ideen, Vorschläge, Bedarfe) über teilweise offene Smart City-Plattformen
- ▶ App-Entwicklung auf Plattformen von Bürger – Mashed-Up-Applikationen
- ▶ Bildung starker, lokaler Smart City Communities

Abb. 5.14: Aktivierung und Mobilisierung des Smart Citizen (in Anlehnung an [MANDL])

5.7.5 Das Mitmach-Paradigma

In seiner empirischen Studie über die Hindernisse zur Einführung von Smart-City-Lösungen in mittelgroßen deutschen Städten kommt Peter Ernst zu folgenden Ergebnissen. Die größten Hindernisse sind „mangelndes Vertrauen der Endnutzer", „geringe Endnutzerakzeptanz" und „mangelnde Endnutzerinformation".[17] Für die Kommunen stellen die Kosten der Realisierung von Smart-City-Lösungen das größte Hindernis dar. Zu ähnlichen Ergebnissen kam man auch bei Smart-City-Initiativen in Südkorea [KWON]. In ihrer wissenschaftlichen Begleitung des T-City Friedrichshafen-Projektes haben die Wissenschaftler um Lena Hatzelhoffer et al. (2012) ausführlich die Gründe für das Scheitern von Smart-City-Initiativen untersucht und beschrieben. Die Gründe waren sowohl:

- technologischer Natur. So z. B. die fehlende Möglichkeit, die zahlreichen bei dem Projekt „Pflegeüberleitung" aus dem Gesundheitsbereich vorhandenen Softwaresysteme zu vereinheitlichen.
- Änderung der Organisationsstruktur bei der Telekom AG.
- Die Mehrzahl der Projekte strahlt kaum auf die anderen Projektfelder oder gar das Gemeinwesen der Stadt Friedrichshafen aus.
- Die Wahrnehmung bei dem Großteil der Bevölkerung, dass es sich bei dem Projekt durchgehend um einen technischen Ansatz handelt.
- Das Projekt konnte zu Beginn nicht auf einer Bewegung in der Bevölkerung aufsetzen.
- Es erfolgte keine Übernahme des Smart-City-Projektes durch die Bevölkerung mit eigenen Projetideen oder Initiativen.

Die Bevölkerung hatte andere Bedürfnisse. Daher wurden Projekte zwar für einen breiten Adressatenkreis konzipiert. Aber diese wurden kaum von den Bürgern angenommen, weil diese Lösungen nicht ihren Alltag erreichten bzw. nicht in die reale Welt integriert werden konnten [HATZELHOFFER01].

Auch konnten die Bürger das Smart-City-Projekt nicht anfassen oder erleben. Für die Mehrheit war das Projekt einfach zu abstrakt. Es fehlte der geeignete Ort, an dem die T-City für einen möglichst großen Teil der Stadtbevölkerung erleb- und erfahrbar gemacht werden konnte [HATZELHOFFER01].

Das zentrale Element für das Scheitern von Smart-City-Initiativen ist die fehlende Beteiligung der betroffenen Bürger. Es ist nicht gelungen, eine virtuelle Urbanität zu erzeugen, die den Alltag der Bürger erreicht. So werden Smart-City-Initiativen als etwas Fremdes und Fremdgesteuertes betrachtet. Der Bürger kann sich nicht mit den Lösungen identifizieren und kann keine Bindung zu den Services aufbauen.

Aus diesen Ergebnissen ergeben sich Konsequenzen für die Akteure einer Stadt, die zukünftig erfolgreiche Smart-City-Initiativen entwickeln und umsetzen wollen. Wie kann eine Stadt die Bürger für Smart-City-Lösungen mobilisieren? Wie kann eine Smart City für den Bürger erlebbar gemacht werden? Wie kann die Stadt dazu beitragen, aus Bürgern Smart Citizens zu machen? Diesen und weiteren Fragen werden wir in den nächsten Kapiteln nachgehen.

5.8   Konsequenzen aus Sicht der Stadtverwaltungen

Wie bereits im Kapitel 5.2.5 ausgeführt, bildet der Zugang zu öffentlichen Daten eine Grundvoraussetzung für die Entwicklung innovativer digitaler Smart-City-Dienste. Die öffentlichen Verwaltungen weigern sich aber oftmals, die geschützten Daten der Allgemeinheit zu öffnen. An erster Stelle müsste daher ein breit angelegter gesellschaftlicher und politischer Dialog über die Frage initiiert werden, welche Daten wie von den Behörden öffentlich gemacht werden sollten. In diesem Zusammenhang stellt sich auch die Frage, wer für die maschinenlesbare Aufbereitung der Daten aufkommen soll und wie die Daten bereitgestellt werden sollen? Weltweit gibt es erste Bestrebungen, Open-Data-Projekte zu verwirklichen. Dazu zählen die Open-Data-Initiative in Großbritannien, das Berliner Portal für offene Daten „daten.berlin.de" oder das „LIVESingapore!"-Open-Data-Plattform-Projekt in Zusammenarbeit mit dem MIT, um nur die prominentesten Beispiele zu nennen. Im nächsten Schritt geht es auch darum, die Wirtschaft und die Verwaltung an einen Tisch zu bringen. In Wien wurde dieser Stakeholder-Prozess durch die Wiener Stadtverwaltung in einer sehr frühen Phase angegangen [KFO]. Bei der Entwicklung von Smart-City-Initiativen werden oftmals Mashed-Up-Applikationen entwickelt, die auf einer Kombination von öffentlichen Daten und Unternehmensdaten beruhen. Beispielhaft kann hier angeführt werden, dass aus der Kombination von Wartezeiten-Daten aus Kreisverwaltungsämtern und GoogleMaps-Informationen Transparenz im öffentlichen Raum geschaffen wird.

5.8.1   Verändertes Selbstverständnis der Stadtverwaltungen

Eine weitere Konsequenz für die Stadtverwaltungen ist die neue Rolle innerhalb der Smart-City-Initiativen. Wie im Kapitel 5.5 ausführlich dargestellt, entwickeln sich Städte zu Service-Providern und Betreibern von offenen IT-Plattformen in einem komplexen Werte- und Rollengeflecht. Die Städte sind hier gefordert, neue Kooperationen mit etablierten und neuen Marktteilnehmern wie reinen Daten-Management-Unternehmen einzugehen. Das bedeutet aber auch eine Orchestrierungsfunktion einzunehmen und klar definierte Governance-Strukturen aufzubauen. In der extremsten Ausprägung steuern und kontrollieren die Städte die anderen Akteure einer Smart City. Zumindest muss aber die Stadt eine führende und kontrollierende Rolle einnehmen. Dies erhöht bei den Bürgern die Bereitschaft, neue Lösungen zu akzeptieren und sich damit zu identifizieren. Denn es ist die Führung durch einen bei den Bürgern anerkannten Akteur, die zu einem Gelingen von Smart-City-Initiativen wesentlich beiträgt.

Bei der Ausgestaltung der Geschäfts-, Rollen- und Wertstrommodelle sind die Werte- und Informationsflüsse für alle Akteure exakt zu definieren und Strukturen abzustecken. Das übt einen enormen Druck auf das Selbstverständnis der Stadtverwaltungen aus. Sind damit doch ein weiterer Schritt in Richtung Transparenz öffentlicher Prozesse verbunden und die Aufgabe von Daten- und Prozesshoheiten bei der öffentlichen Verwaltung.

5.8.2 Ein aktiver Kommunikationsprozess

Die Stadt sollte umfangreiche Werbe- und Informationsmaßnahmen planen, um die Attraktivität von Smart-City-Initiativen zu erhöhen und das Bewusstsein dafür bei der Bevölkerung zu stärken. Dazu zählen Veranstaltungen wie ein Smart-City-Tag, Facebook-Auftritte, Werbebeilagen in lokalen Zeitungen, Filmbeiträge, Projektzeitschriften, Radiosendungen usw. Diese Maßnahmen müssen nicht allein von der Stadt geplant, organisiert und finanziert werden. Vielmehr gilt es, alle Akteure der Initiativen in diese „Bürgermaßnahmen" einzubinden, um eine möglichst große Wirkung zu erzielen.

Prinzipiell sollte die Stadt bei diesen Initiativen zusammen mit den Bürgern eine prominente Rolle einnehmen. Die Stadt als IT-Plattform-Betreiber nimmt eine Orchestrierungsfunktion ein und bestimmt die Strukturen. Bei dem Beispiel der T-City in Friedrichshafen hat sich gezeigt, dass das Public-Private-Partnerschafts-Modell teilweise nicht erfolgreich war, weil die Stadt auf strukturelle Veränderungen bei der Telekom keinen Einfluss hatte [HATZELHOFFER01]. Ein besonderes Augenmerk muss die Stadt auf die Themen Datenschutz und Missbrauchskontrolle legen.

Es bietet sich auch an, dass zahlreiche Projekte von der Stadt beim Bürger bekannt gemacht werden und das Gemeinwohl in den Vordergrund gestellt wird. Dann können die Firmen dahinter quasi verschwinden und trotzdem erfolgreich Angebote lancieren. Für die Glaubwürdigkeit der Smart-City-Initiativen ist es von besonderer Wichtigkeit, dass die Stadt den Dialog mit den Bürgern sucht und als hauptsächlicher Träger der Initiativen in Erscheinung tritt. Zumindest in der Außenwirkung sollte dies angestrebt werden, damit Bürger technologische Neuerungen eher akzeptieren und ins eigene Leben integrieren.

Die Stadt sollte sich der Diskussion um die Öffnung der Datenbestände stellen und aktiv an der Ausgestaltung von Geschäftsmodellansätzen mitarbeiten. Das erfordert in einem ersten Schritt zu entscheiden, welche Verwaltungsdaten prinzipiell geöffnet werden sollen. Dann ist zu entscheiden, welche dieser Verwaltungsdaten der allgemeinen Öffentlichkeit zugänglich gemacht werden können und sollen. Ein Teil der Daten wird sicher nur für einen Teil der Akteure einer Smart City bzw. der breiten Öffentlichkeit zugänglich gemacht. Die Gründe dafür können vielfältiger Natur sein. Zum einem sind bestimmte Datenschutzverpflichtungen einzuhalten. Andererseits bieten diese Daten der Stadt die Möglichkeit, exklusiv mit Wirtschaftsunternehmen und wissenschaftlichen Institutionen völlig neue Daten-Management-Geschäftsmodelle aufzubauen und umzusetzen. So könnten sich völlig neue Erlösquellen für die Kommunen ergeben. In diesem Zusammenhang ergeben sich wichtige Fragen danach, ob die aus öffentlich zugänglichen Daten entwickelten Applikation kostenfrei zur Nutzung an den Bürger freigegeben werden? Wenn Entwickler die Nutzung von Applikationen nur gegen Gebühr erlauben, die auf zahlreichen Datenquellen basieren, partizipieren die anderen Daten-Provider dann auch an den Erlösen?

Wenn es der Stadt gelingt, mit den Akteuren von Open-Data-Initiativen Erlösquellen zu identifizieren und Geschäftsmodelle im Daten-Management zu entwickeln, könnte sich in der Folge auch die Finanzlage der Städte verbessern [ERNST]. Die Kommunen sind nach allen vorliegenden Studien immer dann bereit, digitale Services einzusetzen, wenn dies die Finanzlage der Städte positiv beeinflusst. Dazu muss sich aber die Mentalität der Verantwortlichen in den Stadtverwaltungen ändern und ein neues, auf Bürgerpartizipation ausgerichtetes, Stadtverständnis folgen. Letztendlich ist zu entscheiden, welche Form der Public-Private-Partnerschaft die beste Konstellation darstellt, um die IT-Plattform zu betreiben?

5.8.3   Monetäre Anreize für eine aktive Bürgerpartizipation

Bei der Diskussion um Wertschöpfung und Umsatzquellen im Rahmen von Smart-City-Initiativen wird prinzipiell der Bürger ausgeschlossen. Es werden keinerlei monetäre Anreize geschaffen, um den Bürger zusätzlich zu mobilisieren. Warum eigentlich nicht? In dieser Hinsicht müssten sowohl Stadtverwaltungen als auch Wirtschaftsunternehmen umdenken. Welchen Nutzen hat denn der Bürger, wenn er seine Daten weitergibt – ob freiwillig oder unfreiwillig? Wenn die Daten, wie in unseren Ansätzen vorgesehen, zu einem handelbaren Gut werden, sollten auch Preise dafür festgelegt werden. Diese Preise gelten dann auch für die privaten Daten der Bürger. So könnten die Bürger an der Weiterverwertung der Daten verdienen. Dies gilt insbesondere dann, wenn dem Bürger durch die Freigabe nicht unmittelbar ein Nutzen entsteht. Die Stadtverwaltungen und Wirtschaftsunternehmen müssen in bei Smart-City-Geschäftsmodellen monetäre Anreize für den Bürger mitberücksichtigen:

- einmalige Entschädigung für die (anonymisierte) Überlassung der Daten (z. B. Adressdaten, persönliche Interessen etc.),
- prozentuale Beteiligung bei der Umsatzgenerierung durch den Verkauf von Smart City Apps, bei denen private Daten eine Rolle spielen (z. B. individuelle Gesundheitsdaten, die für die medizinische Forschung relevant sind),
- Preise ausschreiben für die beste, von den Bürgern entwickelte Smart City App, die im Rahmen eines öffentlichkeitswirksamen Termins von den politisch Verantwortlichen als Zeichen der Wertschätzung und Anerkennung verliehen werden,
- Schaffung von Anreizen und Rahmenbedingungen durch die Stadt, um kreatives Schaffen und Innovationen im lokalen Umfeld voranzutreiben, z. B. über die Zurverfügung-Stellung von Räumlichkeiten oder technischer Infrastruktur.

Dies sind erste Überlegungen, um einen finanziellen Anreiz für den Bürger für die Überlassung privater Daten zu schaffen. Der Kreativität sind hier im Rahmen der gültigen Datenschutzbestimmungen und -regelungen kaum Grenzen gesetzt. Mithin sollten Stadtverwaltungen und Wirtschaftsunternehmen mit den Bürgern in den längst überfälligen Dialog treten. Hieran schließt sich die Frage an, wofür die Bürger ihre Daten freigeben würden, wenn diese dafür finanziell entschädigt werden?

5.9   Fazit

Die Städte müssen aktive Partner von Smart-City-Initiativen werden und sich für neue Wege und Denkweisen offen zeigen. Das bedeutet einen Mentalitätswechsel in den öffentlichen Verwaltungen. Der erste Schritt dazu ist über die Öffnung von Verwaltungsdaten zu diskutieren und Teile davon der allgemeinen Öffentlichkeit zugänglich zu machen. Das reicht aber bei Weitem nicht. Vielmehr müssten Verwaltungsangestellte oder -beamte eingestellt werden, die über eine ausgewiesene Medienkompetenz verfügen und offen für die digitalen Entwicklungen bzw. Technologien sind. Sie müssen über Kenntnisse im Bereich der Geschäftsmodellentwicklung und des Stakeholder-Managements verfügen. Hinzu kommt die Fähigkeit, eine kritische Anzahl von Bürgern in Stadtteilen aktivieren zu können, um an Smart-City-Initiativen aktiv über einen längeren Zeitraum mitzuwirken. Diese Personen könnten so eine Multiplikator-Funktion bei der Transformation der Städte in digitale Städte übernehmen.

Dies entbindet aber nicht den (Ober)-Bürgermeister davon, die Führung aktiv und prominent in Zusammenarbeit mit den anderen Akteuren für die Smart-City-Initiative zu übernehmen. Für alle Akteure einer Smart-City-Initiative bietet sich die Möglichkeit zur Wertschöpfung in einem Geschäftsmodell, das auch die wirtschaftlichen Interessen in den Vordergrund stellt. Für die Stadt der Zukunft bietet sich ein enormes wirtschaftliches Potenzial. Die europäische Kommission hat dieses Potenzial plakativ als „Turning government data into gold" bezeichnet [EURO2]. Wie dieses Potenzial in der Praxis realisiert werden kann, zeigen wir im folgenden Kapitel schematisch am Beispiel von zwei Anwendungswelten „Smart Mobility" und „Smart Health".

6 Smart City-Initiativen in Action – Vernetzte urbane Mobilität

„Eine Idee muss Wirklichkeit werden können,
oder sie ist nur eine eitle Seifenblase." (Berthold Auerbach)

Nachdem im Kapitel 4 die technischen Möglichkeiten und im Kapitel 5 das ökonomische Grundkonzept unseres Ansatzes zum Aufbau von intelligenten Städten
der Zukunft erläutert wurden, wenden wir uns nunmehr den konkreten Umset-
zungsszenarien zu. Die entscheidenden Fragen lauten: Wie können Daten-basierte
Apps den Verkehr der Zukunft verändern und welcher Nutzen entsteht konkret
für den Bürger aus der Umsetzung einer digitalen und vernetzten Verkehrsinfrastruktur? Wie kann die Stadt dabei die im Kapitel 4 beschriebene Führungsrolle
ausfüllen und als Orchestrator innerhalb eines Kooperationsmodells agieren? Mit
welchen Maßnahmen können die notwenigen Veränderungen zum Aufbau einer
Mobilitätsplattform angestoßen werden und die Bürger motiviert werden, aktiv
bei diesem Unterfangen mitzuwirken?

6.1 Die mobile Lebensrealität in Großstädten

Wenn man in einer x-beliebigen Millionenstadt das Fenster zur Straße öffnet, um
zu lüften, haben wir uns daran gewöhnt, dass es permanent lärmt und nach Auto-
abgasen riecht und wir die laufende Fernsehsendung in den eigenen vier Wänden
nicht mehr verstehen. Von dem ewigen Wegwischen der Feinstaubpartikel an den
Fensterscheiben gar nicht zu reden. Leider ist keine Besserung in Sicht und die
Städte werden zunehmenden Verkehrsbelastungen ausgesetzt sein. Studien belegen, dass bei gleichem Mobilitätsverhalten im Jahr 2030 auf der Erde 1,3 Milliarden
Pkws unterwegs sein werden und sich damit der Stand gegenüber dem Jahr 2000
nahezu verdoppeln wird. Auch der Güterverkehr wird sich in dieser Zeit von 15
Billionen Tonnenkilometern auf 30 Billionen verdoppeln [ACA].

Seit der Pferdekutschen-Ära hat sich also vieles in Großstädten verbessert – oder
doch nicht? Das Durchschnittstempo des Verkehrs in Städten wie London hat vor
den Olympischen Sommerspielen bereits zu heftigen Diskussionen und zu speziellen Maßnahmen durch die Stadtverwaltung geführt. So wurden z. B. Verkehrsspu-
ren für Busse und Taxen reserviert, um eine internationale Blamage bei den Spielen
abzuwenden. Im nacholympischen Alltag zeigt sich aber, dass sich der Verkehr
kaum beschleunigt hat: Die Verkehrsdichte auf den Straßen ist einfach zu hoch. Im
London des 19. Jahrhunderts bewegten sich die Pferdekutschen mit einer durch-
schnittlichen Geschwindigkeit von zehn Stundenkilometern durch die Straßen.

Heute liegt die Durchschnittsgeschwindigkeit von Autos in London bei gerade mal 19 Stundenkilometern [OLSON].

Das gleiche Bild findet sich in Paris. Dort leben mittlerweile 20 Millionen Menschen und von denen wiederum 80% außerhalb des Stadtzentrums [TRI]. Kein Wunder, dass die Verkehrsinfrastruktur diesen Anforderungen nicht mehr gewachsen ist und viele Menschen eine Stunde und länger pendeln müssen, um zu ihrem Arbeitsplatz zu gelangen. In einigen Studien wird vor diesem Hintergrund bereits vor dem nahen Zusammenbruch der vorhandenen Mobilitätssysteme in vielen modernen Metropolen gewarnt. Zusätzlich wird ein steigender Energieverbrauch erwartet, da sich bis zum Jahr 2050 bei gleichem Mobilitätsverhalten wie heute ein fünfmal so hoher Biokapazitätsverbrauch für Brennstoffe ergeben wird [SOMMER].

Die Bevölkerung beklagt sich über die schlechte Infrastruktur und hat keine Lust mehr, im Stau zu stehen (siehe Abb. 6.1). In Deutschland gibt es Straßenbereiche wie den Kölner Ring oder das Frankfurter Kreuz mit einer Verkehrsbelastung von rund 100.000 Fahrzeugen täglich. Das entspricht dem Doppelten der üblichen Dichte auf deutschen Autobahnen. Die Zahl der jährlichen Staus ist deshalb insgesamt sechsstellig [DUNKER].

Abb. 6.1: Verkehrsflüsse in Metropolen stehen vor dem Kollaps

Die logische Konsequenz, das Straßennetz einfach weiter auszubauen, um Staus zu vermeiden und den Verkehrsfluss sicherzustellen, wird in Zukunft nicht mehr funktionieren. Die notwendigen Investitionen belaufen sich in Deutschland auf geschätzte 7 Milliarden Euro, so dass vor dem Hintergrund der bevorstehenden Haushaltssanierungen dieser Ansatz unrealistisch ist. In anderen Ländern ist die Situation ähnlich. Aber nicht nur die Bürger sind betroffen, sondern auch die Unternehmen klagen über wenig lukrative Standorte in den Städten. Die politisch Verantwortlichen sind zum Handeln gezwungen und beginnen Visionen und isolierte verkehrspolitische Instrumente voranzutreiben, um die zukünftigen Verkehrsanforderungen zu meistern [BMU05].

6.1.1 Die Politik als Motor und Treiber für zukünftige Mobilitätslösungen

So hat die EU-Kommission ein Weißbuch mit dem Titel „Fahrplan zu einem einheitlichen europäischen Verkehrsraum – Hin zu einem wettbewerbsorientierten und ressourcenschonenden Verkehrssystem" vorgelegt. Mit dem Weißbuch werden die künftigen Herausforderungen für den Verkehrsbereich skizziert:

- Ölabhängigkeit des Verkehrs als Energiequelle,
- CO2-Ausstoß,
- Mengenwachstum,
- Kostenwachstum durch Überlastung der Infrastruktur,
- Verkehrssicherheit.

Ein weiteres wichtiges Ziel ist die Halbierung der mit konventionellem Kraftstoff betriebenen Pkws bis 2030, deren völlige Abschaffung in Städten bis 2050. In städtischen Zentren soll die Stadtlogistik bis 2030 CO2-frei sein [EURO03].

Auch die nationalen Regierungen wie z. B. die deutsche Bundesregierung haben sich ehrgeizige Ziele gesetzt: Erstmals gibt es mit dem Energiekonzept ein eigenständiges quantitatives Reduktionsziel für den Verkehrssektor. Der Endenergieverbrauch des Verkehrssektors soll:

- bis 2020 um rund 10 % und
- bis 2050 um rund 40 % gesenkt werden (gegenüber 2005).

Diese Ziele sind in Zukunft der Maßstab für die Bewertung der einzelnen Instrumente, wie z. B. der „Nationale Entwicklungsplan Elektromobilität" (NEPE). Mit diesem soll erreicht werden, dass bis zum Jahr 2020 auf Deutschlands Straßen eine Million Elektrofahrzeuge rollen, die mit erneuerbaren Energien angetrieben werden und somit zum Klimaschutz beitragen. Bis 2030 strebt das Energiekonzept der Bundesregierung 6 Millionen Elektrofahrzeuge an [BMU05]. Gerade zur Erreichung der Klimaschutzziele kann der Straßenverkehr einen wichtigen Beitrag leisten, denn 92% der verkehrsbedingten CO2-Emissionen stammen aus diesem Sektor [BMU05].

6.1.2 Der Wertewandel der Bürger und die flächendeckende Verfügbarkeit von Smartphones als weitere Treiber für ein verändertes Mobilitätsverhalten

Aber unsere zentrale Frage in diesem Zusammenhang lautet: Wie steht der Bürger zu politisch durchgesetzten Veränderungen? Was meinen wir damit? Nehmen wir das Beispiel „Mautgebühren": So verringern zwar Mautgebühren für Innenstädte den Verkehr erheblich. Aber Vorteile aus diesem ökonomischen Modell gewinnen vor allem die Bürger, die sich die Mautgebühr finanziell auch leisten können, und so gemeinsam mit subventionierten Taxen und Bussen in den Genuss von ruhigeren Straßen kommen. In einer Studie über London zeigte sich aber, dass der durchschnittliche Londoner Bürger überhaupt keine Vorteile durch die Einführung der

Maut erlangen konnte, da der öffentliche Nahverkehr nicht verbessert wurde und die Innenstadtverbindungen umständlich und teuer blieben. Es entsteht also weder eine wirtschaftliche Dynamik durch isolierte, nicht marktorientierte Maßnahmen. Noch ändert sich das Bewusstsein der Bürger dadurch nachhaltig [OLSON].

Grundsätzlich ist der Bürger aber bereit, verkehrspolitische Veränderungen zu akzeptieren: Immer mehr Menschen würden zukünftig Mobilitätsdienstleistungen auf Mietbasis akzeptieren und sogar auf ein eigenes Auto verzichten, wenn eine systemübergreifende Intermodalität für schnellere und bequemere Fortbewegung nutzbar ist [CASPARI].

Der Prozess des Wertewandels zeigt sich in der gestiegenen Bereitschaft, Maßnahmen zum Klimaschutz zu akzeptieren. Zudem hat sich die Attraktivität des vielfältigen, urbanen Lebens stark erhöht. Im Gegenzug nimmt die Bedeutung des Autos als Statussymbol vor allem bei jüngeren Menschen ab [CASPARI]. Die Nutzung neuester digitalen Medien, wie z. B. auch der Mobility-Apps, als neue Statussymbole der nachwachsenden Generationen gewinnt weiter an Bedeutung. Junge Menschen sind zunehmend bereit, flexibel zu sein und auf ein eigenes Auto zu verzichten, wenn adäquate und praktikable Mietangebote existieren. Auch das klassische Car-Sharing als eine der Wurzeln der neuen vernetzten Mobilität gewinnt in den vergangenen Jahren deutlich an Bedeutung. Anfang 2010 gab es bereits über 150.000 Car-Sharing-Nutzer in Deutschland. In England verdoppelte sich von 2007 auf 2008 die Zahl der Nutzer, so dass Anfang 2010 auch dort bereits über 110.000 Anwender registriert waren.

Für Europa belaufen sich die Schätzungen für 2012 auf mehr als 1.000.000 Nutzer. Der typische Car-Sharing-Kunde ist männlich, zwischen 25 und 45 Jahre alt, überdurchschnittlich gebildet, häufig ÖV-affin (ÖV steht für Öffentlichen Verkehr) und lebt in urbanen Milieus. Er hat ein überdurchschnittliches Einkommen, ist meist umweltbewusst und sieht das Auto nicht als Statussymbol. Mit diesen Eigenschaften eignet er sich auch als Trendsetter für die neue vernetzte Mobilität [LOOSE]. Dieser gesellschaftliche Wandel in der Mentalität der Bürger, gemeinsam mit der flächendeckenden Durchdringung von Smartphones sind wesentliche Treiber bei der Umsetzung einer neuen smarten Verkehrspolitik.

6.2   Die Vision einer vernetzten urbanen Mobilität

In zahlreichen Publikationen ist eine breite Übereinstimmung festzustellen, wonach die vollständige Vernetzung der Verkehrsinfrastrukturen und ihrer Nutzer auf der Basis innovativer IT-Lösungen als Königsweg für die Verbesserung der städtischen Verkehrssituation gesehen wird (siehe Abb. 6.2). In einigen Szenarien verringert sich das Verkehrsaufkommen so erheblich, dass durch die abnehmende Luftverschmutzung und Lärmbelästigung die Lebensqualität der Bürger in den Städten spürbar ansteigt. Dabei verändert sich in den Augen der Zukunftsforscher das Stadtbild erheblich: Wo es früher durch parkende Autos geprägt war, könnten

in Zukunft wieder Grün- und Erholungsflächen entstehen. Die Fuß- und Radver-
kehrswege könnten in vielen Vierteln wieder so ausgebaut werden, dass sie zur
regen Benutzung regelrecht einladen.

Abb. 6.2: Bürger im Zentrum moderner Städte

So könnten auch an einstigen Schnell- und Hauptstraßen neue begehrte Wohnla-
gen entstehen. Elektrofahrzeuge würden den Hauptanteil am Individualverkehr
ausmachen, auch wenn diese im nächsten Jahrzehnt noch nicht flächendeckend
zur Verfügung stehen werden. Fahrzeuge mit herkömmlichen Verbrennungsmoto-
ren brauchen in diesem Zukunftsszenario dann teure Ausnahmegenehmigungen,
um überhaupt die Stadtgrenze überqueren zu dürfen. In den Innenstädten könnten
darüber hinaus viele Straßen für den Fahrzeugverkehr komplett gesperrt und nur
für den elektrisch betriebenen öffentlichen Personenverkehr und Lieferwagen zugänglich sein. In diesem Sinne wird es zunehmend attraktiv werden, zukünftig aus
dem Umland wieder in die Stadt zu ziehen.

Die Entwicklung eines neuen Mobilitätsverhaltens vollzieht sich dabei in überlap-
penden Stufen. Der elektrische Antrieb der beteiligten Fahrzeuge ist zwar ein
wesentlicher Punkt, aber das eigentlich revolutionäre Element ist dabei die Architektur und die Rolle der Cloud-basierten Informations- und Kommunikationstechnologie in einem ganzheitlichen Verkehrsverbund. In zukünftigen innovativen
Fahrzeugen wird die IT-Technik wesentlicher Innovationstreiber sein und in einem
hoch integrierten Zusammenspiel mit dem Gesamtsystem ‚Cyber-Physical-System-
Verkehr' völlig neue Funktionen und Dienstleistungen ermöglichen. Die technische Basis für dieses Zusammenspiel sind die direkte Koppelung der einzelnen
‚On-board units' der e-Fahrzeuge untereinander und mit der Umwelt, wie z. B.
Ampeln und Verkehrsschildern. In einem weiteren Schritt kommt die Verbindung
mit einem netzorientierten Öko-Energiemanagement-System dazu. Die Benutzer
von zukünftigen eCars können so die Auslastung ihres Fahrzeuges über eingebaute Infoscreens so optimieren, dass z. B. eine maximale Verfügbarkeit zu minimalem
Energieverbrauch möglich wird. Dazu gehört auch das Umsteigen in öffentliche

Verkehrssysteme zum richtigen Zeitpunkt und am richtigen Ort. Speditionen, Paket- und Kurier-Dienstleister können ihre Flottendisposition flexibel an der Verkehrssituation und den Energiepreisen optimal anpassen.

Bis dahin dürfte sich der heute nur leicht erkennbare Trend verstärken, dass sich die junge Stadtbevölkerung vom Fahrzeugbesitz abwendet. Auch weil eine Ausweitung von Umweltzonen und die Einführung von Citymaut-Systemen in immer mehr Städten ein eigenes Auto zunehmend unattraktiv machen werden. Car- und Bike Sharing werden deshalb erheblich an Bedeutung gewinnen. In Summe ist zukünftig der öffentliche Verkehr optimal ausgebaut und mit allen anderen Angeboten intelligent vernetzt. Zudem ist das Umland sehr gut an die Kernstadt angeschlossen. So sollen in Paris etwa die Frequenzen für die Metro auf 30 Sekunden reduziert werden und ultramoderne Hochgeschwindigkeitszüge die Menschen aus den entfernten Umgebungen an Metroknotenstationen bringen [OLSON]. Denn erste Erfahrungen aus anderen Großstädten wie Hamburg zeigen, dass ein effizienter öffentlicher Nahverkehr mit abgestimmten Fahrplänen von Bussen und Bahnen den Pendlern die Entscheidung erleichtern, vom Auto auf den öffentlichen Nahverkehr umzusteigen. Optimal wäre es, wenn alle Mobilitätsressourcen einer Stadt gewohnheitsmäßig gemeinschaftlich genutzt werden und über das Smartphone ein effizientes Routenmanagement in den Händen der Bürger zur Verfügung steht. Abgerechnet werden könnten diese Nutzungen dann z. B. über eine Mobilitäts-Abo-App. Durch diese Maßnahmen erscheint das Ziel einer komplett elektromobilen und CO2-neutralen Stadt wirklich umsetzbar. Erste Schätzungen gehen davon aus, dass in Deutschland eine solche „vernetzte Stadt" bereits 2030 Realität sein kann [SCHADE].

Für eine erfolgreiche Umsetzung dieser mobilen Vision sind aus unserer Sicht für die Städte folgende fünf Umsetzungspunkte von besonderer Bedeutung:

1. Ausbau und Verbesserung des öffentlichen Verkehrs,
2. Ausbau der Nutzung von umweltfreundlichen Zweirädern aller Art – wie z. B. ePedelecs, eScooter etc.,
3. verstärkte freiwillige Überführung des Individualverkehrs in die Vergemeinschaftung durch z. B. intelligente Mitfahrsysteme,
4. umfangreiche Vernetzung innerhalb des Autos, der Autos untereinander und der Autos mit den Verkehrsinfrastrukturen,
5. Ausbau und Optimierung von intermodalen Verkehrssystemen [BMU05].

In den beiden konkreten Kooperationsmodellen unter 6.3. werden wir ausführlich auf die Punkte 2, 4 und 5 eingehen und anhand von zwei vernetzten Anwendungsszenarien aufzeigen, wie diese Punkte in unserem Daten-basierten Geschäftsmodell in der Praxis umgesetzt werden könnten. Dabei werden wir die Frage nach der Rolle der Stadt aufgreifen, um zu zeigen, dass sie als Treiber und Orchestrator von Daten-basierten Apps eine Schlüsselfunktion einnimmt. Die Anwendungsbeispiele werden aus Sicht des Bürgers erläutert und das Zusammenspiel einzelner Apps zu gebündelten Apps in Anwendungen und deren Ausbau zu komplexen Anwendungswelten exemplarisch dargestellt. Schauen wir deshalb zuerst nochmal auf den Punkt 4 der oben aufgeführten allgemeinen Umsetzungsziele.

6.2.1 Umfangreiche Vernetzung innerhalb des Autos, der Autos untereinander und der Autos mit Infrastrukturen

Weltweit verbringt der durchschnittliche Autofahrer als Fahrer oder Beifahrer etwa 50 Minuten des Tages im Auto [SOMMER]. Damit bildet er bei umfassender Vernetzung von Fahrzeugen und freier Verfügbarkeit der daraus gewonnen Fahrzeugechtzeitdaten eine wertvolle Datenquelle für eine aktive Verkehrssteuerung. Denn grundsätzlich besteht bei den Verkehrsforschern Einigkeit darüber, dass das vorhandene Straßennetz als Hauptverkehrsader unseres Individualverkehrs effektiver genutzt werden muss. Im Nachfolgenden geht es deshalb darum, wie es über die Verfügbarkeit von generierten Daten aus einem ‚Cyber-Physical-System-Verkehr' möglich sein wird, die Strecken zu entlasten und Staus zu vermeiden. Das Auto wird in diesem Kontext zu einem sehr wichtigen Datenlieferanten. Im Zusammenspiel mit anderen hochwertigen Verkehrsinformationen können auf Basis der Daten die Verkehrsflüsse in Echtzeit optimiert und weitere mobile Dienstleistungen für den Bürger angeboten werden.

Die Städte haben aufgrund der Klimaschutzziele die Aufgabe, die Staus auf Autobahnen, Schnellstraßen und innerstädtischen Haupt- und Nebenstraßen zu vermeiden. Außerdem besteht z. B. innerhalb der Städte der Bedarf nach einer optimierten Parkraumbewirtschaftung, einer nutzungsorientierten City-Maut oder der Optimierung von Winterdiensten.

Der Bürger will im Zusammenhang mit seinem Auto ebenfalls eine staufreie und damit kostengünstige Fahrt und zusätzlich möglichst frei verfügbare oder preiswerte Entertainment- und Infotainment-Dienste im Auto in Echtzeit erhalten. So wollen bereits heute schon 63% der Autofahrer in ihren Autos eine Car-to-Car und Car-to-Infrastructure-Kommunikation nutzen. Zudem äußerten 39% aller Befragten an erster Stelle den Wunsch, ein vernetztes Auto zu besitzen, damit sie möglichst kostengünstig, schnell und bequem von A nach B kommen können, inklusive einer Warnung vor Radarfallen. Und sie erwarten im Auto ökofreundliche Anwendungen, die Sicherheit und Komfort erhöhen [WIPPERMANN].

Deshalb wird sich das Auto radikal verändern müssen: Der e-Antrieb ist dabei ein wichtiger Aspekt, aber im Vordergrund steht die umfassende Vernetzung innerhalb und außerhalb des Autos mit der Folge einer enormen Anwendungsvielfalt. Die Automobilhersteller greifen diese Trends auf und fokussieren ihre Entwicklungen nicht nur auf alternative Elektroantriebe, sondern auch auf die Bereitstellung autonomer, hoch vernetzter Fahrzeuge, um die notwendigen Absätze ihrer Autos auch in Zukunft zu sichern. Diese werden eine unvorstellbare Funktionsvielfalt bieten, die über das reine Fahren weit hinaus reicht. Aus diesem Grund werden zunehmend technische Weiterentwicklungen in Form von IT-basierten Vernetzungsdiensten entwickelt. Dadurch verstärken die Automobilhersteller die Kundenbindung und bauen diese durch zusätzliche Services sogar noch weiter aus. So wird es bei einer vernetzten Infrastruktur möglich, nach Auslieferung der Fahrzeuge laufend Informationen über den aktuellen Betriebsstand des Fahrzeuges zu erhalten und darauf aufbauend zielgerichtete lukrative Serviceangebote im After-Sales-Bereich anzubieten.

Das traditionelle Auto besitzt heute den sozialen Zustand eines isolierten Raumes auf Rädern. Die Vernetzungsdienste werden auch dazu beitragen, dass die Automobilhersteller mit Entertainment- und Infotainment-Angeboten diese Isolation aufbrechen werden. Durch die ‚Mitnahme' der gewohnten persönlichen Smartphones in Verbindung mit neuen Diensten im Auto wird eine neuartige multimediale Umgebung mit vielfältigen Anwendungsmöglichkeiten und Zugang zu unbegrenzten Entertainment-Quellen entstehen. Des Weiteren bleibt der Bürger dadurch in seiner gewohnten Weise vernetzt und kann mit den lokalen Communities kommunizieren. Durch die Nutzung von neuartigen Augmented-Reality-Funktionen wird er dabei nicht vom Verkehr abgelenkt.

Die Prognosen bestätigen diese Entwicklung: Bereits 2016 wird es rund 90 Millionen Autos mit Internetanschluss geben. Smartphones und Tablets werden dann die Schnittstelle zwischen Sensoren und Software sein, um den digitalen Drive Style zu verwirklichen. Diese Entwicklung steckt zwar erst in den Anfängen, wird sich aber aufgrund der starken Nachfrage nach IT-basierten Lösungen weiter durchsetzen [SOMMER].

Am Ende dieser Entwicklung wird ein neues kooperatives Fahren möglich werden und z. B. eine „Zero Accidents Policy" vorstellbar sein. Dies ist nur möglich, wenn die Zustände fahrender Autos andauernd automatisch überwacht werden und Bordsysteme autonom eingreifen können, sobald Unfälle zu erwarten sind. Zuerst wird der Fahrer selbst automatisch, z. B. bei Müdigkeit überwacht und gewarnt. In der Folgestufe sind auch autonome Reaktionen des Fahrzeuges z. B. durch das Erkennen von Hindernissen oder Personen auf der Straße möglich. Systeme zur automatischen Notbremsung sowohl für den Stadtverkehr wie auch höhere Geschwindigkeiten sind bereits in Erprobung. Ebenso werden Kreuzungsassistenten verfügbar sein, die vor Kollisionen warnen. Es werden Systeme kommen, die beim rückwärtigen Ausparken aus einer Parklücke vor Querverkehr oder beim Türöffnen vor herannahenden Radfahrern oder anderen Fahrzeugen warnen. Schließlich werden die Fahrer in klar beschriebenen Situationen von Aufgaben entlastet.

Beispielsweise mit einem Stauassistenten, der bis zu einer bestimmten Geschwindigkeit automatisch beschleunigt, bremst und in gewissen Grenzen auch lenkt. Am Ende einer derartigen Entwicklung steht ein komplett autonomes Fahren, gestützt auf einer hochverfügbaren und sicheren eCar-Informationstechnologie, verbunden mit der Einbettung in das ‚Internet der Dinge'. Das eCar wird somit zu einem eigenständigen Netzknoten. Das führt zur Realisierung von eCar-bezogenen spezifischen Funktionen wie etwa koordiniertem Anfahren an Ampeln, Vermeidung unnötiger Bremsvorgänge und Umsetzung einer adaptiven Abstandsregelung. Teilweise wird dabei nicht vom autonomen, sondern vom „pilotierten" Fahren gesprochen, analog zum Flugverkehr: Der Autopilot steuert in den meisten Situationen das Flugzeug – aber der Flugzeugführer überwacht das System und steht jederzeit in der Verantwortung. Als Prototyp existiert bereits ein Parkpilot, der das Auto selbstständig in sehr schmale Garagen oder Parklücken fährt, nachdem der Fahrer ausgestiegen ist. Solche Funktionen werden Mitte des Jahrzehnts auf den Markt kommen, siehe Abb. 6.3 [PUDENZ].

Dafür benötigen die Automobilhersteller aber vor allem die Zusammenarbeit mit den Städten und Kommunen, um die notwendigen Infrastrukturen, z. B. in Form von Sensornetzwerken nutzen zu können. Denn eine Vehicle-to-Vehicle-Kommunikation und die Vehicle-to-Infrastructure-Kommunikation werden nur durch übergreifende Standards und offene Datenformate und deren flächendeckende Verfügbarkeit möglich.

Die Stadt, mobile Dienstleister und natürlich die Bürger selbst können wiederum die technischen Fähigkeiten der Autos nutzen, um App-basierte Angebote kreativ zu entwickeln. Die Bürger können über GPS und die Verbindung mit Google Maps eine Mitfahrangebotsbörse anbieten und dadurch flexibel Park- und Ride-Systeme aufbauen. Auch wäre es so möglich, einen Pick-up-Service für ältere und behinderte Bürger zu organisieren.

Abb. 6.3: Das Auto der Zukunft

6.3   Die Führungsrolle der Städte
bei der Realisierung vernetzter Mobilitätslösungen

Um diese Entwicklung konstruktiv zu gestalten, wird unserer Meinung nach die Stadt eine Führungsrolle einnehmen müssen. Die Stadt wird gemäß der in Kapitel 5 beschriebenen Rolle als Orchestrator völlig neue Kooperationen mit innovativen Mobilitätsanbietern eingehen. Ihre Aufgabe wird darin liegen, darauf hinzuwirken, dass App-basierte mobile Dienstleistungen in ein attraktives mobiles Gesamtangebot integriert werden. Damit die Informationen den Bürgern und ihren Smartphones auch zur Verfügung stehen, müssen die Städte daher in den nächsten Jahrzehnten ihre IT-Infrastruktur ausbauen: mit Verkehrssensoren, die Lärm, Emissionen und Bewegungsflüsse messen, und mit Systemen, die die Daten auswerten und weitergeben können. Nur so kann der Verkehrsfluss optimiert gesteuert werden.

Wir sind der Meinung, dass diese Punkte sehr gut durch ein ökonomisches, datenbasiertes Marktmodell, wie in Kapitel 5 beschrieben, lösbar sind. Die zentralen Fragen an die Stadtplaner in diesem Kontext lauten:

- Wie können die Städte in einem zukünftigen Mobilitätsmodell eine Führungsrolle übernehmen, um eine zügige und wirtschaftlich vertretbare Implementierung der oben aufgeführten Punkte zu erreichen?
- Welches ökonomische Modell ermöglicht die notwendigen Investitionen und wie werden diese refinanziert?
- Wie funktioniert eine Mobilitätsplattform unter der Obhut einer Stadt und im Verbund mit anderen Städten?
- Welche Daten sind notwendig für die Umsetzung einer Verkehrsteuerung in Echtzeit und wo und wie werden sie erhoben?
- Welche Mobilitätsdienste (Apps) bietet die Stadt auf Basis von offenen Datenmodellen gemeinsam mit Kooperationspartnern?
- Wie können die Bürger motiviert werden, an dieser Entwicklung teilzuhaben?

6.4   Die digitale Verkehrssteuerung von Autos auf Basis von Echtzeitdaten

Um die Ziele zur Optimierung der Verkehrssteuerung zu erreichen, müssen hochwertige Verkehrsinformationen in Echtzeit zur Verfügung stehen. Dies ist heute noch nicht möglich. Auf deutschen Autobahnen beruht die Verkehrsdatenerfassung im Wesentlichen auf stationären Systemen, die nur im direkten Einzugsbereich der Messanlagen zuverlässige Verkehrsdaten liefern. Zwischen den Messpunkten werden keine Daten erhoben. Die Folge ist, dass die Verkehrsflüsse und -Störungen nicht genau und zeitlich präzise wiedergegeben werden können. Außerdem liegen die Daten in der Hoheit der Bundesbehörden und stehen heute nicht im Sinne eines Open-Data-Modells für weitere Auswertungen zur Verfügung [SCHADE].

Es ist also erforderlich, dass die Fahrzeugdaten ortsunabhängig, permanent und in Echtzeit zur Verfügung stehen. Das technische System hierfür ist das bereits in Kapitel 4 beschriebene FCD/XFCD-Verfahren, das in Autos implementiert wird. On-Board-Units übertragen die aktuellen Positionen, Fahrzeugkennungen und die Geschwindigkeiten der Fahrzeuge in Echtzeit per Mobilfunk an eine Servicezentrale. Gleichzeitig können über die Vernetzung des Fahrzeuges mittels eingebauter Sensoren die Verbrauchsdaten des Fahrzeuges und die Nutzung der technischen Hilfssysteme wie Scheibenwischer, Licht und Klimaanlage ebenfalls in Echtzeit ermittelt und übertragen werden. Bei zukünftigen eCars kommen z. B. die aktuellen Ladezustände der Batterien als weitere auswertbare Quelle dazu. Diese Ansammlung und Analyse der gewonnen Daten erlaubt es, exakte Aufschlüsse über den Verkehr zu erhalten und bei Bedarf Maßnahmen zur Optimierung einzuleiten. Mit einer 20%-igen Durchdringung der Fahrzeuge mit der FCD/XFCD-Technik in Verbindung mit den bereits installierten, festen Verkehrsmessstationen ist es möglich, bereits 80% des Verkehrsaufkommens auf Autobahnen in Echtzeit zu analysieren [DUNKER].

Wie können nun diese Daten in isolierten Apps Mehrwerte erzeugen und zu einer „integrierten Urbanität" führen, in der die digitale Technik Teil unserer mobilen Lebenswelt wird, ohne abgrenzend zu sein, siehe Abb. 6.4.

Abb. 6.4: Vernetzte Mobilität

6.5   Das offene Daten-Modell:
Die Städte als Anbieter einer offenen IT-Verkehrsplattform

Bleiben wir zunächst bei den fahrzeugnahen Diensten und den primären Wünschen der Stadt: In der ersten Stufe bietet die Stadt auf ihrer IT-Verkehrsplattform isolierte kostenfreie Apps an, um spezielle Nutzergruppen anzusprechen:

City-Maut-Apps auf Basis von dynamischen Preismechanismen ermöglichen es, je nach Verkehrsaufkommen, die Preise zum Befahren der Stadt flexibel anzupassen. Über diese dynamischen Preismechanismen lassen sich Lastspitzen preissensitiv regulieren und der Verkehrsfluss innerhalb von modernen Städten kann aktiv mit einer App gesteuert werden. Auch das Angebot an Parkraum kann über die aktuellen Verkehrsdaten in Verbindung mit dynamischen Preismechanismen optimiert werden. Dazu erhalten die Fahrzeughalter die freien Kapazitäten in Echtzeit zu aktuellen Preisen in einer App buchbar angezeigt. Diese Form von vernetzter Mobilität wird in Abb. 6.4 dargestellt.

Im kommerziellen Anwendungsbereich könnten über Partner-Telematic-Apps für eine professionelle eCar-Flottenmanagementfunktion angeboten werden. Die Verkehrsflussdaten werden genutzt, um zuerst in einer App nur die Ladezustände der Batterie und die aktuelle Verbrauchswerte anzuzeigen. Prognosen über die Reichweite einer Akku-Ladung runden diese App-Funktionalität ab.

6.5.1   Gebündelte Apps in Anwendungsszenarien

Interessant wird es nun, wenn über intelligente Kontext-Broker-Methoden zusätzlich zu den Verkehrsflussdaten nutzerbasierte Daten analysiert und weiterverarbeitet werden.

Nehmen wir den eben dargestellten Fall: Durch die Kombination von aktuellen Strompreisen der Energieversorger und prognostizierter Fahrzeugverwendung (z. B. über die im Navigationssystem eingespeicherte Route oder den Abgleich mit dem elektronischen Terminkalender des Fahrers) können z. B. Lade- und Entladezyklen der eCar-Batterie von einem eMobility-Service-Provider über Apps optimal geplant werden. In diesem Fall verbinden sich also unterschiedliche Funktionen von unterschiedlichen Anbietern (Stromprovider und eCar-Betreiber) zu einem gebündelten Anwendungsszenario zum Nutzen des Benutzers.

6.5.2   Komplette Anwendungswelten

Erweitert sich die IT-Verkehrsplattform um weitere Kooperationspartner wird es spannend: Die auf den ersten Blick banalen Verkehrsflussdaten erhalten in Verbindung mit den Bewegungs- und Fahrzeugdaten und den Profildaten des Fahrers oder Beifahrers schlagartig einen enormen Wert. Die kontextbezogenen Auswertungen machen komplexe Verknüpfungen von Apps zu einer durchgängigen Anwendungswelt möglich.

Diese Verknüpfung von Apps zu komplexen Anwendungswelten ist das eigentlich kreative und wirtschaftliche Potenzial, das bislang noch ungenutzt ist. Der Wert für alle Beteiligten besteht nun unserer Meinung nach darin, die Verwertung der Verkehrsflussdaten für andere Marktteilnehmer kontextbasiert nutzbar zu machen. Deshalb rückt die Rolle des IT-Infrastruktur- und Daten-Management-Anbieters als Partner der Stadt in den Vordergrund einer offenen IT-Verkehrsplattform. Der Infrastruktur- und der Daten-Management-Anbieter bringt in diese Kooperation vor allem das Branchen- und IT-Know-how ein. Daneben schafft er über die in Kapitel 4 beschriebenen technischen Funktionen wie Map-Reduce-Verfahren über komplexe Analysen der Daten einen enormen Mehrwert, auf den wir gleich näher eingehen werden. Die Stadt tritt zwar nach außen als IT-Plattform-Betreiber auf. Den eigentlichen Betrieb der Plattform können und werden aber große IT-Service-Anbieter übernehmen. Damit wäre die IT-Plattform ein so genanntes Schaufenster für eine Smart City powered by IT-Service-Anbieter XYZ.

Welche Apps sind in diesem Zusammenhang noch denkbar? Der einfache Fall ist die Möglichkeit für Versicherungen, z. B. auf Basis der gefahrenen Kilometer und des regional befahrenen Gebietes, einen kilometerabhängigen Tarif auf Echtzeitdaten des Autofahrers anzubieten. Werden die Benutzungsprofile dazu analysiert, könnten aufgrund des individuellen Fahrverhaltens, also z. B. besonders schnelles Fahren erhöht das Risiko um x Prozent etc., weitere individuelle und zeitlich optimierte Angebote erzeugt und angeboten werden. Auch individuell errechnete Leasingraten auf Basis der Bewegungsprofile in Verbindung mit den entsprechenden Fahrzeugdaten könnten über Apps angeboten werden.

Zukünftige Telematic Services sind erweiterbar, indem Apps die Daten für z. B. Shopping-Promotions anzeigen und diese wiederum mit neuen Angeboten anreichern. So könnten Möbelhäusereinkaufs-Apps mit speziell für das Profil des Fahrers oder Beifahrers zugeschnittenen attraktiven Angeboten animieren, die Fahrt für einen Schnäppcheneinkauf zu unterbrechen. Selbst sperrige Möbel bilden kein Hindernis, weil in Zusammenarbeit mit Autovermietern diese nach dem erfolgreichen Einkauf bereits passende Anhänger über Apps buchbar zum Autotyp anbieten. Logistikunternehmen wiederum offerieren in ihren Apps die kostengünstige Lieferung „frei Haus". In allen Fällen werben diese Firmen offensiv, um ihre Kunden zu erreichen. Dafür sind die Unternehmen bereit, signifikante Investitionen in die Nutzung der aufbereiteten Daten zu investieren. Auch Hotels oder Restaurants können aufgrund der verfügbaren Daten ihre Angebote in Echtzeit für die Reisenden optimieren. Wenn bei eCars erkannt wird, dass ein Aufladen der Batterien ansteht, könnte dies in Verbindung mit einem speziellen Übernachtungsangebot dem Reisenden in einer App angezeigt werden.

Denkbar wären auch Kombinationsangebote, die sich auf die Auto-Daten direkt stützen. Stellt z. B. eine eingebaute Intelligenz im Auto die Müdigkeit des Fahrers fest, könnten ihm auf der Strecke nicht nur Übernachtungsmöglichkeiten, sondern auch spezielle Wellness-Angebote unterbreitet werden. Oder Entertainment-Anbieter bieten über Apps spezielle Angebote, um den Fahrer aufmerksam zu halten. Kritischer wird die Frage nach der Verwertbarkeit von Daten, wenn gespeicherte Verkehrsverstöße für Versicherungen und Anwälte auswertbar wären. Diese könnten zwar spezielle Angebote für Temposünder anbieten, würden dabei aber auf sehr sensible Daten zugreifen müssen.

Welche Apps könnten die Bürger selber entwickeln? Ein Bürger, der aufgrund seiner Verkehrsvergehen kurz davor steht, seinen Führerschein zu verlieren, könnte in Verbindung mit den Autodaten eine App entwickeln, welche bei Tempolimits automatisch die Geschwindigkeit des Autos drosselt und so sicherstellt, dass kein weiterer Verstoß gegen die Geschwindigkeitsbegrenzung hinzu kommt. Der Autofahrer kann damit verhindern, seinen Führerschein zu verlieren und kann diese App-Funktionalität gleichgestellten Fahrern über eine offene IT-Plattform kostenlos zur Nutzung anbieten. Genauso wäre es denkbar, dass Apps von Bürgern mit Hunden entwickelt werden, die besonders tierfreundliche Raststätten anzeigen. Diese Raststätten bieten Hundetoiletten und spezielle Hundeparcours zur Erholung der Tiere an und können eine tierärztliche Versorgung organisieren. Oder der Bürger, der die Daten über die Feinstaubbelastungen in seiner lokalen Communty von dem Stadtportal erhält, könnte eine App erzeugen, die den Mitgliedern in der Community anzeigt, wo an bestimmten Tagen der Aufenthalt im Freien ungesund ist.

Sollten Staus wirklich unvermeidlich sein, könnten diese Zeiten in Zukunft produktiv genutzt werden. Die Automobilhersteller werden über den Einbau spezieller Antennen im Auto sicherstellen, dass mit LTE-Mobilfunk (siehe Kapitel 4) hohe Datenraten im Auto zu empfangen sind. Somit können Geschäftsreisende bei Staus immerhin mit gleicher Qualität über Apps und die Cloud-Plattform auf ihre gewohnte Firmeninfrastruktur zugreifen und so ihre Zeit produktiv nutzen [BRETTING].

Nur in einem innovativen Geschäftsmodell und in einer engen Zusammenarbeit in Partnernetzwerken unter der Führung der Städte wird es möglich, eine technische Lösung zur Verkehrsflusssteuerung so zu erweitern, dass komplexe Anwendungswelten möglich werden. Die Stadt nimmt aus verschiedenen Gründen die zentrale Rolle beim Aufbau einer Cloud-Computing-basierten Verkehrsinformationsdienste-Plattform ein. Einmal aufgrund der hoheitlichen Aufgabe und der politischen Vorgaben zur Umsetzung eines klimafreundlichen Verkehrswesens und andererseits aufgrund der Refinanzierungsmöglichkeiten, die durch diese IT-Plattform für den Aufbau von Infrastrukturkomponenten entsteht. So können Investitionshemmnisse überwunden werden. Die Stadt ist als offener Broker prädestiniert, um sich in einem offenen IT-Partnernetzwerk für die Aufgabe der Verkehrssteuerung zu etablieren.

Die heutigen Systeme sind aber längst nicht soweit, was aber primär nicht an den technischen Möglichkeiten liegt. Vielmehr existiert eine mangelnde Bereitschaft bei den städtischen Behörden, ein wirklich offenes datenzentriertes Kooperationsmodell zur Steuerung des Verkehrsflusses zu etablieren. In einem ersten Schritt wäre es deshalb notwendig, die Messstationsdaten durch die Bundesbehörden als Open Data zu klassifizieren und allen Interessierten zur Verfügung zu stellen. Die Daten könnten zum Beispiel auch anderen europäischen Verkehrsbehörden zur Realisierung einer grenzüberschreitenden Verkehrsflusssteuerung zur Verfügung gestellt werden. Vor allem aber auch die Automobilhersteller könnten von der Öffnung dieser Daten profitieren. Die Hersteller könnten in Verbindung mit den eigenen autospezifischen Daten ihren Kunden spezielle Services anbieten.

In einem parallelen Schritt müssten die Automobilhersteller wiederum ihre autospezifischen Daten ebenfalls auf Basis von Standards in gängigen offenen Datenformaten zur Verfügung stellen. Denn so könnten Städte und Bundesbehörden darauf aufbauend ihre städtischen Infrastrukturen optimieren, wie z. B. durch die Installation von Sensornetzwerken an Ampeln, Verkehrsschildern, Brücken oder Tunneln.

Behördliche Verkehrsdatenbanken und Servicezentralen zur Auswertung der Daten aus den festen Messstationen existieren bereits. Aber um die Verkehrsflüsse übergreifend zu optimieren, fehlen neben der Klassifizierung der Daten als ‚Open Data‘ auch die Verfügbarkeit dieser Daten in einem innovativen App-basierten Geschäftsmodell. In diesem Geschäftsmodell sind weitere Verkehrspartner unter der Führung der Städte bereit, weitere Investitionen zu tätigen, um die Ziele einer vernetzten Stadt durch vielfältige Anwendungsmöglichkeiten weiter voranzutreiben. Ein Cyper-Physical-Verkehr entsteht, siehe Abb. 6.5.

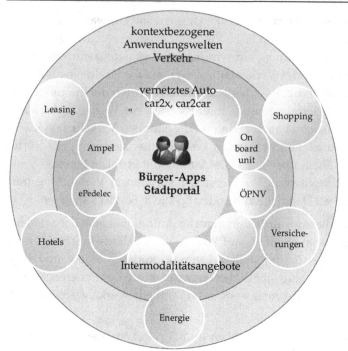

Abb. 6.5: Die Evolution eines 'Cyber-Physical-System'-Verkehrs

6.5.3   Die Werteflüsse im Überblick

Die Attraktivität einer solchen IT-Verkehrsplattform liegt in der Nutzerfreundlichkeit und der über die Zeit wachsenden Datenbasis, die im Rahmen gesetzlicher Regelungen als Open Data in Echtzeit verwertbar sind. Die Grundlage bildet das in Kapitel 5 beschriebene datenzentrierte Geschäftsmodell und die Erbringung von mobilen Diensten für die Bürger in Form von zu vielfältigen Anwendungswelten verbundenen Apps.

Wie funktioniert nun die Umsetzung in unserem Beispiel? Nimmt die Stadt die Rolle des aktiven Treibers ein und wird zu einem Geschäftsmodell-Orchestrator? Erhält sie durch die Einbindung weiterer Kooperationspartner die Möglichkeit, zusätzliche Einnahmequellen zu erschließen? Damit kann sie sich auch von den klassischen Investitionsmodellen befreien, indem die notwendigen Investitionen in Infrastrukturkomponenten ohne Vorlaufzeiten durch zusätzliche Einnahmen direkt kompensiert werden können. Diese Refinanzierung erfolgt über innovative Datendienste und zielgerichtete Werbung. Bei diesem Broker-Modell übernimmt die Stadt die zentrale Rolle und fügt als so genannter Orchestrator alle an dem übergreifenden Cloud Computing-basierten Plattform-Geschäftsmodell involvierten Partner in einem Ökosystem zusammen. Daran anschließend steuert und kontrolliert die Stadt alle beteiligten Teilnehmer.

Über die Kontext-Broker-Analysen erhalten Datenpakete einen Wert x, der zu einem Verkaufspreis wird. Dieser richtet sich z. B. nach der Menge, der Aktualität oder der Verfügbarkeit der Datenpakete. Nehmen wir in unserem Beispiel die Leasinggesellschaft als Empfänger der aufbereiteten Verkehrsdaten in Verbindung mit den personalisierten Bewegungsdaten. Damit bekommen die Daten einen unmittelbaren Wert für die Leasingfirma, die nun ihren Kundenkreis erweitern kann und über eigene Apps und Kalkulationstools dem Bürger attraktive, auf ihn zugeschnittene Angebote unterbreiten kann. Außerdem kann die Leasingfirma zusätzlich zu dem optimierten Autoleasing weitere Finanzierungsangebote unterbreiten, z. B. für die Gruppe der Selbstständigen innerhalb der analysierten Autofahrer-Gruppe. Diese haben ggf. Bedarf, neben der Autofinanzierung auch Maschinen oder Produktionsanlagen zu finanzieren. Dafür sind die Partner, wie z. B. Versicherungen und Leasinggesellschaften, bereit, auf dem stadteigenen Verkehrsportal massiv zu werben. Es entstehen enorme Klick-Raten, an denen die Stadt massiv beteiligt ist. Mit weiteren Werbungen in Suchmaschinen kommen zusätzliche Einnahmen hinzu. Wir haben gesehen, dass mit zunehmender Datenvielfalt immer speziellere und wertvollere Datenverbindungen möglich werden, die dann zu immer neuen Anwendungswelten verknüpfbar sind. Die Werbung wird dadurch zielgerichteter, was wiederum die Preise und damit die Einnahmenseite für Werbemaßnahmen beträchtlich erhöht. Aber die Werbenden haben neben dem besseren Kundenzugang ggf. auch Einnahmen über die Benutzungsgebühren der Apps, was wiederum in unserem Beispiel einen Zahlungsstrom zur Leasingfirma und Stadt als Provider dieser Apps auslöst.

Je offener und attraktiver die IT-Plattform wird, umso mehr Anbieter werden versuchen, ihre Angebote auf der Plattform zu positionieren. Es entsteht eine wirtschaftliche Dynamik zum Nutzen der Stadt und der Bürger. Über das Verkehrsportal der Stadt werden so völlig neue zusätzliche Einnahmen und Wertströme möglich, an denen die Stadt als Provider der IT-Plattform partizipieren kann. Innovative Unternehmen und Bürger erhalten außerdem die Möglichkeit, über die IT-Plattform eigene Angebote zu positionieren.

Grundsätzlich verlaufen die Wert- und Zahlungsströme im Prinzip in allen Anwendungsfällen ähnlich:

Die Einnahmenseite der Stadt beruht auf:

- Werbeklicks und Bannerwerbung
- Umsatzteilungen über die Integration von Partner-Apps
- Leasing der IT-Plattform an andere Städte
- Partizipation bei dem Verkauf von innovativen Diensten und Datenpaketen über Kontext-Brokering
- ggf. kostenpflichtigen Apps.

Die Kosten für den Aufbau eines Stadtportals setzen sich aus Sicht der Stadt aus folgenden Komponenten zusammen:

- Lizenzen an Anbieter der Standard-Cloud-Computing-Plattform-Lösungen
- Kosten für die Erstellung von Applikationen, Vertikalisierung der Cloud-Computing-Plattformen und Hosting der IT-Infrastruktur
- Personalkosten korrelierend zum Automatisierungsgrad
- Partnermanagement mit einem Internetsuchmaschinen-Anbieter
- Integration von Partner-Apps.

Im nachfolgenden Kapitel wollen wir ein Intermodalitätsangebot darstellen und nachweisen, dass das Modell für alle Kooperationspartner wirtschaftlich lohnend ist.

6.6   Die intermodalen Mobilitätsketten

Der Schlüssel für die verstärkte Nutzung gemeinschaftlicher Verkehrsmittel – von Bus und U-Bahn bis hin zu elektrischen Fahrzeugen – ist die von uns beschriebene umfassende Vernetzung von Verkehrsdaten, die Nutzung von allgegenwärtigen Smartphones und die Verfügbarkeit von benutzerfreundlichen Mobility-Apps. Dies wird in unserem Modell zum Mobilitätsassistenten. Aus den Präferenzen und Terminen des Besitzers sowie den aus der Cloud-Plattform verfügbaren Echtzeitinformationen über Verkehrslage, Wetter und Mobilitätsangebote werden so optimale „Reiseketten konfigurierbar". Der motorisierte Individualverkehr wird dadurch noch weniger effizient und somit unattraktiver.

Um ein breites Angebot an Alternativangeboten zum klassischen eigenem Auto zu positionieren, ist es deshalb erforderlich, ein offenes städtisches Intermodalitätsportal zu etablieren. Nur so kann eine durchgehende Intermodalität, in unserem Fall für Pendler, realisiert werden, über die unterschiedliche Angebote integriert werden können. Auf diesem Portal können eMobility-Anbieter und andere Marktteilnehmer Services für eMobility-Benutzer entwickeln, testen, bündeln und zur Verfügung stellen.

Der Bürger kann schon heute auf erste Apps zurückgreifen, um Mobilitätsanwendungen zu nutzen. Diese bieten aber bislang nur isolierte Funktionen an und sind nicht in einem integrierten Gesamtkonzept in einer durchgehenden Intermodalitätskette verfügbar. Aus Sicht der Stadt gilt es nun, diese Apps in eine teilweise offene IT-Plattform zu integrieren, damit unterschiedlichste Mobilitätsanwendungen und Dienste von Partnern zu einem Gesamtkonzept verbunden werden können. Der Vorteil für die Stadt zeigt sich daran, dass moderne Mobilitätskonzepte in Verbindung mit effizienten Verkehrsnetzen einen bedeutenden Wirtschaftsfaktor für Städte darstellen. Dies hat das Potenzial, die Wettbewerbsfähigkeit der Städte zu erhöhen. Noch fehlt es an geeigneten Konzepten, um deren volles Potenzial auszuschöpfen, weil die Angst vor dem ‚gläsernen Bürger' die Marktteilnehmer noch davon abhält, offene Daten auch in einem kommerziellen Geschäftsmodell zu nutzen.

Wie an anderer Stelle beschrieben, sind wir der festen Auffassung, dass diese Datenschutzsicht zu kurz greift. Bei nicht-öffentlichen Daten darf eine Weiterverarbeitung nur durch ausdrückliche Zustimmung des Bürgers zu einem vorher festgelegten Verwendungszweck erfolgen und personenbezogene Daten dürfen nur anonym verarbeitet werden. Nur wenn diese Bedingungen erfüllt sind, ist eine Weiterverarbeitung möglich. In Europa bleiben aber aufgrund des engen Datenschutzes heutige Verkehrsflusssysteme deshalb noch rein proprietäre Dateninseln. Rechtlich mögliche Lösungsoptionen fallen so einem Dogma der vermeintlich grenzenlosen Datendurchlässigkeit zum Opfer. Die über die Jahre hinweg zementierten Vorurteile wirken als Hemmschuh bei der Entwicklung innovativer Konzepte und stehen zukunftsgerichteten Entscheidungen im Weg.

In unserem datenorientierten Geschäftsmodell werden diese Grenzen überwunden und dem Bürger sowohl eine kostengünstige und nahtlose Verwendung unterschiedlichster Fortbewegungsmittel (ePedelec, eCar, ÖNV), als auch die durchgehende Bezahlung mittels eines Tickets oder auf Mietbasis ermöglicht.

6.6.1 Die erste Stufe der Entwicklung – isolierte Apps als Einstieg in die Intermodalität

Gerade im Mobilitätsumfeld sind bereits Apps entstanden, die das Engagement und den Unternehmergeist von Bürgern in diesen neuen und innovativen Märkten widerspiegeln.

6.6.1.1 MyTaxi

Eine Situation, die bestimmt jeder von uns schon einmal erlebt hat: Wir sind gerade in einer fremden Stadt angekommen, es ist spät abends und man weiß nicht, wie man jetzt zum richtigen Hotel/Kunden/Freund kommt. Mit der kostenlosen App „MyTaxi" kann man sich heute schon in vielen deutschen Städten (z. B. Berlin, Dortmund, Düsseldorf, Frankfurt, Hamburg, Leipzig, München, Stuttgart u.v.m.) einfach und bequem ein Taxi bestellen. „MyTaxi" ist eine mobile App, die den Standort des Nutzers ermittelt, freie Taxifahrer mit Bild und Kundenbewertungen in dessen Nähe anzeigt und eine Bestellung per „Knopfdruck" ermöglicht – ganz ohne telefonischen Kontakt über eine Taxizentrale. Mittels GPS wird der aktuelle Standort ermittelt und das nächste freie Taxi wird über das Web mit den Koordinaten versorgt. Aufgrund der Daten ist es einfach möglich, vorher den Fahrpreis zu berechnen. Diese Funktion ist besonders in fremden Städten hilfreich, in denen man sich nicht auskennt und die Entfernungen schwer abschätzen kann. Ist das Taxi erst einmal bestellt, kann die Anfahrt live auf Google Maps verfolgt werden und man weiß, wie lange man warten muss.

Nach der Fahrt besteht dann noch die Möglichkeit, den Taxifahrer zu bewerten. Mit dieser App werden Fahrer und Gäste unabhängig vom funkgesteuerten System. Würden alle Fahrer „MyTaxi" nutzen, wäre die Telefonzentrale irgendwann überflüssig. Taxifahrer werden indirekt gezwungen, sich zu benehmen und sich an die Regeln zu halten – denn Beschwerden über Umwege, Anmache oder Abzocke versickern nicht mehr in der Verwaltung der Genossenschaft. Statt dort anzurufen und sich zu beklagen, können enttäuschte Gäste dem Fahrer einfach eine schlechte Bewertung verpassen und die Fahrt via App kommentieren. Sowohl andere potenzielle Kunden wie auch die Macher von „MyTaxi" erfahren ungefiltert von möglichen Missständen und können schwarze Schafe boykottieren bzw. aus dem System werfen. Und andersrum steigen Fahrgäste gerne da ein, wo sich Vorgänger bereits wohlgefühlt haben.

In diesem Geschäftsmodell sind aus unserer Sicht folgende Punkte hervorzuheben: Grundsätzlich zeigt sich, dass die Mobilitätsinfrastruktur durch so genannte kostenlose ‚Enabler' wie das Smartphone gepusht werden kann. Um in neuen Städten ein Grundrauschen an Kundennachfrage zu kreieren, verschenkt z. B. MyTaxi mit der App ausgestattete iPads an Hotelrezeptionen, die im Schnitt 15 bis 20 Touren pro Tag über die App buchen. So amortisiert sich das iPad schnell und ähnlich wie im Mobilfunk werden die Endgeräte subventioniert, um eine flächendeckende Versorgung mit entsprechenden Umsätzen zu erreichen. Auf folgenden Punkten basiert das heutige geschlossene System:

- Nutzung von Smartphone: Mittlerweile besitzt jeder Vierte in Deutschland ein Smartphone, Tendenz stark steigend.
- Die Taxizentralen berechnen etwa 200 Euro pro Monat für die Fahrgast-Vermittlung per Funk und agieren dabei quasi als Monopolisten. Diese Vermittlungsleistung als großer Bestandteil der Wertschöpfung wird durch MyTaxi angegriffen.
- Der Endkunde zahlt in diesem Geschäftsmodell nichts.
- Die Taxifahrer zahlen 79 Cent je vermittelte Fahrt an MyTaxi statt hohe monatliche Pauschalen an die Taxizentralen.
- MyTaxi ist daher ein attraktiver, neuer Vertriebsweg für Taxifahrer.
- Das Marktpotenzial ist enorm: alleine 400 Millionen Taxifahrten werden in Deutschland jedes Jahr gebucht.
- Die Akzeptanz ist sehr hoch: Derzeit 800.000 Downloads der App und 7.000 angemeldete Taxifahrer belegen das.

Geschlossen ist das System aus unserer Sicht heute, weil keine durchgehende Intermodalität angeboten werden kann und die erhobenen Daten nicht in neuen Diensten verwertet werden. Ein Anzeichen dafür, dass sich in Zukunft das Portfolio in diese Richtung erweitern wird, sind die namhaften Geldgeber wie Daimler und die Deutsche Telekom. Diese Firmen haben bereits über 10 Millionen Euro investiert, um die Expansion ins Ausland zu finanzieren [MYTAXI].

6.6.1.2 Öffi

Öffi ist eine Android-App mit Angaben über Fahrtzeiten von Bahnen und Bussen, inklusive Verspätungen und Schienenersatzverkehr für zunehmend mehr Verkehrsunternehmen in Europa. Wer häufig in verschiedenen Städten mit Bus und Bahn unterwegs ist, wird sich über diese Funktionsvielfalt freuen. Bevor aber diese Anwendung nutzbar ist, müsste man sich einmalig und kostenlos auf der Website des Herstellers registrieren. Danach kann man den Dienst in zahlreichen Verkehrsverbünden (u. a. Hamburg, Rhein-Ruhr, Rhein-Sieg, Mittelthüringen, Dresden, Nürnberg) nutzen [ÖFFI].

6.6.1.3 Handyticket

Die Erweiterung, auch Tickets via Smartphone zu kaufen, bietet die App „Handyticket". Bezahlt wird dann per Lastschrift, Kreditkarte oder Prepaid-Konto. Neben dem Ticketkauf bietet Handyticket aber auch noch weitere Funktionen an.

Neben den hier aufgeführten, überregionalen Anbietern und Apps, gibt es natürlich auch noch eine Vielzahl weiterer Angebote von reinen regionalen Verkehrsverbünden. Aber alle Apps bieten nur geschlossene Anwendungen und müssten in einer nächsten Stufe in ein offenes, übergreifendes Stadtportal integriert werden, um eine nahtlose Intermodalität zu ermöglichen [HANDYTICKET].

6.6.2 Gebündelte Apps in intermodalen Anwendungsszenarien

Die Stadt hat ein sehr großes Interesse, dass die Mobilität möglichst flächendeckend zur Verfügung steht und sie damit als Ganzes attraktiv bleibt. Dazu gehört auch, dass Randgebiete für Pendler gut erschlossen werden und die Gebiete, die aufgrund sozialer Strukturen benachteiligt sind, nicht von diesem Prozess abgekoppelt werden. Gerade ältere Menschen müssen trotz nachlassender Fähigkeiten und Einschränkungen ihrer Sinne mobil bleiben und das zu möglichst kostengünstigen Preisen. Bleiben die Menschen mobil, sind sie weiterhin in den Wirtschaftskreisläufen und sozialen Communities integriert und die Stadt vermeidet es dadurch, dass ganze Gebiete veröden und aus dem System ausscheren.

In Verbindung mit ihren Kooperationspartnern kann also die Stadt Apps zu intermodalen Anwendungswelten verknüpfen, die eine durchgängige Verkehrsinfrastruktur ermöglichen. Immobilienfirmen könnten in Kooperation mit der Stadt in ihren Siedlungen ePedelc- oder eCar-Ladestationen errichten und deren Nutzung kostenlos über Apps bereitstellen. Interessierte Bewohner können dann so über das Stadtportal unter Verwendung der GPS-Daten und der Integration von Google Map selbst Apps entwickeln, um z. B. Mitfahrangebote für ihre Nachbarschaft zu organisieren und durchzuführen. Die Immobilienfirmen wiederum haben den Vorteil, dass sie ihre Siedlungen attraktiver machen und damit Leerstand vermeiden. Die Bürger werden durch diesen Ansatz motiviert, den sozialen Austausch untereinander zu verbessern, was wiederum insgesamt für eine steigende Attraktivität des Stadtteils führt.

Bosch bietet bereits mit einer App eine ähnliche Funktion an, indem kombinierte Funktionen ausführbar werden, wie z. B. die „3D-ArtMap" als Kurven-Warnsystem, die „Inrix-App" als Echtzeitstauwarner und die Integration der Mitfahrgelegenheit „Flinc". So wird es möglich, zu typischen Fahrkomfortfunktionen zusätzlich über diese App Mitfahrgelegenheiten zu organisieren. Flinc richtet sich sowohl an Menschen, die eine Mitfahrgelegenheit suchen, als auch an Fahrer, die noch freie Plätze anzubieten haben. Aufgebaut ist Flinc wie ein Social Network: Man kann sich mit anderen Nutzern vernetzen und sich gegenseitig Fahrer und Mitfahrer empfehlen. Besonders praktisch ist die Integration in die Navigations-App Navigon für das iPhone. Damit können sich Fahrer direkt zu ihren Mitfahrern leiten lassen [BOSCH].

In Verbindung mit Krankenkassen könnten über das Stadtportal auch lokale mobile Pflege und Essensdienste durch die Bürger selbst organisiert werden. Durch die Verbindung mit GPS könnten die Touren in Echtzeit optimiert werden. Durch das Zusammenspiel von gezielten Mobilitätsangeboten können vor allem ältere Menschen besser und zielgerichteter in ihrer Mobilität unterstützt werden. Die Stadt vermeidet so, dass ganze Stadtteile veröden, weil z. B. die älteren Menschen nicht mehr vor Ort zum Einkaufen gehen können und damit die Gewerbestruktur rückläufig wird.

Aber auch über Komfort- und Service-Apps lassen sich neue Mobilitätsangebote kreieren. Interessante Locations in der Stadt, wie z. B. Museen oder Tierparks könnten gemeinsam mit den Autoherstellern an zentralen Stellen eCars- oder ePedelc-Stationen installieren und betreiben. Damit steigt die Attraktivität der Stadt für die Besucher erheblich.

6.7   Komplette Anwendungswelten für eine zukünftige ‚Personal Urban Mobility'

In diesem Anwendungsszenario wollten wir es genau wissen und haben anhand eines konkreten Anwendungsfalles eine Beispielrechnung erstellt und die Wertströme der Beteiligten im Einzelnen analysiert. Es ging uns darum, festzustellen, ob der Nutzen eines intermodalen Mobilitätsangebotes in einer App-basierten Anwendungswelt nachweislich für alle Beteiligten (Bürger, Stadt, ePedelec-Anbieter, Datenmanagement- und IT-Infrastrukturanbieter) eine wirtschaftlich attraktive Lösung möglich ist, die eine Investition rechtfertigt.

6.7.1   Ausgangslage

Das Ziel in unserem Beispiel ist die Verbesserung der bestehenden Verkehrsinfrastruktur einer deutschen Großstadt. Dies insbesondere aus dem Blickwinkel der

Pendler, die nicht im morgendlichen Stau stehen und flexibel auf hohe Spritpreise reagieren möchten. Immer mehr Menschen benötigen außerdem aufgrund der flexibleren Arbeitswelt eine durchgängige Mobilität zu den unterschiedlichsten Zeiten als Alternative zum Auto, um aus dem Umland in die Stadt zu kommen. Es geht also darum, dass nahtlose Mobilitätsketten entstehen, die eine anwenderfreundliche Navigation und flexible Mobilität im städtischen Umfeld ermöglichen.

Die entscheidende Herausforderung ist dabei, den Variantenreichtum an unterschiedlichen Fortbewegungsmitteln so miteinander zu verzahnen, dass ein nahtloser Übergang der Medien, der Bezahlung und weiterer Zusatzinformationen komfortabel für die Pendler gewährleistet ist. Dieser intermodale Ansatz wird in unserem Beispiel über zeitsparende und anwenderfreundliche Applikationen (Apps) realisiert, die mit den nachgelagerten IT-Prozessen integriert sind. In unserem fiktiven Fall starten wir zuerst mit einem Arbeitnehmer, der aufgrund einer Geschäftsreise mit dem Zug vom Ausgangspunkt A zum Zielort C gelangen möchte. Im Ort B sind ein Zwischenhalt und ein Wechsel des Fortbewegungsmittels notwendig. Der Betroffene hat sich mittels einer Smartphone-App ein elektronisches Ticket bei der Bahn gekauft, das die Nutzung der Bahn von A über B nach C und den Wechsel auf ein eCar während des Zwischenhaltes berücksichtigt.

Eine unvorhergesehene Verspätung des Zuges auf dem Weg nach B führt dazu, dass die Reservierung in B zu diesem Preis verfallen würde. Über das Cloud-Plattform-Dienste-Zentralsystem ist diese Information jedoch jederzeit verfügbar und der Geschäftsreisende wird automatisch informiert, dass er die Reservierung mit einem einfachen Klick aufrecht erhalten oder bei Bedarf Änderungswünsche eingeben kann. Das integrierte Back-end-System ist aufgrund des vorliegenden Mobilitäts-Abo des Pendlers in der Lage, die Preise jeweils dynamisch zu errechnen, anzuzeigen, zu buchen oder zu stornieren.

Abb. 6.6: ePedelec-Ladesäulen begünstigen Nachhaltigkeit in modernen Städten

Nach erfolgtem Aufenthalt in B setzt der Reisende seine Fahrt nach C mit gleichem Ticket fort. Im Bestimmungsort C angekommen, möchte der Reisende nun aufgrund von automatisch generierten Staumeldungen auf seinem Smartphone seine

Reise nicht mit einem Mietwagen fortsetzen, sondern individuell und umwelt-
schonend mit einem ePedelec zum Zielort gelangen (siehe Abb. 6.6). Nur so ist die
pünktliche Teilnahme am Meeting möglich. Dazu mietet er spontan über eine App
aus dem Stadtportal ein ePedelec an, das seit kurzem als zusätzliches Mobilitäts-
angebot, über das Stadtgebiet verteilt, zur Verfügung steht (siehe Abb. 6.7).

Abb. 6.7: Die ePedelec-Station – Umsteigepunkte für Pendler

Zur Realisierung dieses Anwendungsszenarios sind unterschiedliche Apps von
unterschiedlichen Anbietern in einem gemeinschaftlichen, datenorientierten
Geschäftsmodell zu integrieren: die Stadt in einer Führungsrolle muss mit einem
Infrastruktur-& IT-Anbieter und Kontext-Broker sowie dem ePedelec-/eCar-
Betreiber kooperieren. Im Folgenden werden die Rollen der beteiligten Spieler
sowie deren Investitions- und Erlösströme näher betrachtet.

6.7.2   Datengrundlage

Unserem Anwendungsszenario liegen belegbare Daten zugrunde. Es handelt sich
um eine europäische Großstadt mit rund 700.000 Einwohnern, über 300.000 Pendlern täglich und rund 2,9 Millionen Touristen jährlich. Der wirtschaftlich zugrunde
gelegte Betrachtungszeitraum wurde auf drei Jahre festgelegt. Die Batterien halten
1.500 Ladezyklen und haben eine Kapazität von ca. 35 Wattstunden. 20% der
ePedelecs werden zu einem Subventionspreis verkauft. Weiterhin wird davon
ausgegangen, dass der Mietpreis 1 Euro pro Stunde beträgt, jedoch nicht mehr als
15 Euro pro Tag. Der Auslastungsgrad ist mit 35% kalkuliert. Die Ladesäulen werden im Verhältnis 1:20 aufgestellt. Dazu sind über das Stadtgebiet noch fünf zentrale Hauptladestationen, z. B. neben attraktiven Bahnhöfen, kalkuliert. Die Berechnung der Nutzung der Websites und die Einnahmen, die durch Werbung und

Klicks geschehen, beziehen sich auf die antizipierten 2,5 Millionen Besucher. Dabei sind die Abschreibung und Risikoaufschläge enthalten.

Neben statischen und personenbezogenen Daten werden über Kontext-Brokering-Funktionen Daten zum Nutzungsverhalten generiert. In unserem Beispiel ist die IT-Plattform für Daten von Dritten offen. Um die Dynamik der Plattform zu steigern, kann der Nutzer auch aktiv an ihr teilhaben. Sie könnte beispielsweise in Form eines sozialen Netzwerks ausgeweitet werden. Diese „Mass Customization" generiert durch aktive Verbesserungsvorschläge seitens der Nutzer, Präzisierung von Angaben oder aber der Erweiterung der Inhalte wiederum ein Mehrfaches an Daten. Diese quasi-öffentlichen Daten dürften dann sowohl für lokale Anbieter als auch weitere Interessenten Relevanz haben.

6.7.3 Die Stadt

Die Stadt hat zum Ziel, durch ein attraktives Verkehrskonzept im Wettbewerb mit anderen Städten zu bestehen. So sollen qualifizierte Arbeitskräfte von zukunftsorientierten Industrien und Dienstleistungsunternehmen angesiedelt werden. Dazu gehört auch ein umweltfreundliches und flexibles Pendler-Konzept für die letzte Meile zum Arbeitsplatz. Mit einem ePedelec/ÖPNV-Kombiangebot können über einen attraktiven Modal-Shift Umweltfreundlichkeit und Individualität miteinander verbunden werden. Ein ePedelec wird somit in Verbindung mit existierenden Park-&Ride-Systemen eine ideale Ergänzung zum öffentlichen Nahverkehr. Die Stadt wird in unserem Beispiel zum einen die gesetzlichen Rahmenbedingungen für den Aufbau und Betrieb einer derartigen Infrastruktur vorgeben. Zum anderen wird sie auch die entsprechende Datengrundlage für die genauen Standorte der Ladeinfrastruktur im öffentlichen Raum bestimmen.

6.7.4 Finanzierung

Angesichts der schwierigen Finanzlage der öffentlichen Kassen, werden unserer Meinung nach innovative Finanzierungskonzepte durch private Infrastruktur- und IT-Anbieter dominieren. Dadurch wird es für die Stadt möglich, die Risiken zu minimieren und gleichzeitig ihre Wertschöpfung und den Cash Flow zu erhöhen. Im öffentlichen Bereich bestimmt die Stadt die Standtorte selbst. Die Standortvergabe könnte sie über ein Auktionsverfahren laufen lassen. Manche Standorte sind so attraktiv, dass der ePedelec-Anbieter und der Energielieferant die Vorfinanzierung der Ladeinfrastrukturen übernehmen. Die Refinanzierung erfolgt dann u. a. über den Ladekonsum. Im nicht-öffentlichen Bereich könnten auch Ladeinfrastrukturen aufgebaut und vorfinanziert werden. In den USA gibt es erste Ansätze, bei denen beispielsweise WalMart den Aufbau der Ladeinfrastrukturen bei den eigenen Niederlassungen finanziert. Der Kunde kann dann während des Einkaufs den Akku seines ePedelec aufladen.

6.7.5   Der ePedelec/eCar-Vermieter

Der ePedelec-Anbieter unterscheidet zwischen dem Miet- (Pay-as-you-go) und dem Kaufmodell. Beim Kaufmodell werden die ePedelecs vergünstigt von beispielsweise statt 700 für 200 Euro an den Kunden verkauft. Zusätzlich angeboten werden so genannte „Pay-as-you-go"-Verträge für die Wartung der ePedelecs sowie Ladepakete an den Ladestationen. Dies geschieht in enger Zusammenarbeit mit dem Ladesäulenbetreiber. Im Mietmodell erfolgt eine zeitbasierte Nutzungsabrechnung. Der oben erwähnte IT-Service-Anbieter (Cloud Computing powered by IT Service Anbieter X) muss in das Projekt eng eingebunden sein und die Planung und Vermarktung zusammen mit der Stadt abstimmen. Die Rolle des ePedelec-Anbieters umfasst den Verkauf, den Verleih und die Wartung der ePedelecs. Die Reservierungen und Nutzungsabrechnungsdaten werden über die zentrale Plattform erfasst und an den ePedelec-Anbieter weitergereicht.

Die Anschaffung der ePedelec muss teilweise beim Verkauf vorfinanziert werden. Über ein Subventionsmodell wird diese Vorfinanzierung über einen Zeitraum von 12 bis 16 Monaten z. B. durch das Einblenden von Werbung beim Reservierungsvorgang via App überkompensiert. Darüber hinaus werden mit der Reservierungs-App weitere Apps eingeblendet und mit zusätzlichen Funktionen angeboten. Deren Nutzungseinnahmen werden deshalb teilweise zu einem bestimmten Prozentsatz an den ePedelec-Verleiher zufließen. Der nicht unerhebliche Kostenfaktor für die Bereitstellung, Wartung und den Betrieb von nachgelagerten Prozessen und Back-End-Systemen und der Anschaffung kostenintensiver Ladeinfrastruktur entfällt in diesem Modell durch die Vorfinanzierung des Plattformbetreibers.

6.8   Fazit

Die Umsetzung eines intermodalen Verkehrssystems für Pendler, indem von der Bahn oder Auto nahtlos auf ein ePedelec gewechselt werden kann, ist in unserem Beispiel einer mittelgroßen Stadt für alle Beteiligten Partner wirtschaftlich lohnend. Den größten wirtschaftlichen Nutzen erzielt langfristig die Stadt als Betreiber und Verwerter der IT-Plattform-Daten. Damit werden Informationen zu einer wichtigen städtischen Einnahmequelle und einem Refinanzierungsinstrument für weitere Investitionen. Dieser Ansatz führt zudem zu einem modernen Smart-City-Image. Die Bürgerakzeptanz kommt vor allem über die Nutzerfreundlichkeit der Apps und Smartphones und kann grundsätzlich über weitere aktive städtische Maßnahmen gesteigert werden. Dazu gehören z. B.:

- Ausrüstung der städtischen Mitarbeiter mit ePedelecs und eRollern für Dienstfahrten zur weiteren Bekanntmachung und als Förderung von Nachnahmeeffekten,
- Probeausleihe von ePedelec an zentralen werbewirksamen Orten,
- Nutzung der Partnernetzwerke für aktive Werbemaßnahmen,
- Nutzung von Mitteln aus Konjunkturpakten,

- Ausbau von attraktiven Fahrradwegen,
- attraktive Preise und Kombinationstickets mit erheblichen Reduzierungen für Familienmitglieder.

Die einzelnen Verkehrsträger können so zu einem stadtweiten Mobilitätssystem verwachsen, welche durch weitreichende Fortschritte im Bereich der Intermodalität sehr gut miteinander funktionieren und wirtschaftlich profitabel sind. Die Stadt kann sich dabei verstärkt auf die Reduktion der großen Pendlerströme fokussieren. Tram und Bus, Car- und Bike-Sharing sowie Mitfahrgelegenheiten gehen eine erfolgreiche Symbiose unter dem Stadtportal als Dach eines virtuell homogenen Mobilitätsanbieters ein. Die Integration teilweise völlig neuer Infrastrukturen in die bestehenden Verkehrsflächen und eine engagierte dynamische Bepreisung des motorisierten Individualverkehrs (MIV) werden so zu echten Alternativen zu dem üblichen Stop&Go der früheren Stoßzeiten.

Integrierte Lösungen und ein einheitliches Management des Mobilitätssystems helfen der Stadt dabei, auch zukünftig zusätzliche Logistiksysteme mit zu integrieren. So könnten in einer Erweiterung dieses konkreten Anwendungsfalles bei Tag nur die Bewohner die zentralen Verkehrsknotenpunkte effizient nutzen und bei Nacht vor allem als intermodale Hubs für den stadtintegrierten Wirtschaftsverkehr genutzt werden. Für die Automobilindustrie bedeutet diese Entwicklung „Mieten statt Kaufen" sowohl Risiko als auch Chance. Verhält sie sich passiv, wird der verstärkte Trend zur vernetzten Mobilität zum Risiko, da Absatzmärkte im Zuge des Wandels hin zu „Nutzen statt Besitzen" von Pkw schrumpfen. Nimmt die Automobilindustrie dagegen eine proaktive Rolle ein, d. h. wird sie selbst zum Mitanbieter der vernetzten Mobilität mit Car- und Bike-Sharing-Systemen, Mobility-Apps und integrierten Buchungs- und Abrechnungsdienstleistungen und wandelt sich damit zu einem Mobilitätsdienstleister, kann sie ein zweites wachstumsträchtiges Geschäftsfeld aufbauen.

7 Smart-City-Initiative in Action – Vernetzte Gesundheitsanwendungen

„Eines Tages werden wir Medikamente zur Vorbeugung haben.
Die Medizin der Zukunft soll verhindern,
dass wir überhaupt krank werden." (Florian Holsboer)

In Ergänzung zu den Ausführungen zum Thema „vernetzte Mobility" möchten wir mit der Betrachtung eines vernetzten Gesundheitssystems eine weitere konkrete Idee zur Umsetzung einer Smart City entwickeln. Im ersten Moment denkt man vielleicht, dass das Gesundheitswesen nicht unmittelbar zu den engeren Themenkomplexen einer ‚Smart City' gehört. Fasst man allerdings den Begriff „Smart City" weiter und verbindet hierunter auch die Lebensqualität für die Bürger, dann gehört das Thema Gesundheitswesen selbstverständlich dazu und ist im weltweiten Standortwettbewerb moderner Städte ein wichtiger Faktor bei der zukünftigen Standortbeurteilung.

Auch für dieses Anwendungsszenario sind wir folgenden Fragen nachgegangen: Wie können datenbasierte Apps das Gesundheitswesen der Zukunft verändern und welcher Nutzen entsteht konkret für den Bürger aus der Umsetzung einer digitalen und vernetzten Gesundheitsinfrastruktur? Wie kann die Stadt dabei die im Kapitel 5 beschriebene Führungsrolle ausfüllen und als Orchestrator innerhalb eines Kooperationsmodells agieren? Mit welchen Maßnahmen können die notwenigen Veränderungen zum Aufbau einer Gesundheitsplattform angestoßen und die Bürger motiviert werden, aktiv bei diesem sensiblen Unterfangen mitzuwirken?

7.1 Die medizinische Lebensrealität in Großstädten

Es klingt wie Science-Fiction: Roboter operieren Menschen, kleinste Nano-Teilchen töten Tumore, Organe wachsen im Labor. Die Forscher hoffen, dass winzige Siliziumchips schon in wenigen Jahren routinemäßig bei Patienten eingesetzt werden können, um z. B. die Medikation von Patienten zu erleichtern, die etwa unter Multipler Sklerose, Herz-Kreislauf-Erkrankungen oder Krebs leiden [KUPFER04]. Noch vor wenigen Jahren wäre das völlig undenkbar gewesen, doch der medizinische Fortschritt kennt anscheinend keinen Stillstand. Aber wie wird diese Entwicklung weiterverlaufen, wenn im Gesundheitswesen immer weniger Geld für immer mehr Patienten zur Verfügung stehen wird?

Das städtische Gesundheitswesen steht deshalb in den nächsten Jahren vor enormen Herausforderungen. Ähnlich wie in der Verkehrsinfrastruktur spiegeln sich dabei die allgemeinen Rahmenbedingungen der jeweiligen Region wider. In den nicht entwickelten Metropolen herrscht eine chronische Unterversorgung im Gesundheitswesen. Während die hoch entwickelten Städte in den westlichen Industrieländern in erster Linie mit dem demographischen Wandel und den ineffizienten Abläufen innerhalb des Gesundheitswesens kämpfen. Im Weiteren fokussieren wir unsere Überlegungen auf die hochentwickelten Gesundheitssysteme der westlichen Welt und die aufstrebenden Schwellenländer, die im Kern durch die alternde Bevölkerung ähnliche Probleme haben. Ein kleiner Teufelskreis ist dabei entstanden: Durch die hervorragende medizinische Versorgung werden immer mehr Bürger älter. Eine hohe Lebenserwartung bedeutet aber, dass immer mehr ältere Menschen Leistungen aus dem Gesundheitswesen erhalten und so bei gleicher Qualität die Finanzierung des Systems immer teurer wird. Die Bevölkerungsgruppe der über 80-Jährigen wächst weltweit um 3,8%, während das Weltbevölkerungswachstum bei 1% stagniert [REQ].

Mit zunehmendem Alter der Patienten gibt es auch mehr chronische Erkrankungen und damit mehr Langzeitbehandlungen. Die Ausgaben für die Gesundheit von Menschen über 75 betragen pro Kopf ein Fünffaches der Kosten für 25- bis 34-Jährige. Die höhere Lebenserwartung verursacht gegenwärtig rund 6 bis 7% der Kostensteigerungen im Gesundheitswesen [REQ]. Fast ein Drittel der europäischen Bevölkerung wird 2050 über 65 Jahre alt sein, so dass sich die Situation weiter zuspitzen wird [DIERK]. Ein weiterer Anstieg der Gesundheitskosten ist wirtschaftlich nicht mehr vertretbar und deshalb besteht Einigkeit darüber, dass im Gesundheitswesen dringend Effizienzverbesserungen erreicht werden müssen, um die Kosten zu senken und die Qualität zu halten oder weiter zu erhöhen.

Dabei streiten sich die Beteiligten über den besten Weg und die Liste der Maßnahmen zur Veränderung der Situation ist umfangreich. Je nach Interessenslage sind diese jedoch unterschiedlich motiviert und dienen daher meistens nur den Zielen einzelner Akteure des Gesundheitssystems. In der Vergangenheit haben Gesundheitsministerien vor allem rigorose Sparkurse veranlasst. Ohne Berücksichtigung der Interessen von Patienten und Ärzten. Dieses einseitige Vorgehen führt z. B. bei deutschen Fach- und Führungskräften in Krankenhäusern zu Besorgnis und Widerstand. Ein Hauptkritikpunkt ist, dass der angeordnete Abbau z. B. von administrativen Aufwänden zwar aus dem Blickwinkel von Gesundheitsministerien und Krankenkassen sinnvoll erscheint, aber oftmals nur zu einer Verlagerung dieser Aufwände innerhalb des Systems führt.

Die Ergebnisse einer Umfrage bestätigen das Bild von überlasteten Ärzten: Danach arbeiten vollzeitbeschäftigte Ärztinnen und Ärzte rund 55 Stunden pro Woche. Die hohe zeitliche Belastung steht offenkundig in einem engen Zusammenhang mit der Personalnot der Kliniken. Im Durchschnitt sind 1,5 Arztstellen pro Abteilung unbesetzt. Als besonders störend empfinden die Ärzte die Schreibtischarbeit im Krankenhaus: Mehr als die Hälfte der Mediziner benötigt täglich mehr als zwei Stunden für Verwaltungstätigkeiten. Die Unzufriedenheit über die Arbeitsbedingungen drückt sich in klaren Zahlen aus: 41% der Befragten bezeichnen ihre Arbeitsbedingungen als schlecht oder sehr schlecht [ZVEI]. Ein weiterer Kritikpunkt ist, dass die Krankenhäuser und die Gesundheitsadministration dem Patienten, Versicherten und Bürger nur die Rolle eines Objekts im Ablauf ihrer eigenen medizinischen oder organisatorischen Abläufe und Aktivitäten zubilligen. In diesem Ansatz wird der Patient jeweils durch die Instanzen gereicht und bleibt ein passives Objekt in der medizinischen Leistungserbringung. An die Stelle vieler, isolierter Behandlungsschritte muss deshalb ein langfristiges Gesundheitsmanagement treten. Wie kann das konkret geschehen?

Abb. 7.1: Smarte Gesundheits-Apps im Einsatz

Es fehlt die Entwicklung des Bürgers hin zu einem mündigen selbstbestimmten Patienten, siehe Abb. 7.1. Vor allem auch, weil das Informationsgefälle innerhalb des Gesundheitssystems erheblich ist. Was im normalen Alltag selbstverständlich ist, auf Basis vorhandener Informationen und Wissen zu einer selbstbestimmten Entscheidung zu kommen, erscheint im normalen Gesundheitsalltag fast unmöglich. Schon im Vorfeld der Inanspruchnahme einer Gesundheitsleistung muss der Bürger einen enormen Aufwand betreiben, um sich bei der Vielzahl an Versicherungsmöglichkeiten zwischen den privaten und gesetzlichen Krankenversicherungstarifen und Zusatzversicherungen oder Wahltarifen zu entscheiden.

Das Wissensgefälle korrespondiert dabei mit der Einschränkung der Selbstbestimmung: Je weniger der Patient weiß, umso mehr muss er sich auf den Arzt oder die Gesundheitsinstitutionen verlassen. Der Arzt verfügt nicht nur über das abstrakt-generelle Wissen der Medizin, sondern auch über die individuellen Befunde des Patienten, die er in die Matrix seiner Entscheidungsalgorithmen einsortiert. Unter diesen Umständen wird er zum „Halbgott in Weiß", in den der Patient sein ganzes Vertrauen legen muss und die Ausübung des Selbstbestimmungsrechts wird zur Farce. Bei akuten Erkrankungen ist es für den medizinischen Laien völlig aussichtslos, diesen Wissensvorsprung einholen zu wollen. Der chronisch Kranke hingegen baut mit der Zeit ein eigenes Verständnis der Erkrankung auf und ist in der Ausübung seines Selbstbestimmungsrechts wesentlich souveräner. Eine Umkehrung des Wissensgefälles ist schon dort zu beobachten, wo der Bürger seinen eigenen Gesundheitszustand beobachtet oder misst, etwa durch Blutdruckmesser, Schrittzähler, Waagen und damit die innere Motivation zum „gesunden Leben" erhöht. Die Souveränität steigt weiter, wenn ein Patient mit einer seltenen Erkrankung über Jahre eine Wissensbasis aufgebaut hat, die der eines durchschnittlich gebildeten Arztes ohne Spezialisierung sogar gleichrangig sein kann [BAC01].

7.2   Die Vision eines vernetzten Gesundheitssystems

Wenn wir auf die Ausgangslage zurückkommen, bleibt festzustellen, dass die wenigsten Ansätze zur Verbesserung des Gesundheitssystems den informierten Patienten und Bürger in den Mittelpunkt ihrer Überlegungen rücken. In unserem Ansatz sehen wir den Bürger keineswegs nur als „Patient", sondern vielmehr als „Gesundheitskunden". Dabei sind wir mit dem Begriff vorsichtig: Eine ausschließliche Implementierung ökonomischer Denk- und Wertmuster in das Gesundheitswesen ist nicht unproblematisch. Die Reduzierung des Patienten auf die Funktion des Kunden, die Definierung der ärztlichen Hilfe als Ware und die Subsumierung der medizinischen Abläufe nur am Paradigma der Wettbewerbsfähigkeit festzumachen, greifen selbstverständlich zu kurz. Solange man die Medizin von ihrer Grundlage her vor allem als „Dienst am Menschen" betrachtet, kann das, was in der Medizin vollzogen wird, nicht vollkommen den Marktmechanismen überlassen werden. Eine ausschließliche Ausrichtung der Medizin an ökonomischen Denkmustern beinhaltet die Gefahr, dass die Medizin sich nur an dem Kriterium der Profitabilität orientiert und hierbei ihre ureigene Identität als Institution der Hilfe überlagert wird.

Wir plädieren deshalb für den Begriff des „informierten Patienten", der aktiv in die Prozesse des Gesundheitswesens eingreifen kann. Der informierte Patient ist dabei schon längst erkennbar: In Deutschland recherchieren bereits heute 85% der Internetnutzer über medizinische Themen im Web [AER01]. Auch finden immer mehr Patienten den Arzt ihrer Wahl im Internet und die anhaltende Publizität von Gesundheitsthemen führt zu einem steigenden Servicebewusstsein und bringt einen kritisch informierten Patienten hervor, der eine professionelle Dienstleistung erwartet. Durch das Internet haben die Bürger die Möglichkeit, sich schnell und umfassend zu orientieren und zu erkunden, ob die Praxis, die Menschen, die dort tätig sind, zu ihren eigenen Bedürfnissen und Wünschen passen.

Der Patient hat so die Möglichkeit, sich umfassend, weltweit und aktuell über neue Therapieformen sowie pharmazeutische und medizinische Produkte zu informieren, die sein eigenes Krankheitsbild betreffen. Die aktive Beteiligung des Bürgers als Versicherter und Patient tritt also immer stärker in den Vordergrund und ist zu einem zentralen Thema innerhalb der Gesundheitspolitik geworden. Umfragen bestätigen, dass Bürger stärker in Entscheidungen über ihre eigene Gesundheit eingebunden werden möchten [SCHACH]. Auch die Ansprüche an Qualität und Quantitäten von medizinischer Versorgung werden wachsen. Die Nachfrage nach Gesundheitssicherheit, Krankheitsprävention und Angeboten zur Verbesserung der persönlichen Lebensqualität auf verschiedenen Ebenen, welche weit über den Aspekt der reinen Krankenversorgung hinausgeht, nimmt zu.

Marktforschungsanalysen gehen noch weiter und prognostizieren, dass gesundheitsbezogene Themen in den nächsten Jahrzehnten alle Gesellschaftsbereiche durchdringen und für einen sozio-kulturellen und politischen Wandel sorgen werden [SCHACH]. Die Ansprüche des informierten Patienten wachsen, und die persönliche Wertschätzung von Gesundheit und Wohlbefinden wird in ihrer Bedeutung weiter zunehmen [BAC01].

In Umfragen zeichnet sich ein verstärkter Nachfragetrend nach gezielten problemlösungsorientierten Präventionsmaßnahmen und Methoden zu wirkungsvoller Verbesserung von Befindlichkeit und körperlich-geistiger Fitness ab [BAC01]. Auch die privaten Krankenversicherungen beginnen allmählich, ihre Angebote zu Kostenerstattungstarifen zu überarbeiten und um neue, attraktive Produkte zu ergänzen. Sie wollen damit für den stärker auf Eigenverantwortung setzenden Gesundheitsmarkt gerüstet sein [PKV]. Wer dann über bereits gut kommunizierte Produkte verfügt, wird in diesem neuen Markt bestens aufgestellt sein. Es geht also letztendlich darum, eine personalisierte vorbeugende Medizin zu entwickeln, in welcher der Patient und seine individuelle Situation in den Mittelpunkt der ärztlichen Versorgungsprozesse rücken. Denn der „moderne Patient" will nicht nur geheilt, sondern auch umfangreich informiert und betreut werden. Die optimale diagnostische und therapeutische Behandlung des Patienten bildet die Grundlage, um ein umfangreiches Service- und Informationsmanagement und einen patientenorientierten Service aufbauen zu können.

Aber auch das Bedürfnis nach größerer, psycho-sozialer Kompetenz wächst. Die Bereiche Wellness, Fitness, Lifestyle, Komfort, Schönheit und Sicherheit werden Bestandteil eines weiter gefassten ‚Gesundheitsmarktes'. Dabei obliegt die Inanspruchnahme der betreffenden Leistungen stets der persönlichen Entscheidung des Einzelnen. Medizinische Komfort- und Zusatzleistungen werden zunehmend mit anderen Luxusgütern wie Urlaub, Auto oder Einfamilienhaus konkurrieren. Dieses sind erste Anzeichen für die Entwicklung eines analogen hierarchischen Systems in ein modernes, digital-basiertes Gesundheits-Öko-Systems [SCHACH].

Auch im Gesundheitswesen ist die umfangreiche Verbreitung der modernen Smartphones Treiber der Entwicklung für die Vision des informierten und aktiven Patienten. 67% der Unternehmen im Gesundheitssektor gehen davon aus, dass bereits im Jahr 2015 die Mehrheit des medizinischen Personals in den Industrieländern mobile Applikationen auf Smartphones oder anderen Endgeräten verwenden wird [RES].

Die Grundlage für den Aufbau eines digitalen Gesundheitswesens bildet das Zusammenspiel unterschiedlicher Akteure wie Krankenkassen, Arbeitgeber, Mitarbeiter von Fitness und Präventionsprogrammen, Krankenhäuser, Ärzte oder Apotheken, Gerätehersteller im Gesundheits- und Fitnesswesen. Über eine digitale IT-Gesundheitsplattform können Bürger ihre Gesundheits- und Fitnessdaten selbstbestimmt, sicher und bequem in Echtzeit verwalten. Die Vision hinter der Gesundheitsplattform lässt sich wie folgt formulieren: Sie begleitet den Bürger als Informationsdrehscheibe von Geburt an bei seiner privaten Gesundheitsversorgung. Die Kontrolle über die verwalteten Informationen bleibt dabei immer beim Bürger. Eine solche digitale Gesundheitsplattform schafft damit die Basis für eine personalisierte Medizin, mit dem Ziel einer aktiven, über Apps gesteuerten Prävention. Denn Krankheiten vermeiden, ist immer noch der beste Weg, um die Kosten im Gesundheitswesen zu senken.

Anstelle einer anbieterzentrierten Gesundheitsversorgung tritt so mehr und mehr ein bürgerzentriertes Gesundheitsmanagement in den Vordergrund. In diesem überwiegend digitalen Gesundheitssystem rücken die persönlichen Daten aus dem Alltag der Patienten in den Mittelpunkt aller weiterer Anwendungen. Eine individuell sichere Datenhaltung und die Vernetzung sowie Kommunikation gehören zu den Kernelementen auf dem Weg zu einer personalisierten Gesundheitsversorgung der Zukunft. Eine bürgerzentrierte Gesundheitsplattform bildet überdies eine wichtiger werdende Brücke zwischen dem engeren Bereich der erstattungsfähigen Leistungen im ersten und dem wachsenden Sektor privat nachgefragter Gesundheitsleistungen im zweiten Gesundheitsmarkt. Damit schließt sich der Kreis zur Ausgangslage: Das Gesundheitssystem wälzt bei dem Aufbau eines digital basierten Informationssystems eben nicht eine Aufgabe aus reinen Kostengründen auf den Bürger ab. Es dient auch nicht als Triebfeder für die Realisierung einer bürgerzentrierten offenen IT-Datenplattform zur Verwaltung der eigenen Gesundheitsdaten.

Vielmehr geht es darum, den Bürger, soweit er einen selbstbestimmten Ansatz weiter verfolgen will, in die Lage zu versetzen, die Informationsbeschaffung und -weiterverarbeitung über allgemeine und persönliche Gesundheitsdaten im Eigeninteresse zu optimieren. Dies darf selbstverständlich nur unter Einhaltung strengster Datensicherheit erfolgen. Gerade im Gesundheitsbereich wird die Diskussion um offene Daten extrem sensibel und verantwortungsvoll zu führen sein.

Aber der gesamte Prozess ist, wie bereits ausgeführt, durch diverse Ansätze im Internet bereits voll im Gange. Es bedarf aber weiterer Überlegungen und konkreter Maßnahmen, um die Akzeptanz bei den Bürgern und den anderen Beteiligten im System zu erhöhen.

Es ist klar, dass trotz aller Anstrengungen viele Bürger die Chancen, die in diesem Gesundheitsdatenmanagement liegen, nicht nutzen können oder wollen. Ein Ansatz für die Stadt, den Aufbau einer Plattform zu unterstützen, könnte beispielsweise verschiedene Präventionsmaßnahmen umfassen, wie die in der Vergangenheit bereits durchgeführten Aktionen wie „3000 Schritte am Tag" oder „Leben-hat-Gewicht". Zusätzlich könnten bei städtischen Veranstaltungen zur Bewegung und Gesundheit beispielsweise Schrittzähler kostenlos verteilt werden, welche über einen Pendelmechanismus die Bewegungsschritte zählen. Über eine Schnittstelle könnten diese Daten zum Zweck der kontinuierlichen Dokumentation anschließend in die persönliche Gesundheitsakte auf der Gesundheitsplattform übertragen werden [BMU].

7.3 Aufbau und Funktionen einer digitalen Gesundheitsplattform

Eine digitale eHealth-Plattform umfasst die technologischen Möglichkeiten für ein komfortables und sicheres bürgerzentriertes Gesundheitsmanagement. Die Umsetzung und Akzeptanz eines solchen Gesundheitssystems wird maßgeblich dadurch bestimmt, ob die Bürger durch die aktive Benutzung von nutzerfreundlichen Anwendungen und Services einen spürbaren Mehrwert erhalten. Dieser Mehrwert entfaltet erst dann seine volle Wirkung, wenn möglichst viele Anbieter von Gesundheitsdienstleistungen, seien es Krankenhäuser, Ärzte, Apotheken, Versicherer, Fitness- und Wellness-Einrichtungen oder Rehabilitationszentren, koordiniert und vernetzt anbieten. Dies ist die Grundlage für den Aufbau eines flächendeckenden und weitverzweigten Gesundheitsnetzwerks mit einem strukturierten Informations- und Wissensaustausch für alle Beteiligten. Erste Angebote sind bereits im Markt eingeführt [MICRO].

Der behandelnde Hausarzt erhält in diesem Modell als Ausgangspunkt für weitergehende medizinische Maßnahmen und Vertrauensperson des Patienten eine besondere Bedeutung. Allerdings müssen sie im Wandel dieses Systems auch die Chance erkennen, die Veränderungen gezielt mitzugestalten, um auf Dauer beruflichen und unternehmerischen Erfolg zu haben. Viele Ärzte und Ärztinnen sind immer noch sehr reserviert, wenn es darum geht, den mündigen und informierten Patienten ernst zu nehmen und die Praxis als eine Art ‚Service-Unternehmen' zu begreifen. Dabei profitiert der informierte Patient bereits im Bereich einer notwendigen Krankenversorgung in hohem Maße von einem Dienstleistungsansatz des Arztes, der auf die Kundensouveränität setzt, anstatt dem Arzt-Patienten-Kontakt ein autoritäres Versorgungsmodell überzustülpen. Sind die Ärzte bereit, sich in diesem Sinn in das Gesundheitssystem einzubringen und selbst Nutzer einer digitalen Gesundheitsplattform zu werden, steigt durch deren Eigennutzung das Vertrauen beim Patienten bei der Nutzung der eigenen persönlichen Daten. Es entsteht ein digitales Gesundheitsuniversum, siehe Abb. 7.2.

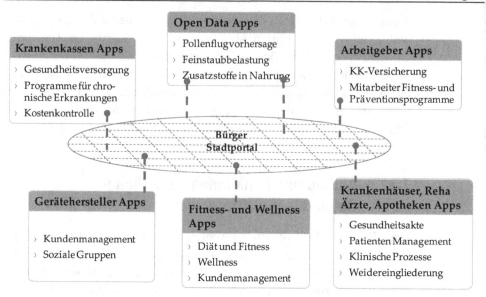

Abb. 7.2: Das eHealth-Gesundheitsuniversum

Ein bürger- und patientenzentriertes digitales Gesundheitsplattform-System basiert im Wesentlichen auf folgenden Elementen:

- einer individuellen digitalen Patientenakte,
- einfachen Kommunikations- und Zugriffssteuerungsfunktionen, die automatisch über die Cloud-Plattform bereitgestellt werden,
- umfangreichen Gesundheitsanwendungen in Form von Apps und
- umfassenden Datenschutz- und Sicherungsfunktionen für alle relevanten IT-Architekturebenen [DIERKS].

7.3.1 Bürgergeführte digitale Patientenakte

Das Herzstück eines modernen eHealth-Systems ist die bürgereigene, elektronische Gesundheitsakte. Sie umfasst im Wesentlichen alle vorhandenen medizinischen und gesundheitsbezogenen Daten und Informationen. Etwas plastischer ausgedrückt, entspricht diese elektronische Akte dem typischen Gesundheitsordner, den jeder von uns in der Regel zu Hause im Schrank aufbewahrt. Durch die Digitalisierung dieser Daten und deren Zugriff über Apps sind folgende Funktionen für den Bürger möglich:

- Direkte Eingabe oder Übernahme von gesundheitsspezifischen Daten und Informationen in eine digitale Akte.
- Einfache Wiederverwendbarkeit und Auswertungsmöglichkeiten von gesundheitsspezifischen Daten und Informationen.
- Daten und Informationen können allen beteiligten Gesundheitspartnern unmittelbar und umfassend, z. B. für weitergehende Behandlungen, schnell und sicher zur Verfügung gestellt werden [DIERKS].

Für die Nutzungsakzeptanz ist es dringend erforderlich, dass die Apps einer Gesundheitsplattform leicht zu bedienen sind und insgesamt einer verständlichen Struktur folgen und damit auch für ältere Bürger keine Hürde darstellen. Folgende logische Struktur könnte sich für eine ePatientenakte eignen:

- Persönliche Daten: Demographische Informationen wie Alter und Geschlecht, persönliche Kontaktdaten wie Postadresse, Telefonnummern, E-Mail-Adressen und Notfallkontakte – z. B. Angehöriger und behandelnder Ärzte.
- Gesundheitsverlauf: Familiengeschichte, erhaltene Impfungen, Unfälle, Operationen etc.
- Aktivitäten: dokumentierte Kur- und Trainingsaufenthalte, allgemeine Fitnessdaten von Sportaktivitäten.
- Erkrankungen: lückenlose Dokumentation von akuten, chronischen und überstandenen Krankheiten.
- Medikamente: Dauer- und vorübergehende Medikationen, jeweils mit Dosierungsstärke und Einnahmeplan mit zugehöriger Historie.
- Messwerte: Aktuelle und historische Vitalwerte, z. B. Gewicht, Blutdruck, Blutzucker und Labortestergebnisse.
- Ablage: Dies ist der Speicherort für gesundheitsrelevante Informationen wie Atteste, Röntgenbilder, Briefe o. ä.

Die in der Akte gespeicherten Daten und Informationen können aus verschiedenen Quellen stammen:

- Der Bürger trägt seine Daten und Informationen manuell in seine Akte selbst ein.
- Die medizinischen Leistungserbringer im Gesundheitsnetzwerk (z. B. Ärzte, Apotheken) und andere Gesundheitsdienstleister (z. B. Fitnesscenter) stellen Daten und Informationen elektronisch zur Verfügung.
- Elektronische Geräte, wie z. B. Sensoren, stellen erhobene Messwerte aus M2M-Netzwerken automatisch in die Akte ein.

Auf Basis dieser Daten aus einer zentral geführten Gesundheitsakte des Bürgers kann nun über ein Stadtportal ein vernetztes System mit den Gesundheitspartnern aufgebaut werden [DIERKS].

7.3.2 Kommunikation und Zugriffssteuerung

Wie kann nun der Bürger über die zentrale App-basierte Gesundheitsplattform mit anderen Partnern kommunizieren? In der Regel soll der Informationsfluss elektronisch und ohne Medienbrüche über eine zentral adminsitrierte Cloud-Plattform erfolgen. Dafür müssen die Zugriffsteuerungen zentral administriert werden, um eine komfortable Datenübernahme aus z. B. Krankenhausberichten zu ermöglichen. Die zentralen Sicherheitseinstellungen sorgen dafür, dass in dieser Kommunikation immer nur die Bürger die Hoheit über ihre Daten bei der Autorisierung und Zugriffsteuerung erhalten [DIERKS].

7.3.3   Gesundheitsanwendungen in Form von Apps

Die Gesundheits-Apps eines bürgerzentrierten Gesundheitssystems lassen sich grundsätzlich in folgende drei Kategorien unterteilen:

- Anzeige, Verwaltung und Analyse der Inhalte der persönlichen Patientendaten,
- Unterstützung des Bürgers bei persönlichen, gesundheitlichen Aktivitäten,
- Kommunikations- und Steuerungsfunktionen zwischen allen Beteiligten des Gesundheitssystems: Bürgern, Versicherten, Patienten, medizinischen Leistungserbringern, Krankenkassen, Ministerien und anderen Gesundheitsdienstleistern, wie z. B. Labor- und Rehabilitationseinrichtungen.

Zahlreiche isolierte Gesundheits-Apps sind am Markt bereits etabliert. Diese umfassen die Bereiche zur Unterstützung von Gesundheitsprävention, -versorgung und Administration. Beispiele hierfür sind u. a.:

- Blutwertmessungen und -auswertungen
- Jogging-Coach
- Diabetespläne
- Impfausweis und Pollenvorhersage
- Notfallinformationen
- Patientenverfügung
- Krankenhauseinweisung- und Entlassungsdokumentation
- ärztliche Überweisung und Terminierung.

Auf diese Apps werden wir in Kapitel 7.5 noch im Detail eingehen [DIERKS].

7.3.4   Sicherung der Privatsphäre

Die individuellen Gesundheitsdaten sind äußerst sensibel und daher in besonderem Maße schützenswert. Aus diesem Grund sind ein weitreichender Datenschutz und umfassende Datensicherheit eine Grundvoraussetzung für die Akzeptanz einer digitalen Gesundheitsplattform beim Bürger sowie bei Ärzten und anderen Teilnehmern des Systems. Der Gesetzgeber hat hier eine besondere Verantwortung für die Umsetzung geeigneter Maßnahmen. Für ein bürger- und patientenzentriertes Gesundheitssystem lassen sich daraus folgende Anforderungen beim Zugriff auf die Gesundheitsdaten des Bürgers ableiten:

- Nur der Bürger bestimmt, wer von ihm Gesundheitsdaten und -Informationen erhält und zu welchem Zweck er diese verwenden darf.
- All diejenigen Teilnehmer, die diese persönlichen Gesundheitsdaten und -informationen verwenden möchten, müssen dazu zwingend im Gegenzug dem Bürger klar und verständlich den Zweck der Datennutzung erläutern. Dazu gehört auch eine Übersicht über den Nutzen und die Risiken der Datenverwendung.
- Der Bürger erhält geeignete Tools, um den tatsächlichen Zugriff auf seine Daten zeitgenau zu kontrollieren. Auch müssen Vorkehrungen getroffen werden, um

Datenmissbrauch zu verhindern und datenschutzrechtliche Verstöße angemessen zu sanktionieren.

Daher sollte die Autorisierung für einen Zugriff auf die Daten nur durch den Bürger selbst erfolgen. Zusätzlich muss der Bürger während der Autorisierung festlegen, ob der Zugriff auf freigegebene Datenfelder nur lesend, nur schreibend oder lesend und schreibend erfolgend darf. Dazu zählen auch eine feste zeitliche Limitierung und die Möglichkeit einer permanenten Anpassung dieser Rechte an aktuelle Gegebenheiten. Anhand einer Protokollierung kann der Bürger in seiner Patientensakte genau nachverfolgen, welchen Apps und Daten er welche Zugriffsrechte erteilt hat. Im Sinne unseres Open-Data-Ansatzes gelten speziell für dieses Anwendungsgebiet folgende Regelungen:

- Gesundheitsdaten dürfen während der Übertragung nicht durch Unbefugte einsehbar und manipulierbar sein.
- Wenn Gesundheitsdaten anderswo gespeichert oder verarbeitet werden, muss sichergestellt sein, dass dort die gleichen strengen Datenschutzbestimmungen eingehalten werden.
- Die Datenhoheit jedes Bürgers über seine Daten und der Grundsatz der Freiwilligkeit der Speicherung von Gesundheitsdaten müssen gewahrt werden.
- Jeder Bürger muss darüber entscheiden können, welche Gesundheitsdaten aufgenommen und welche gelöscht werden.
- Der Bürger muss immer selbst darüber entscheiden können, ob und welche Daten anderen Teilnehmern im System zugänglich gemacht werden.
- Der Bürger muss über die Möglichkeit verfügen, seine gespeicherten Daten jederzeit im Zugriff zu haben [DIERKS].

Gerade in diesem sensiblen Bereich kann die Stadt als vertrauenswürdige und erfahrene Instanz eine Führungsrolle übernehmen und damit die Datensicherheit und den Datenschutz für die Bürger gewähren [DIERKS].

7.4 Die Städte in der Führungsrolle beim Aufbau einer vernetzten digitalen Gesundheitsplattform – konkrete Kooperationsmodelle

Obwohl die Stadt im Gesundheitsmarkt selbst durch z. B. städtische Krankenhäuser und Reha-Institutionen involviert ist, spielt sie im Verhältnis zum gesamten Gesundheitsmarkt eher eine Nebenrolle. In diesem bürgerorientierten Gesundheitsplattform-Ansatz wird ihr unserer Meinung nach aber eine besondere Rolle zuwachsen. So stellen die Entwicklung und das Bereitstellen einer digitalen eHealth-Plattform ein echtes Mittel zur Selbstbefähigung des Bürgers für die eigene Verwaltung von Gesundheitsdaten da. Aus dem Umstieg auf eine digital basierte Gesundheitsinfrastruktur werden neue Möglichkeiten für die Bürger geschaffen, eigenverantwortlich Daten zu speichern und zu verarbeiten. Dadurch wird eine demokratisch basierte Entwicklung gefördert, die den Nachteil des bestehenden Informationsgefälles im Gesundheitswesen zu Lasten des Bürgers vermindert.

Diesen Vorgang aktiv voranzutreiben, gehört aus unserer Sicht zum Selbstverständnis einer Stadt und zu ihren Kernaufgaben. Deshalb wird die Stadt als unmittelbar betroffener Lebensbereich der Bürger hierbei eine aktive und treibende Rolle bei der Umsetzung dieses Vorhabens einnehmen. Denn der Aufbau eines digitalen Gesundheitswesens muss in allen Politikbereichen und auf allen Ebenen des Staates als gemeinsame Aufgabe gesehen werden. Ein weiterer wichtiger Punkt ist das Thema Datensicherheit und Datenschutz im Gesundheitswesen, woraus sich eine Führungsrolle der Stadt ableiten lässt. Die Stadt, die ein eHealth-Portal in einem stadteigenen Portal integriert anbietet, schafft bei dem Bürger Vertrauen in den kompletten Ablauf der digitalen Gesundheitsprozesse.

Die Stadt übernimmt quasi die Qualitätssicherung, indem sie bei der Orchestrierung der Kooperationspartner sicherstellt, dass die Daten nur und ausschließlich im vereinbarten Kontext benutzt werden. Diese Aufgabe könnte sie durch eine Art „Trustcenter-Funktionalität" ausfüllen, indem sie alle sicherheitsrelevanten Funktionen und Verfahren hoheitlich selbst ausführt und diese nicht privaten Dienstleistungsunternehmen überlässt. Zu einem geringen Anteil ist die Stadt auch Besitzer von offenen gesundheitsbezogenen Daten, die sie in eine IT-Plattform integriert anbieten kann. Dazu gehören z. B. Pollenflugvorhersagen, Feinstaubbelastungswerte in den Innenstädten oder Übersichten von Zusatzstoffen in Lebensmitteln.

Insgesamt hat die Stadt ein großes Interesse daran, den Patienten zu stärken und damit in den beschriebenen Abläufen die Kosten zu senken und somit den eigenen Haushalt zu entlasten. Außerdem führt die Stärkung des Patienten in diesem Prozess zu einer gesünderen Gesellschaft und trägt damit insgesamt zu einer erhöhten Leistungsfähigkeit in Bildung, Forschung, Wirtschaft und Beschäftigung bei. Dies ist die Grundlage für eine prosperierende Gesellschaft und für mehr Lebensqualität des Bürgers.

7.5   Die digitale Gesundheitsplattform – kontextbasierte Datenverknüpfung

Wie schon beschrieben, sehen wir in einem Gesundheitsstadtportal die Möglichkeit, ein vollständig vernetztes Gesundheitsuniversum aufzubauen. Mit den innovativen digitalen Technologien sind dann die Abläufe in der Gesundheitsversorgung intelligent zu vernetzen. Der Ausgangspunkt ist der Bürger, der seine Gesundheitsakte im Portal einrichtet und über diverse Apps die Möglichkeit erhält, seine medizinische Versorgung zu verbessern. Eine smarte Gesundheitsversorgung sorgt dafür, dass die richtigen medizinischen Informationen zum richtigen Zeitpunkt verfügbar sind. Somit bekommt jeder Patient zu jedem Zeitpunkt die Gesundheitsversorgung, die er benötigt. Smart Health steht dann u. a. für schnelle Hilfe bei Notfällen, sinnvolle Präventionsmaßnahmen und integrierte Betreuung bei chronischen Krankheiten [SCHACH]

Die Anzeige und Verwaltung von Aktendaten sind Kernanwendungen einer digitalen Gesundheitsplattform. Die Technologie bietet dem Bürger über Apps die Möglichkeit, Einblick in die Inhalte seiner Gesundheitsakte zu nehmen sowie Daten einzutragen oder zu ändern. Das ganze Datenmodell beruht auf einem geschlossenen System, indem nur der Bürger über die Öffnung und Weiterverwendung seiner Daten entscheidet. Meist erfolgt dabei die Verknüpfung der Daten aus der bürgergeführten Akte mit einer beim Leistungserbringer geführten Patientenakte. Damit werden Informationen über die Gesundheit für den Bürger oder den Leistungserbringer noch vollständiger. Der Inhaber der bürgerzentrierten Gesundheitsakte hat den Vorteil, dass er seine Gesundheitsdaten in einem sinnvollen medizinischen Kontext und verbunden mit kompetenten medizinischen Erläuterungen über Apps präsentiert erhält. Der Anbieter der Dienstleistung hat unter anderem den Nutzen, dass er sein Vertrauensverhältnis zum Bürger intensivieren kann und damit eine hohe Wahrscheinlichkeit besteht, dass der Bürger künftige medizinische Dienstleistungen bei diesem Anbieter in Anspruch nehmen wird. Hausärzte und Krankenhäuser können über die IT-Plattform und der komfortablen Oberfläche ihre Aktivitäten zur Patientenbindung wirksam unterstützen. Weiterhin eröffnen sich Ansätze zur Verbesserung der Steuerung des Patientenverhaltens.

Prinzipiell unterstützen die Apps verschiedene Anwendungsfälle. Dabei setzen alle Apps auf der gleichen Datenbasis, der strukturierten Datenablage in der Gesundheitsplattform, auf. Die technische Basis einer Gesundheitsplattform bilden in Zukunft Cloud-Computing-basierte IT-Plattformen, die umfangreiche, individuell anpassbare Gesundheits-Apps zur Verfügung stellen. Es entsteht eine zentrale Plattform mit einem sich erweiternden Spektrum an Mehrwert-Diensten. So kann eine Applikation „B" Daten, welche durch eine Applikation „A" erfasst wurden, wiederverwenden. Diese Synergien zwischen den Applikationen lassen sich in den Gesundheits-Services in gleicher Weise erzielen. Serviceanbieter können so ihren Service durch Teilservices anderer Anbieter ergänzen.

7.5.1 Isolierte Apps

Viele Gesundheitsaktivtäten finden im persönlichen Umfeld statt. Deshalb ist nicht die Momentaufnahme beim Arzt entscheidend, sondern eine kontinuierliche Selbstbeobachtung durch den Patienten, welcher in Zukunft Therapien maßgeblich mitbestimmen könnte. Das Selbstmanagement der Gesundheit zeigt bereits gute Ergebnisse für Prävention und bei der Bewältigung von Krankheiten. Bei der Blutdruckkontrolle ist dies bereits heute der Fall. So sind Menschen zum Beispiel in der Lage, ihren Bluthochdruck leichter zu senken, wenn sie ihre Blutwerte selbst überwachen und auch die Dosis blutdrucksenkender Medikamente selbst anpassen. Auch der Bereich der sportlichen Betätigungen, oder Routineaktivitäten bei einer chronischen Erkrankung, wie z. B. Medikamenteneinnahme und regelmäßige Messung physiologischer Parameter, oder die Planung von Aktivitäten im Freien bei Bestehen einer Pollenallergie können die Bürger über Apps selbstverantwortlich steuern. Über das Gesundheitsportal werden so künftig immer mehr und neue Formen zur Beobachtung und Überwachung des Gesundheitszustands in den Alltag über Apps integrierbar. Eine automatische Datenübernahme aus Blutdruckmessgeräten, Waagen, Schrittzählern o. ä. in die Gesundheitsakte des Bürgers ermöglicht es, spezielle isolierte Apps zu erzeugen. Die erhobenen Daten werden in Verbindung mit den persönlichen Daten des Bürgers von entsprechenden Apps ausgewertet und graphisch dargestellt. Die Gerätehersteller haben daher ein hohes Interesse daran, dass ihre Produkte mit einer Gesundheitsplattform kompatibel sind. Der Bürger findet so ausreichend Produkte im Markt, die eine automatische Datenübertragung von erfassten Vitaldaten in seine Gesundheitsakte ermöglichen. So kann er seine eigenen Gewichtsziele über Monate anhand des App-Gewichtsmonitors über den zeitlichen Verlauf analysieren und auswerten.

7.5.2   Gebündelte Apps in Anwendungsszenarien

Kommen weitere Apps ins Spiel, ergeben sich neue Anwendungsszenarien. Erweitern wir das Beispiel von oben und ergänzen die Gewichtsmonitor- um die Jogging-App, so kann abhängig von absolvierten Trainingseinheiten zusätzlich in Verbindung mit einer individuellen Speiseplan-App ein umfassendes Fitness-Szenario entstehen. Diese Informationen sind dann wieder für den Bürger in der Kommunikation mit den Krankenkassen von besonderer Bedeutung, indem diese z. B. für bestimmtes Trainingsverhalten eine Rückerstattung von Beiträgen veranlassen. Die Stadt könnte den Bürgern auch Apps anbieten, indem sie z. B. bestimmte Geräte von öffentlichen Laufparcours durch Sensoren digitalisiert und diese dann das Trainingsverhalten in einer App automatisch speichern. Auch die Luftverschmutzung oder die Wetterdaten könnten über die Stadt bereitgestellt werden, um die Funktionalität in unserem Beispiel weiter zu erweitern. Die Stadt agiert dabei durch die IT-Plattform offen und konstruktiv, um möglichst viele Kooperationspartner für die Plattform zu gewinnen.

Bei der Umsetzung sind neben den Apps vor allem die mobile Kommunikation und die intelligenten Endgeräte wie z. B. Smart Tablets von Bedeutung. Immer mehr Krankenhäuser testen bereits das Arbeiten mit mobilen Systemen wie Tablet-PCs, Smartphones oder eben iPads. Der schnelle Zugriff auf Patientendaten entlastet die Ärzte und kann mehr Qualität in die Pflege bringen. Der Tablet-PC ist handlich und lässt sich überallhin mitnehmen. Außerdem sind die Systeme intuitiv bedienbar und aufgrund des geringen Gewichts überall mitnehmbar [STA]. Bei der Nutzung von Apps zur Bildung eines Gesundheitsdokumentations-Szenarios sind folgende Apps bündelbar: Arztbriefe, Krankengeschichten, Befunde, Labor- und OP-Berichte, Pflege- oder Verwaltungsdokumente, Blutspenden, Medikamenteneinnahmen etc. Das iPad oder Tablet kann die Daten als Bild-, Film-, Ton- oder

Textdateien abspielen und anzeigen. Loggen die Mediziner sich bei Dienstbeginn auf ihrem Gerät ein, haben sie einen Überblick über alle Neuigkeiten wie etwa neue Aufnahmen oder Untersuchungsergebnisse. Die Verfügbarkeit von Röntgen-bildern oder anderen Befunden und deren Aufbereitung in verständlichen Über-sichten hilft dem medizinischen Fachpersonal, Diagnosen und Therapien besser zu erklären, was wiederum zu erhöhter Akzeptanz beim Patienten führt. Auch führt der Einsatz dieser mobilen Kommunikation in Echtzeit dazu, dass deutliche Zeit-gewinne in den administrativen Abläufen geschaffen werden.

Wenn ein Arzt aus der Operation kommt, wartete früher ein enormer Administra-tionsaufwand auf ihn. Dazu gehörte es, Befunde durchzusehen und abzuzeichnen. Ohne eine Integration in eine zentrale IT-Plattform entstehen außerdem Informati-onslücken, was wiederum die Entscheidungskompetenz verringert. Früher muss-ten dann zeitaufwendige Absprachen mit Kollegen durchgeführt oder Befunde neu angefordert oder im schlimmsten Fall musste der Patient mehrmals untersucht werden. Durch den Einsatz der digitalen Technologie entsteht ein enormes Poten-zial an Zeit und Budgeteinsparungen, welches im Klinikalltag bekanntlich ein knappes Gut ist.

7.5.3   Komplette Anwendungswelten:

Im nächsten Evolutionsschritt erfolgt die Bildung von Anwendungswelten: Ge-bündelte Apps und Stand-alone-Apps werden zu kompletten Anwendungsszena-rien zusammengeführt. Ärzte und Krankenhäuser können Zugriff auf zusätzliche Daten erlangen, die ihre Patienten zu Hause erfassen. Damit können sie Anamne-sen verbessern, ihre Entscheidungen fundierter treffen und Prozesse z. B. zur Pati-entenaufnahme vereinfachen. Hat der Arzt umfassende Informationen über medi-zinische Besonderheiten wie Allergien stets parat, lassen sich Behandlungsfehler reduzieren oder schlichtweg ganz vermeiden. Durch den Vergleich mit der Medi-kamentenhistorie des Patienten sind auch Überdosierungen oder unerwünschte Wechselwirkungen weniger wahrscheinlich. Da die Daten jederzeit über das Inter-net abrufbar sind, geht auch bei Überweisungen keine Information verloren.

Ein weiteres interessantes Beispiel ist der typische Gesundheitszustand eines heute in Europa lebenden 75-jährigen Mannes: Der Patient ist übergewichtig, hat Blut-hochdruck und darüber hinaus durch eine ungesunde Lebensweise wie Rauchen oder einseitige Ernährung noch Altersdiabetes bekommen. Seine Gesundheitssitu-ation macht ihn weitgehend immobil. In einer App-gesteuerten Use Story könnte er in diesem speziellen Fall seine Blutwerte selbst durch handliche, mobile Blutzu-cker- und Blutdruckmessgeräte über eine App erfassen. Sein Hausarzt kann wie-derum diese Daten über die gemeinsame Plattform via einer App nutzen und ge-meinsam mit Labors analysieren und bewerten. Sollten sich die Werte verschlechtern, kann der Hausarzt über die App gezielte Maßnahmen ergreifen. Im Notfall könnte er sogar den Rettungsdient alarmieren und die Daten an den Notarzt weiterleiten. Damit wird erreicht, dass der Patient nicht in seiner Mobilität eingeschränkt ist. Vielmehr erhält er von jedem Ort und zu jeder Zeit über einen App-basierten Workflow quasi die gleiche Unterstützung, als ob er zuhause wäre [DIERKS].

7.5.4   Die Werteflüsse im Überblick

Die Attraktivität einer solchen Gesundheitsplattform liegt in der Nutzerfreundlichkeit und der über die Zeit wachsenden Datenbasis, die im beschriebenen Rahmen unter Berücksichtigung der zentralen Rolle des Bürgers und der gesetzlichen Regelungen als Open Data verwertbar sind. Die Grundlage bildet das in Kapitel 5 beschriebene datenzentrierte Geschäftsmodell und die Erbringung von mobilen Diensten für die Bürger in Form von verbundenen Apps zu vielfältigen Anwendungswelten.

Zur Nutzung der Apps bezahlen die Bürger eine relativ geringe Gebühr. Im Fitness- und Wellnessbereich zeigt es sich, dass Bürger bereit sind, für neue Möglichkeiten und zusätzlichen Nutzen zu bezahlen. In anderen Bereichen kann die Finanzierung von Anwendungen über Sponsorenmodelle erfolgen, z. B. wenn ein Arbeitgeber im Rahmen seines betrieblichen Gesundheitsmanagements Anwendungen und Geräte zur Verbesserung von körperlicher Aktivität für seine Mitarbeiter finanziert.

Krankenversicherungen profitieren in zweierlei Hinsicht von einem bürgerzentrierten eHealth-System. Zum einen können sie ihre Versicherten dabei unterstützen, mit eigenen gesundheitlichen Aktivitäten Krankheiten vorzubeugen oder mit gesundheitlichen Einschränkungen, z. B. chronischen Erkrankungen, einfacher zu leben. Das erhöht die Lebensqualität der Betroffenen. Zum anderen profitieren Krankenversicherungen von der Möglichkeit, Abläufe in organisationsübergreifenden Prozessen optimieren zu können. Große Chancen bieten sich auch für Reha-Kliniken oder Gesundheits- und Wellness-Unternehmen wie etwa Fitnessstudios. Sie können ihren Kunden vernetzte Lösungen mit vielseitigen Benutzerfunktionen an die Hand geben, mit denen diese ihre gesundheitliche Entwicklung besser nachverfolgen und Fortschritte kontrollieren können. Das stärkt nicht nur die Prävention, sondern auch die Motivation.

Die kontextbasierte Verknüpfung von Daten ist in diesem Anwendungsfall schwieriger darstellbar, da die Gesundheitsdaten einen extrem sensiblen Bereich der Bürger widerspiegeln. Grundsätzlich ist es aber möglich, dass z. B. Pharmaunternehmen ein großes Interesse an den verfügbar dokumentierten Medikamentendaten in einer Gesundheitsplattform haben. Eine anonymisierte Auswertung dieser Daten für den weiteren Verlauf der eigenen Forschungsarbeiten wäre möglich und die Unternehmen wären sicher bereit, in diese Daten zu investieren. Auch besteht die Möglichkeit, Versicherungen, Wellness-Akteuren und Reiseanbietern zusätzliche Einnahmen zu generieren. Die Nutzerakzeptanz spielt hier generell eine wesentliche Rolle. Berührungsängste müssen abgebaut und die Komplexität für den Nutzer reduziert werden. Ziel ist es, dass die Apps verständlich, einfach zu bedienen, sicher und verlässlich sind. Ein besonderes Augenmerk muss daher auf die spezielle Interaktion zwischen älteren Bürgern, Technik und Dienstleistungen gelegt werden.

Womöglich ist die deutsche Sicht auf diesen Markt zu restriktiv und andere Städte in anderen Ländern wären eher zu solchen datenorientierten Geschäftsmodellen bereit.

Die Einnahmenseite der Stadt beruht also daher erstmals auf:

- Werbeklicks und Bannerwerbung der beteiligten Gesundheitsanbieter,
- Umsatzteilungen über die Integration von Partner-Apps,
- Leasing der IT-Plattform an andere Städte,
- kostenpflichtigen Apps.

Die Kosten für den Aufbau eines Stadtportals setzen sich aus Sicht der Stadt aus folgenden Komponenten zusammen:

- Lizenzen an Anbieter der Standard-Cloud-Computing-Plattform-Lösungen,
- Kosten für die Erstellung von Applikationen, Vertikalisierung der Cloud-Computing-Plattformen und Hosting der IT-Infrastruktur,
- Personalkosten korrelierend zum Automatisierungsgrad,
- Partnermanagement mit einem Internetsuchmaschinen-Anbieter,
- Integration von Partner-Apps.

In unseren Berechnungen über die Wirtschaftlichkeit der IT-Plattform haben wir über einen Betrachtungszeitraum von drei Jahren folgende Daten zugrunde gelegt:

Es wird von einer europäischen Großstadt mit rund 700.000 Einwohnern ausgegangen, mit einem geschätzten Potenzial von 20 % der Einwohner, die bereit wären, die IT-Plattform zu benutzen. Die Zahl der bezahlbaren Apps steigt im ersten Jahr von 12 auf 29 im dritten Jahr. Die Kosten für die App-Entwicklung belaufen sich auf 30.000 Euro per App. Der Preis zur Nutzung ist mit maximal 0,99 Euro geschätzt. Die Nutzung der Apps ist über die drei Jahre mit einem steigenden Prozentsatz kalkuliert, da die Akzeptanz über die Jahre steigt. Die Berechnung des Aufkommens auf den Websites und die Einnahmen, die durch Werbung und Klicks generiert werden, basieren auf 1,4 Millionen Besuchern.

Es zeigt sich, dass eine Stadt als Anbieter einer Gesundheitsplattform bereits im ersten Jahr einen positiven EBIT-Betrag erwirtschaften kann. Dies liegt vor allem an den relativ geringen Anfangsinvestitionen. Mit dem Aufbau einer IT-Plattform entstehen aber auch für die unterschiedlichen Partner im Gesundheits-Öko-System umfangreiche Möglichkeiten, Kosten zu senken. Dem Bürger entstehen unerhebliche Zusatzkosten, welche im Verhältnis zu dem Nutzen aber leicht verkraftbar sind.

Je offener und attraktiver die IT-Plattform wird, umso mehr Anbieter werden versuchen, ihre Angebote auf der Plattform zu positionieren. Es entsteht eine wirtschaftliche Dynamik zum Nutzen der Stadt und der Bürger. Über das Gesundheitsportal der Stadt werden so völlig neue zusätzliche Einnahmen und Wertströme möglich, an denen die Stadt als Provider der IT-Plattform partizipieren kann. Innovative Unternehmen und Bürger erhalten außerdem die Möglichkeit, über die Plattform Gesundheits-Communities zu bilden. Dadurch erhalten die betroffenen Bürger eine Plattform, um sich regelmäßig auszutauschen und gemeinsam mit den Mitgliedern der Community eigene Apps für ihre Belange zu entwickeln und zu positionieren

7.6   Smart-Mobility-Infrastrukturen für ältere Bürger im Kontext einer Gesundheitsplattform

Aber wie können nun weitere Anbieter in dieses Geschäftsmodell integriert werden und in welcher Form sind abgeleitete Anwendungsszenarien möglich, die die Stadtinfrastrukturentwicklung insgesamt positiv fördern? Krankenkassen, Fitnesscenter, Apotheken oder andere Gesundheitsanbieter profitieren von den vernetzten Möglichkeiten, die die Gesundheitsplattform schafft. Aber sie haben auch ein eigenes Interesse daran, dass vor allem die älteren Bürger lange mobil bleiben und am gesellschaftlichen Leben nicht zuletzt als Konsument teilhaben können.

Ältere Menschen müssen deshalb trotz nachlassenden allgemeinen körperlichen Fähigkeiten, wie Einschränkungen des Bewegungsapparates und der Sinnesorgane, durchgängig und verlässlich selbstständig von zu Hause bis zum Zielort gelangen können. Die Stadt und die Gesundheitsanbieter können aus den Werbeinnahmen der Gesundheitsplattform und durch die App-Einnahmen einen Teil davon in den Aufbau einer Mobilitätsinfrastruktur für Ältere reinvestieren. Diese Angebote könnten eigene ePedelec-Flotten oder spezielle Pick-up-Services umfassen. Durch das Zusammenspiel von gezielten Mobilitätsangeboten können ältere Menschen besser und zielgerichteter in ihrer Mobilität unterstützt werden.

Gesundheitsanbieter könnten mit eigenen Mobillösungen eine größere Kundenbindung erreichen. Eine Reha-Klinik mit einem eigenen Mobilitätsdienstleistungsangebot für kranke und ältere Menschen erhöht ihr Serviceangebot und stärkt so ihre Wettbewerbsstellung. Fitnesscenter können mit Angeboten für Ältere werben wie z. B. Wassergymnastik und die Mobilität zur Teilnahme an dieser Veranstaltung organisieren und finanzieren. Denkbar sind auch spezielle Mobilitätsangebote wie Apps von Kaufhauspassagen, die damit über die IT-Plattform ältere Mitbürger dazu motivieren, speziell ihre Einkaufswelten zu besuchen. Apotheken, die Messstationen für Blutdruck vor Ort anbieten, erhöhen die Attraktivität und die Bereitschaft, diese Mobilitätsangebote zu nutzen.

Die Nutzung von Mobilitätsdienstleistungen und Produkten könnten dabei über die eHealth-Plattform aus völlig unterschiedlichen Bestandteilen nahtlos zu einer individuellen Mobilitätskette zusammengestellt werden: öffentlicher Nah- und

Fernverkehr, Individualverkehr auf Basis von ePedelecs und eCars, alltägliche Mobilitäts-Services durch Dienstleister (u. a. Beförderung zum Einkauf, zu Behörden oder zum Arzt) und Freizeitmobilität (u. a. Besuche von Veranstaltungen und Ausstellungen, Naherholung und Fernreisen).

7.7 Smart Buildings für ältere Bürger im Kontext einer eHealth-Plattform

Bei Smart Buildings handelt es sich um Gebäude, die unter Einsatz durch IKT-gestützten Technologien entworfen, gebaut oder betrieben werden. Ein wesentliches Ziel von derartigen smarten Gebäuden besteht darin, im ersten Schritt eine energetische Effizienzsteigerung in allen Stufen des Lebenszyklus zu erreichen. Zunehmend kristallisieren sich jedoch gerade im privaten Umfeld weitergehende andere Anwendungsformen aus Sicht der Bewohner heraus, die auf dem in Kapitel 4 beschriebenen, so genannten Ambient-Intelligence-Funktionen, basieren. Im Wesentlichen werden dabei grundsätzlich folgende Ziele adressiert:

- Bürger dabei zu unterstützen, gesund, sicher und zufrieden zu leben,
- Bürger in die Lage zu versetzen, zahlreiche Tätigkeiten automatischer ausführen zu können,
- Bürger in die Lage zu versetzen, Hausarbeit, Arbeitsleben, Lernaktivitäten und Freizeitaktivitäten miteinander in Einklang zu bringen.

In modernen Gebäuden werden heutzutage über die M2M (Machine-to-Machine)-Infrastrukturen vernetzte, elektrische Geräte installiert, die Heizungen regeln, Jalousien nachführen und die Beleuchtung steuern. Die IT-Funktionen sorgen dafür, dass die notwendigen Funktionen für den Anwender quasi automatisch bereitgestellt werden. So z. B., indem die Heizung beim Verlassen des Gebäudes ausgeschaltet wird. Damit wird dem Bewohner eine vertraute, menschliche Bedienung seiner häuslichen Umgebung möglich. Die gesamte Komplexität der dahinter liegenden Systeme bleibt dem Anwender aber verborgen.

Im Zusammenhang mit einer eHealth-Plattform werden neue Anwendungsbereiche und altersgerechte Assistenzsysteme für die Gebäudeautomation hinzu kommen, die automatisch und aus der Ferne anwendbar sind: Notruffunktionen, Telemedizin in Verbindung mit Messung von vitalen Gesundheitswerten, wie Blutdruck sowie Sensortechnik zur automatisierten Bereitstellung von Hilfe- und Versorgungsleistungen. Vorstellbar sind auch biometrisch basierte Regel- und Zugangssysteme, die gerade für Demenzerkrankte einen erheblichen Sicherheitsgewinn darstellen. Türen in kompletten Wohnanlagen zu Garagen oder Waschkellern könnten z. B. über Stimm-Merkmale schlüssellos geöffnet werden. Die lokalen Gemeinden haben nun die politische Aufgabe, neue Wege der Finanzierung zur Umsetzung von altersgerechtem Wohnen zu beschreiten. Dafür ist unserer Meinung nach ein übergeordnetes Zusammenarbeiten, z. B. gemeinsam mit lokalen

Immobilienfirmen, Krankenkassen und öffentlichem Nahverkehr, erforderlich. Eine eHealth-Plattform könnte in diesem Zusammenhang ein erster Einstieg sein, um die Finanzierung mithilfe von digitalen Diensten sicherzustellen. Über die IT-Plattform vernetzen sich alle Beteiligten im Sinne ihrer Bewohner, siehe Abb. 7.3.

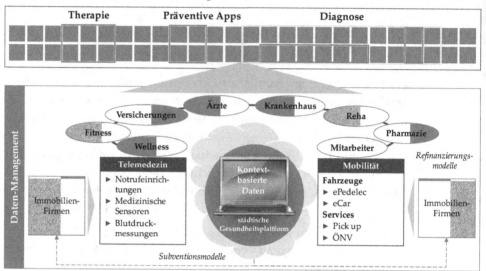

Abb. 7.3: Das Zusammenspiel unterschiedlicher Gesundheits-Apps

Ambulante Dienste, Wohnungsbaugesellschaften, Kommunen, soziale Einrichtungen und Nachbarschafts-Initiativen könnten über eine derartige eHealth-Plattform durch die Bereitstellung von Apps-optimierten eServices wie z. B. Wohnungsreinigung, Haushaltshilfen, Wäschedienst, Restaurant- bzw. Cafeteria-Bereich, Mahlzeiten oder Essen auf Rädern, kleine Handwerkerdienste, Einkaufsdienste, Botengänge, Fahr-, Bring- und Begleitdienste, Freizeitangebote, Notrufeinrichtungen, telemedizinische Unterstützungssysteme bzw. integrierte biometrische Zugangssysteme anbieten. Der wesentliche Vorteil besteht in dem unmittelbaren Geldrückfluss für die Investoren. Dadurch können z. B. Wohnungsbaugesellschaften ihre Investitionen für Gebäudesysteme über Apps und Werbeeinahmen weitere Einnahmen refinanzieren und über zusätzliche Services möglichen Leerständen vorbeugen. Krankenkassen wiederum können in Zusammenarbeit mit Gemeinden und Wohnungsbaugesellschaften durch Investitionen in altersgerechte Assistenzsysteme diese über Kostenreduzierungen refinanzieren. Daneben können über Werbung mit Apotheken oder Pharmakonzernen zusätzliche Einnahmen generiert werden.

Die so geschaffene soziale Infrastruktur ermöglicht den Aufbau eines Geschäftsmodells auf Basis einer personalisierten eHealth-Plattform mit unterschiedlichen Systemen der Gebäudeautomation. So erhalten ältere und hilfsbedürftige Menschen durch auf ihre Bedürfnisse zugeschnittene Dienste einen bezahlbaren Mehrwert.

7.8   Fazit

Insgesamt zeigt sich, dass das Anwendungsspektrum für eine bürgerzentrierte Gesundheitsplattform enorm ist. Auch wenn die Stadt nur eine begleitende Funktion in diesem Markt hat, kann sie über ihre hoheitliche Stellung wesentlich dazu beitragen, dass eine breite Umsetzung möglich wird und den Bürger auf den Weg zum informierten Patienten aktiv begleiten. Für die Zukunft lässt sich erkennen, dass ein digitales Gesundheitswesen Vorteile in erster Linie für den Bürger selbst bringt. Es zeigt aber auch, dass die Erbringer von Gesundheitsdienstleistungen aus dem ersten und zweiten Gesundheitsmarkt sowie die Krankenversicherungen vielfältige Vorteile aus der Umsetzung dieses Systems hätten.

Die digitale Entwicklung von Informations- und Kommunikationstechnologien ist mittlerweile soweit vorangeschritten, dass Lösungsmöglichkeiten für den Aufbau einer digitalen Gesundheitsplattform reell sind. Die Datenschutzbestimmungen müssen bei der technischen Umsetzung umfassend berücksichtigt werden. Der Entwicklung hin zu einem bürgerzentrierten Gesundheitswesen, bei dem sich der selbstbestimmte Bürger im Mittelpunkt befindet, ist daher technisch und rechtlich möglich. Im Ergebnis überwiegen die Chancen die Risiken bei der Umsetzung eines bürgerzentrierten Gesundheitswesens bei Weitem. Ein modernes Gesundheitswesen wird die Lebensqualität in einer Stadt wesentlich erhöhen. Man darf daher der weiteren Entwicklung hoffnungsvoll entgegenblicken.

8 In der smarten Zukunft moderner Städte entfaltet sich integrierte Urbanität

„Mehr als die Vergangenheit interessiert mich die Zukunft,
denn in ihr gedenke ich zu leben." (Albert Einstein)

Die Transformation von Städten in moderne und damit smarte Städte ist an erster Stelle ein analoger Prozess, der von bürgerschaftlichem Engagement abhängig ist. Die Veränderungen einer Stadt betreffen immer und zuerst die Lebensbereiche der Bürger in den unterschiedlichen Stadtvierteln. Erst wenn es gelingt, bürgerschaftliches Engagement zu mobilisieren, ist die Grundlage für die Entwicklung einer Smart City gelegt. Dies hat mit der Entwicklung und Einführung innovativer Technologien erstmals gar nichts zu tun.

8.1 Bürgerschaftliches Engagement

Am Beispiel der Stadt Schwäbisch Gmünd in Baden-Württemberg und den dort organisierten Staufertagen lässt sich eindrucksvoll aufzeigen, wie bürgerschaftliches Engagement entstehen kann. Die Bürger sind bereit, Kosten und Zeit in Projekte zur Organisation der Staufertage zu investieren, mit denen sie sich identifizieren können [SCHWÄ3]. So lautet der Slogan der Stadt Schwäbisch Gmünd zur Organisation der Staufertage auch treffend: „Jeder engagiert sich in dem Bereich, in dem er Spaß hat, in dem er Kompetenzen vorweist, und in dem er sich gerne einbringt [SCHWÄ1]." Hier wird der Mitmach-Charakter sehr deutlich in den Vordergrund gestellt. Worum geht es bei diesem bürgerschaftlichen Engagement? Vom 29. Juni bis 8. Juli 2012 standen in Schwäbisch Gmünd die Staufer im Mittelpunkt. Angelehnt an das historische Ereignis der Stadtgründung während der Regierungszeit des Staufergeschlechts wurde auf dem Johannisplatz die Staufersaga als Schauspiel mit rund 1000 Mitwirkenden aufgeführt [SCHWÄ1]. Interessierte Bürger hatten die Gelegenheit, sich in folgenden Gruppen zu engagieren: Organisations-Team, Gewandmeisterei, Fahnenschwinger, Historische Musikgruppe, Historische Tanzgruppe, Katapult-Team, Schwertkämpfer, Recherchegruppe usw. Die Bürger schlossen sich zu Gruppen zusammen, arbeiteten und fertigten die Gewänder an, fertigten Hüte und konstruierten mittelalterliche Waffen.

Bis zu 1000 Ehrenamtliche haben sich zusammengefunden, um die Staufersage lebendig werden zu lassen. Die Bürger sind gerne bereit, freiwillig Kosten und Kompetenzen einzubringen. Ein entscheidender Faktor war sowohl die Vision und die Führung dieser Initiative. Die Vision, dass die Staufersage in Schwäbisch Gmünd von der Bevölkerung entwickelt und umgesetzt werden soll, entsprang einer Idee der Bürger und des Oberbürgermeisters Richard Arnold. Dieser hat auch die Führung der Initiative übernommen und damit über die Projektlaufzeit für Glaubwürdigkeit gesorgt. Dies hat sicherlich auch mit seiner großen Beliebtheit in der Bevölkerung zu tun. Aber der Oberbürgermeister traf mit seiner Idee auch auf fruchtbaren Boden. So schreibt er auf seiner Web-Seite selbst über Schwäbisch Gmünd: „Der Mut zu Neuem, Kreativität und Offenheit ist an vielen anderen Stellen zu spüren. In den kleinen ‚Ideenschmieden' für die Automobil- und Maschinenbauindustrie, im Sport, bei der Integration von Menschen, die nicht in Schwäbisch Gmünd geboren sind, und an vielen anderen Stellen mehr. So ist es auch nicht erstaunlich, dass Schwäbisch Gmünd inzwischen in Baden-Württemberg eine der Modellstädte für Elektromobilität geworden ist. Eines freilich zeichnete die Gmünderinnen und Gmünder schon immer aus: Ihr außergewöhnliches bürgerschaftliches Engagement, ihr ganz selbstverständlicher Einsatz für die Allgemeinheit, ihr Zugang zum Ehrenamt und zur Geselligkeit [SCHWÄ2]." Diese Faktoren begünstigen bürgerschaftliches Engagement und ermöglichen die Identifikation mit städtischen Initiativen.

An diesem Beispiel lässt sich erkennen, dass bürgerschaftliches Engagement primär ein analoger Vorgang ist, der auch mit Kosten und Einsatz von Bürgern verbunden sein kann. Dies lässt sich aber nicht amtlich verordnen oder von einem Großunternehmen einfordern. Denn dann empfinden die Bürger die Smart City nicht als Gemeinschaftsunternehmen, sondern als Werbemaßnahme eines Unternehmens. So ist es bei dem T-City-Projekt in Friedrichshafen eingetreten [HATZELHOFFER01]. Erst wenn diese Grundlage vorhanden ist, können Smart-City-Initiativen langfristig erfolgreich sein. Daher gilt auch grundsätzlich, dass die öffentlichen Interessen von Entscheidungsträgern hinsichtlich urbaner Veränderungen mit den persönlichen Interessen der Bürger vereinbar sein müssen [MANDL].

Prinzipiell lässt sich festhalten, dass das bürgerschaftliche Engagement der Ausgangspunkt von Smart-City-Initiativen, zumindest in gewachsenen Stadtinfrastrukturen, bildet. Auch die Vision sollte von der Stadt und den Bürgern in einem ersten Schritt gemeinschaftlich formuliert und dann um wirtschaftliche bzw. wissenschaftliche Aspekte ergänzt werden.

8.2   Die Führung von Smart-City-Initiativen

Bezüglich der Führung von Smart-City-Initiativen kann das Beispiel der Stadt Gmünd herangezogen werden. Die Führung geht von der Stadt und dessen Vertreter, dem Oberbürgermeister, aus. Dieser begleitet das Vorhaben über die gesamte Laufzeit. Dieses Prinzip kann man auch auf Smart-City-Initiativen übertragen. Ein weiteres Beispiel ist das bereits genannte „Wir sind mehr", ein auf eine Partizipationsplattform basiertes Smart-City-Projekt in Wien, getragen von dem Wiener Oberbürgermeister, Dr. Michael Häupl. Dieses IT-Plattformprojekt wird von der

Bevölkerung in den unterschiedlichen Stadtbezirken sehr gut angenommen und hat eine hohe Glaubwürdigkeit, da der Oberbürgermeister als Vertreter der Stadt dahinter steht. Das die Technologie realisierende Unternehmen tritt in den Hintergrund.

Die neuen Technologien dürfen nicht im Vordergrund stehen. Vielmehr sollten konkrete Mehrwerte, der Nutzen für die Bürger und Geschäftsmodelle in den Fokus rücken. Abgeleitet aus der Vision werden mit allen Akteuren Ziele und konkrete Einzelprojekte, orientiert an der Lebensrealität der Bürger und den Nutzeranforderungen, formuliert. Der Stadt kommt bei der Umsetzung eine zentrale Rolle zu, da diese für die Glaubwürdigkeit der Initiativen steht. Über die gesamte Laufzeit sind die Bürger, die zu Smart Citizens werden sollen, in die Planung und Umsetzung der Smart-City-Einzelprojekte aktiv miteinzubeziehen. Es muss eine Mitmach-Mentalität entstehen, die nur über das Mitwirken bei Einzelprojekten erzeugt werden kann. Auch hier steht nicht die Technologie im Vordergrund, sondern die Dienste und der Nutzen für den Bürger. Gleichsam sind an zahlreichen Orten der Stadt Begegnungsstätten des Erlebens einer Smart City im jeweiligen Stadtbezirk in Form von Präsentationscontainern mit Interaktionsmöglichkeiten – vergleichbar dem Beispiel der HotCity Luxemburg – zu etablieren.

Es ist wichtig, dass der Bürger in ständigen Dialog mit den Akteuren der Smart-City-Initiative treten kann. Dies ist auch eine zentrale Erkenntnis aus dem T-City-Projekt in Friedrichshafen. Hier wurde es versäumt, ein e-Partizipationsprojekt erfolgreich zu etablieren [HATZELHOFFER01]. Damit könnten Themen für eine relevante Anzahl an Bürgern mit der Stadt oder dem IT-Service-Provider diskutiert und Ideen ausgetauscht werden. Dies lässt sich mit den modernen Social-Media-Technologien effizient und transparent gestalten. Die Ergebnisse dieser Projekte können zu Erkenntnissen führen, die eine wesentlich höhere Chance auf eine nachhaltige Verankerung in der Lebensrealität der Bürger haben. Dazu muss sich die Stadt in ihrer Mentalität bewegen und diese konstruktiven Partizipationsmöglichkeiten der Bürger analog und digital zulassen bzw. aktiv fördern. Bei der e-Partizipation wird das Prinzip des Crowd Sourcings angewendet, bei dem es sich nach der Definition von Nicole Martin, Stefan Lessmann und Stefan Voß: „um eine interaktive Form der Leistungserbringung handelt, die kollaborativ oder wettbewerbsorientiert organisiert ist und eine große Anzahl extrinsisch oder intrinsisch motivierter Akteure unterschiedlichen Wissensstands unter Verwendung moderner IuK-Systeme auf Basis des Web 2.0 einbezieht" [MAR03]. Zudem bezeichnet der Begriff Crowd Sourcing auch das Insourcing von Ideen [GASSMANN]. Der darauf folgende gemeinsame Entscheidungsprozess ist ausschlaggebend, indem alle Akteure einer Smart-City-Initiative eingebunden werden müssen.

So könnten in der Folge durch spezifisch wirtschaftliche Milieus, innovative Stadtplanung und soziale Netzwerke wichtige Synergien und Spill-Overs entstehen. Die daraus resultierenden technologischen Innovationen und Geschäftsmodelle mit passenden digitalen Diensten könnten die Städte auf nationalen und internationalen Märkten besonders wettbewerbsfähig machen [ACA].

8.3   Handlungsempfehlungen für die Praxis

Da bei Smart-City-Initiativen die Lösungen integriert und hochvernetzt sind, betreffen diese sämtliche Lebensbereiche der Bürger einer Stadt. Hierzu ist ein koordiniertes Vorgehen aller Akteure einer Smart City erforderlich. Die vertikale Machtverteilung in Deutschland stellt hier eine besondere Herausforderung dar. Es bedarf der Etablierung von Entscheidungsprozessen, in denen alle Akteure einer Smart-City-Initiative (öffentlich und privat) eingebunden sind. Es besteht der Bedarf nach generischen Konzepten für Governance-Strukturen der Städte, die dazu individuell parametrisiert sind [ACA].

Folgende Handlungsempfehlungen geben eine Orientierung bei der Umsetzung von Smart-City-Initiativen. Sie sind das Ergebnis zahlreicher, weltweit durchgeführter Smart-City-Initiativen:

- Entwicklung eines strategischen Plans zur Umsetzung einer Smart-City-Initiative. Die Migration zu einer modernen Stadt erfolgt dabei in aufeinander aufbauenden Phasen.
- Etablierung einer marktorientierten Richtung, um eine produktive Balance zwischen öffentlichen und privaten Interessen zu erzielen.
- Einführung einer einzelnen, umfassenden Struktur zur Koordination der Overall-Umsetzung.
- Einführung einer fortschrittlichen, gemeinsamen und wettbewerbsfähigen Kommunikations- und Informationsinfrastruktur in Zusammenarbeit mit dem privaten Sektor.
- Begünstigung integrierter Applikationen und Pilot-Projekte zu einem sehr frühen Zeitpunkt einer Smart-City-Initiative.
- Gewährleistung einer umfassenden öffentlichen Bekanntmachung einer Initiative. Schulung und Training von Bürgern, aber auch den Mitarbeitern der Verwaltung in den Stadtteilen.
- Entwicklung von Allianzen mit Schlüssel-Partnern/ Investoren und Begünstigung konstruktiver Partizipation aller Akteure [PEL].

Die Forscher um Lena Hatzelhoffer et al kommen in der Untersuchung des fünf Jahre laufenden Projekts T-City zu folgenden Schlussfolgerungen:

- Für erfolgreiche Smart-City-Projekte bedarf es der Einbindung in lokale Besonderheiten und der Schaffung von übertragbaren und vielseitig nutzbaren Lösungen.
- Es ist eine Vision notwendig, die den Sinn einer Smart City über konkrete und erfahrbare Einzelprojekte für den Bürger erlebbar werden lässt.

- Erst dann kann eine breite Identifikation mit der Smart-City-Idee bei den Bürgern erreicht werden. Dies ist für eine nachhaltige Verankerung in der Lebenswelt der Bürger unabdingbar.
- Alle Akteure einer Smart-City-Initiative, die an der konkreten Umsetzung beteiligt sind, sollten ihre Rollen, Ziele und gegenseitigen Erwartungen formulieren und kontinuierlich einer Überprüfung unterziehen [HATZELHOFFER01].

8.4   Fazit

Die etablierten, gewachsenen Städte stehen vor immensen Herausforderungen hinsichtlich der Modernisierung ihrer Infrastrukturen. Die heute in den meisten Städten vorhandenen Infrastrukturen sind für die modernen Anforderungen urbanen Lebens nicht oder nur unzureichend geeignet. Wenn wir in Europa weiterhin in prosperierenden und eine hohe Lebensqualität bietenden Städten wohnen wollen, dann müssen sich die Bürger und die Städte hinsichtlich der Chancen moderner Technologien in ihrer Mentalität ändern. Die Bürger in den aufstrebenden Städten der Wachstumsregion in Asien experimentieren bereits mit den neuen Technologien, um das urbane Leben neu zu gestalten. Damit erzeugen sie Wettbewerbsvorteile im internationalen Wettbewerb zwischen den Städten. Die neuen, alle Handlungsfelder einer Stadt umfassenden Technologien in Form von auf Smart-City-Apps basierenden Community-Plattformen, erzeugen ein intelligentes Öko-System bzw. eine intelligente Umwelt. Dadurch werden neue Formen von Mobilität, Gesundheitsmanagement oder Energieerzeugung und -verteilung und vieles mehr möglich, die eine moderne Stadt erst smart machen.

Eine notwendige Voraussetzung ist ein aktiver Bürger, der konstruktiv an der Weiterentwicklung der Stadt mitarbeiten will. Dafür ist eine Offenheit gegenüber neuen Technologien bzw. dem Neuen an sich notwendig. Quasi spiegelbildlich dazu müssen sich die Stadtverwaltungen ändern. Sie müssen aktive Partner und Entwickler neuer Daten-Management-Modelle und Betreiber von Smart-City-Plattformen werden, die aktiv den Dialog mit dem Bürger, der Wirtschaft und der Wissenschaft führt. Damit erzeugen die Stadtverwaltungen eine neue Transparenz hinsichtlich öffentlicher Dienstleistungen und führen aktiv die Entwicklung digitaler nutzbringender Dienste für den Bürger. Es findet unter der Führung der Städte eine konstruktive Interaktion zwischen allen Akteuren einer Smart City statt. Dies unter besonderer Berücksichtigung der Anforderungen und Lebensbereiche der Bürger, die ihrerseits konstruktiv an der Transformation der Städte hin zu smarten Städten mitwirken. Erst dann können sie sich mit den neuen digitalen Diensten identifizieren und diese in ihren Lebensalltag integrieren. Dann entsteht parallele Urbanität: die reale Welt wächst mit der digitalen Welt zusammen.

Glossar

Active Optical Network (AON): Glasfasernetze, die – im Gegensatz zu den Passive Optical Networks (PON) – auch aktive Komponenten wie Switches, Router oder Multiplexer enthalten. Dadurch können größere Bandbreiten als mit PON und weitere Entfernungen übertragen werden. Diese aktiven Elemente erhöhen allerdings die Installations- und Betriebskosten.

Ambient Intelligence(AMI): „Umgebungsintelligenz". Das Phänomen beschreibt ein technologisches Paradigma, indem smarte Objekte (z. B. Sensoren) massiv vernetzt sind und dadurch unterstützende Funktionen für den Alltag bereitstellen.

App (Application): In der Alltagssprache sind damit Programme gemeint, die z. B. auf einem Smartphone online über IT-Plattformen bezogen und installiert werden und damit die unterschiedlichsten Funktionalitäten und Anwendungen ermöglichen.

App Plattform: Eine Software-Plattform zum Entwickeln und Bereitstellen von Apps. Die bekanntesten Plattformen für Apps sind Apple-App-Store und Google Play.

Big Data: Umfasst neue Methoden für die Speicherung, Echtzeit-Verarbeitung, Analyse, Suche, globale Bereitstellung und Visualisierung von immens großen Datenmengen aus einer Vielzahl von unterschiedlichen Datenquellen. Standard-Datenbanken und Daten-Management-Tools können diese Anforderungen riesiger Datenmengen nicht mehr erfüllen.

Bluetooth: Eine drahtlose Schnittstelle, über die bis zu acht Endgeräte, wie z. B. Handys, Computer, MP3-Player oder andere Peripheriegeräte untereinander kommunizieren können. Bluetooth ersetzt so lästige Kabelverbindungen.

Breitband (-anschluss): Ein Zugang zum Internet mit verhältnismäßig hoher Datenübertragungsrate von einem Vielfachen der Geschwindigkeit älterer Zugangstechniken wie der Telefonmodem- oder ISDN-Einwahl, die im Unterschied dazu als Schmalbandtechniken bezeichnet werden.

Car Sharing: „Autoteilen", „Gemeinschaftsauto" oder „Teilauto"; andere Schreibweisen: Car Sharing, Car-Sharing, CarSharing ist die organisierte gemeinschaftliche Nutzung eines oder mehrerer Autos.

Car-to-Car Communication (Car2Car oder C2C): Im englischen Sprachraum unter Vehicle-to-Vehicle (V2V) geläufig. Damit bezeichnet man den Austausch von Informationen und Daten zwischen Kraftfahrzeugen mit dem Ziel, dem Fahrer frühzeitig kritische und gefährliche Situationen zu melden.

Car-to-Infrastructure-Kommunikation (Car2I oder C2I): Im englischen Sprachraum unter Vehicle-to-Infrastructure geläufig. Bezeichnet ein Konzept und technische Komponenten, mit der die drahtlose Kommunikation zwischen Fahrzeugen und infrastrukturellen Einrichtungen, wie z. B. Ampeln realisiert wird.

Context Brokering: Bezeichnet eine technische Informationsvermittlung über Context-Broker-Technologien, welche Informationen nach bestimmten Kriterien mit dem Ziel sammeln, daraus spezielle wertvolle Informationsangebote zu generieren. Jegliche Kontextinformation muss in diesem Ansatz digital nutzbar sein.

Cloud Computing: Metaphorisch verwendeter Begriff, welcher den Ansatz umschreibt, abstrahierte IT-Infrastrukturen (z. B. Rechenkapazität, Datenspeicher, Netzwerkkapazitäten oder auch fertige Software) dynamisch an den Bedarf angepasst über ein Netzwerk zur Verfügung zu stellen. Aus Nutzersicht scheint die zur Verfügung gestellte abstrahierte IT-Infrastruktur fern und undurchsichtig, wie in einer „Wolke" verhüllt.

Computerbrillen: Brillen mit integriertem Mikrodisplay und Kamera. In das Gesichtsfeld des Anwenders werden damit Informationen eingeblendet. Gesteuert wird die Brille z. B. per Sprachbefehl oder über Bewegungen des Auges.

Community-Cloud-Plattformen: Bietet den Zugang zu abstrahierten Cloud-IT-Infrastrukturen für einen kleineren Nutzerkreis und hauptsächlich mit dem Ziel, die Kosten zu teilen und die Sicherheit zu erhöhen. Community-Cloud-Plattformen gibt es z. B. für städtische Behörden, Krankenhäuser, Betriebe aus gleichen Branchen mit ähnlichen Interessen oder für Forschungsgemeinschaften.

Cyper-Physical-System(CPS): Systeme, die ihre physische Umgebung z. B. über Sensoren erkennen und diese Informationen intelligent verarbeiten, um damit die physische Umwelt koordiniert zu steuern. Im Unterschied zu eingebetteten Systemen (Embedded Systems) bestehen CPS meist aus vielen vernetzten Komponenten, die sich untereinander selbstständig in einem bestimmten Anwendungsfeld (z. B. Verkehr, Medizin etc.) koordinieren.

Digital Divide: Bei Digital Divide steht der unterschiedliche Zugang und das Wissen über digitale Informations- und Kommunikationstechnologien in unterschiedlichen Bevölkerungsgruppen im Vordergrund. Nicht alle Bürger einer Stadt haben den uneingeschränkten Zugang zu modernen Informations- und Kommunikationstechnologien. Auch die Ausprägung der Medienkompetenz ist nicht gleich verteilt.

Digital Subscriber Line (DSL): Digitaler Teilnehmeranschluss, der eine Reihe von Übertragungsstandards der Bitübertragungsschicht bezeichnet, bei der Daten mit hohen Übertragungsraten über einfache Kupferleitungen wie die Telefonleitungen gesendet und empfangen werden können.

eBike: Ein Elektrorad auch Elektrofahrrad, E-Fahrrad, E-Rad oder eBike genannt, das zur Gänze oder tretunterstützend von einem Elektromotor angetrieben wird. Der Motor kann wahlweise im Vorder- oder im Hinterrad als Nabenmotor oder im Tretlager als so genannter Mittelmotor angebracht sein. Die Energiezufuhr für den Elektromotor erfolgt durch einen Akku.

eCar: Ein Elektroauto, das die zu seiner Fortbewegung nötige elektrische Energie in einer Batterie (Akku) speichert. Da das Elektroauto im Betrieb keine relevanten Schadstoffe emittiert, wird es auch als Zero Emission Vehicle (ZEV) bezeichnet.

Eingebettete Systeme (Embedded Systems): Der Ausdruck eingebettetes System (auch engl. Embedded System) bezeichnet einen elektronischen Rechner oder auch Computer, der in einen technischen Kontext eingebunden (eingebettet) ist. Dabei übernimmt der Rechner entweder Überwachungs-, Steuerungs- oder Regelfunktionen.

Elektromobilität: Die Nutzung von Elektrofahrzeugen oder Hybridelektrokraftfahrzeugen mit vollelektrischer Fahrmöglichkeit für alle Anforderungen der unterschiedlichen individuellen Mobilitätsbedürfnisse. Der Begriff Elektromobilität wird vielfach auch für Programme zur Förderung der Nutzung von Elektrokraftfahrzeugen verwendet.

Energy-Harvesting: Die Energiegewinnung aus Umgebungsenergiequellen, wie z. B. Luftstromveränderungen, Temperaturschwankungen etc.

ePedelec: Ein Fahrrad mit beschränkter Tretunterstützung, welches die Eigenschaft hat, dass der Elektromotor nur läuft, wenn in die Pedale getreten wird.

eScooter: Ein Elektromotorroller, in Kurzform auch E-Roller genannt, ist ein Motorroller mit elektrischem Antrieb. Die Energieversorgung erfolgt per Akku.

Ethernet: Eine Technologie, die Software (Protokolle usw.) und Hardware (Kabel, Verteiler, Netzwerkkarten etc.) für kabelgebundene Datennetze spezifiziert, welche ursprünglich für lokale Datennetze (LANs) gedacht war und daher auch als LAN-Technik bezeichnet wird. Sie ermöglicht den Datenaustausch in Form von Datenpaketen zwischen den in einem lokalen Netz (LAN) angeschlossenen Geräten wie Computer und Drucker. Derzeit sind Übertragungsraten von 10 Megabit/s, 100 Megabit/s (Fast Ethernet), 1000 Megabit/s (Gigabit-Ethernet) bis 10 Gigabit/s spezifiziert.

Extended Floating Car Data - FCD/XFCD-Verfahren: Extended Floating Car Data (XFCD) ist eine Erweiterung der Floating Car Data (FCD), die eine mobile Verkehrsdatenerfassung darstellt. Das XFCD bestimmt wie das FCD-System die Positionsdaten des Kraftfahrzeugs mit einem GPS-System und die dynamischen Daten wie die Fahrgeschwindigkeit und die Fahrtrichtung über Sensoren. Darüber hinaus werden bei dem XFCD-System die Daten aller Fahrerassistenzsysteme berücksichtigt. Dadurch werden u. a. auch der Straßenzustand und der Verkehrsfluss erfasst, ebenso wie situationsbedingte Verkehrsbeeinträchtigungen.

Fiber to the Home (FTTH): Die breitbandige Glasfasernetz-Anschlusstechnik, frei übersetzt mit ‚Glasfaser bis zum Haus'.

GPS (Global Positioning System): Globales Positionsbestimmungssystem als Navigationshilfe, die auf dem Einsatz von Satelliten beruht und für die Öffentlichkeit zugänglich ist. Über die Einbindung in z. B. Smartphones wird dem Benutzer eine mobile Navigation über eine App ermöglicht.

Hotspot: Dabei handelt es sich um auf der WLAN-Technologie basierende Internetzugriffspunkte. An diesen Punkten kann man kostenlos oder gegen eine Gebühr an verschiedenen öffentlichen und semi-öffentlichen Punkten Zugang zum Internet erhalten. Der Zugang zum Internet erfolgt dabei meist mit dem Smartphone, Tablet-PC oder dem Laptop.

IKT (Informations- und Kommunikationstechnologie): Umfasst alle digitalen Technologien, die zur Speicherung und Verarbeitung von Informationen und Kommunikation verwendet werden.

In-Memory-Datenbank: Datenbankmanagementsystem, das den Arbeitsspeicher eines Computers als Datenspeicher nutzt. Damit unterscheidet es sich von herkömmlichen Datenbankmanagementsystemen, die dazu Festplattenlaufwerke verwenden.

Internet: Weltumspannendes, heterogenes Computernetzwerk, das auf dem Netzwerkprotokoll TCP/IP basiert. Über das Internet werden zahlreiche Dienste wie z. B. E-Mail, FTP, World Wide Web (WWW) oder IRC angeboten.

Internet der Dinge: Das Internet der Dinge (auch engl.: Internet of Things) bezeichnet die Verknüpfung eindeutig identifizierbarer physischer, so genannter smarter Objekte (Things), mit einer virtuellen Repräsentation in einer internetähnlichen Netzstruktur.

Internet der Dinge und Dienste: Ist die Evolution des Internet der Dinge, indem über physische Zugangspunkte internetbasierte Dienste ermöglicht werden.

Intermodalität: Beschreibt eine mehrgliedrige Transportkette, die unterschiedliche Verkehrszweige integriert.

iPad: Ein Produkt von Apple.com, das zwischen dem Desktop PC und dem mobilen Laptop anzusiedeln ist. Das iPad ist ein so genanntes Smart Tablet. Es ermöglicht mobilen Zugang zum Internet und die Nutzung einer Vielzahl von Apps, das Lesen von Büchern oder das Anschauen von Filmen. Das

Smart Tablet ist von dem dazu gehörigen Inhalte-Öko-System (Bücher, Filme, Musik etc.) abhängig. Neben dem iPad etablieren sich Hersteller wie HP oder Samsung mit Smart Tablets basierend auf der mobilen Google-Android-Software-Plattform. Bedient wird der Tablet PC über einen berührungsempfindlichen Bildschirm.

IP: Abkürzung für Internet Protocol. Netzwerk-Protokoll, das die Übertragungsregeln des Internet definiert.

IrDA: Ein verbreiteter Standard für die Infrarotschnittstelle an Mobiltelefonen, Smartphones, tragbaren Computern, welche zum kabellosen Datenaustausch verwendet werden kann.

Linked Open Data: Ist begrifflich eng mit dem semantischen Web verwoben und beschreibt die konzeptionellen Ideen und die Festlegung elementarer Schlüssel-Technologien für das Veröffentlichen von Informationen und das Verbinden von strukturierten Daten im Netz.

Local Area Network (LAN): Lokaler Bereich eines Rechnernetzes, welcher in der Regel durch einen Router/ Firewall vom umgebenden öffentlichen Netz abgetrennt ist.

Long Term Evolution (LTE): Neuster Mobilfunkstandard (auch 4G), soll den UMTS-Standard mit mehr als zehnmal so hohen Übertragungsraten ablösen.

MAC-Adresse (Media-Access-Control-Adresse): Ist die Hardware-Adresse jedes einzelnen Netzwerkadapters, die zur eindeutigen Identifizierung des Geräts in einem Rechnernetz dient.

Machine-to-Machine (M2M)-Kommunikation: Bezieht sich auf die unmittelbare Kommunikation zwischen zwei beliebigen Geräten: das können Computer sein, aber auch Steuergeräte, Handys, Sicherungs-, Fernwartungs- oder Telematik-Einrichtungen.

MapReduce-Algorithmus: Ermöglicht die Verarbeitung von sehr großen Dateien auf verteilten Systemen. Input-Werte werden per „Map"-Funktion zu Zwischenergebnissen verarbeitet und anschließend per „Reduce"-Funktion komprimiert. Datenbestände können somit in parallelen Prozessen effizient durchsucht und aufbereitet werden.

Mash up: Bedeutet das Erstellen neuer Medieninhalte durch Neu-Kombination bereits bestehender Inhalte. Dabei kann es sich sowohl um Remixe von z. B. Fotos, Musik oder Videos handeln, als auch um die Kombination von Diensten (z. B. Google Maps mit einem lokalen Veranstaltungsportal).

Multimodalität: Kombinierter Transport, bedeutet (mind.) zwei verschiedene Transportarten bzw. -mittel (z. B. eCar- und ÖNV).

On-board-Unit (OBU): Bezeichnet ein in Fahrzeugen eingebautes Funkgerät, das Fahrzeugdaten – zum Beispiel Kennzeichen und Standort – an einen Transponder (Funk-Kommunikationsgerät) zur weiteren Verarbeitung weitergibt. Dabei ist die OBU selbst auch ein Transponder, das heißt, dass ein Datenaustausch in beide Richtungen stattfinden kann.

Open Data: Beschreibt die Veröffentlichung von Datensätzen, die in strukturierter, maschinenlesbarer Form vorliegen und über eine offene API-Schnittstelle verwertet werden können. Oft wird der Begriff synonym für „Open Government Data" benutzt. Letzteres meint Datensätze der öffentlichen Hand (Politik, Verwaltung).

Peer-to-Peer (P2): „Gleichgestellter", „Ebenbürtiger" oder „Altersgenosse/in". Beschreibt ein Netzwerk, in dem die Computer (Client) nicht zentral über einen Server verbunden sind, sondern direkt miteinander („Peer to Peer" – Schnittstelle zu Schnittstelle) kommunizieren. Andere Interpretationen von P2P lauten Person-to-Person (Betonung der computergestützten zwischenmenschlichen Kommunikation) und Program-to-Program (Kommunikation zwischen „intelligenten" Agenten).

Passive, optische Netze, Passive Optical Network (PON): Auch als optische Zugangsnetze (OAN = Optical Access Network)) bezeichnet. Es handelt sich um ein Lichtwellenleiter-System, welches ausschließlich mit passiven optischen Komponenten funktioniert.

Radio-frequency Identification (RFID): „Identifizierung mit Hilfe elektromagnetischer Wellen". RFID (umgangssprachlich auch Funketiketten genannt) ermöglicht die automatische Identifizierung und Lokalisierung von Gegenständen und Lebewesen und erleichtert damit erheblich die Erfassung von Daten.

Sensoren: Technisch eingebettete Systeme zur Messung und Kontrolle von Veränderungen von umweltlichen, biologischen oder technischen Systemen.

Smart Devices: Informationstechnisch aufgerüstete Alltagsgegenstände, die einen Mehrwert durch sensorgestützte Informationsverarbeitung und Kommunikation erhalten.

Smart Grid: Ist die Optimierung des Energienetzes durch kommunikative IKT-Vernetzung der einzelnen Komponenten (Erzeuger, Speicher, Verbraucher, etc.). So soll die Effizienz und Zuverlässigkeit des Energienetzes durch Einsatz von digitalen IKT-Techniken erhöht werden.

Smart Home, Smart Buildings: Ist eine andere Bezeichnung für ein intelligentes Heim, eHome oder Internet-Home, auch bekannt unter „Vision Connected Living". Es umfasst vor allem die integrierte und vernetzte Haussteuerung von technischen Anlagen (z. B. Heizung) und Geräten (Kühlschrank, TV etc.).

Smart Metering: Ermöglicht das Messen und Kommunizieren des Energieverbrauchs mit elektronischen und kommunikationsfähigen Zählern (Smart
Meter) in Echtzeit.

Smarte Objekte: Überwiegend Sensoren, die durch die Einbettung von Informati-
onstechnologien über Fähigkeiten verfügen, die über ihre ursprüngliche Bestimmung hinausgehen. Die wesentlichen Fähigkeiten dieser Gegenstände
bestehen darin, Informationen zu erfassen, zu verarbeiten und zu speichern
und mit ihrer Umgebung zu interagieren.

Smartphone: Ist im Vergleich zum herkömmlichen Mobiltelefon ein Multifunkti-
onsgerät, welches neben den üblichen Anwendungen auf einem Handy
noch weitere Erweiterungen (Apps) anbietet, die individuell zu installieren
oder schon auf dem Handy vorprogrammiert sind. Zudem ermöglichen
Smartphones den Zugang zum ortunabhängigen mobilen Internet.

Smart Traffic: Intelligente Verkehrssysteme und eine direkte Koppelung mit On-
,board units' in Pkws/Lkws ermöglichen zukünftig eine Vermeidung von
Staus.

Soziales Netzwerk: Bezeichnet ein Beziehungsgeflecht, das Menschen mit anderen
Menschen und Institutionen sowie Institutionen mit anderen Institutionen
verbindet.

SQL-Datenbanken: Relationale Datenbanksprache zur Definition von Datenstrukturen und zum Bearbeiten (Einfügen, Verändern, Löschen) und Abfragen
von darauf basierenden Datenbeständen.

Tablet: Ein tragbarer Computer, der ohne Tastatur über einen berührungsempfindlichen Bildschirm bedient wird.

Touchscreen Display: Das Display eines Smartphone, welches auf Berührungen
reagiert. Der Touchscreen ermöglicht eine Nutzung ganz ohne Tastatur.
Apps und andere Funktionen lassen sich über einen einfachen Fingerdruck
starten und bedienen.

Tragbare Computer – Wearables: Am Körper tragbare, vorzugsweise in Kleidung
integrierte Computersysteme, die über spezielle Sensoren, Bedienoberflä-
chen, Ausgabekomponenten und gegebenenfalls über Schnittstellen zu GPS,
Internet und Telefonnetz verfügen.

Ubiquitäre Systeme: Der Begriff des „Ubiquitous Computing" ist von Mark Wei-
ser 1988 geprägt worden, der damit eine Zukunft beschreibt, in welcher
Computer in alltäglichen Gebrauchsgegenständen integriert sind.

URL (Uniform Resource Locator): Ermöglicht die Identifikation und Lokalisierung
von Ressourcen in Computernetzwerken über Netzwerkprotokolle. Umgangssprachlich als Synonym für ‚Internetadresse'.

Wavelength Division Multiple Access (WDMA): Das Wellenlängen-Multiplexverfahren ist ein optisches Frequenz-Multiplexverfahren, das bei der Übertragung von Daten (Signalen) über Glasfaserkabel (Lichtwellenleiter) verwendet wird.

Web Apps (Web Applications): Hierunter werden alle Anwendungen bezeichnet, die einen Browser zur Ausführung benötigen. Es sind Webseiten, die für den Zugriff auf mobilen Geräten optimiert sind, und können über einen URL in einem Browser geladen werden.

Wibree: Eine drahtlose Funktechnologie mit einer Übertragungsrate von 1 MBit/s über eine Distanz von 5 bis 15 Meter.

WiMAX (Worldwide Interoperability for Microwave Access): Eine drahtlose Funktechnologie mit hohen, bis zu 1 Gbit/s Breitbandübertragungsraten.

Wireless Local Area Network (WLAN) – Drahtloses lokales Netzwerk: Drahtlose lokale Funknetze. Wenn von WLANs gesprochen wird, sind damit die nach IEEE 802.11 standardisierten Netze gemeint.

Zero Accidents Policy: Eine Sicherheitsphilosophie, die Unfälle nicht als unvermeidbar akzeptiert, sondern zum Anlass nimmt, Unfallursachen bzw. -faktoren zu analysieren und Verhinderungsmaßnahmen zu finden.

ZigBee: Ein Funknetz-Standard, der es ermöglicht, Haushaltsgeräte oder Sensoren auf Kurzstrecken (10 bis 100 Meter) zu verbinden. Der Standard ist eine Entwicklung der ZigBee-Allianz, die Ende 2002 gegründet wurde.

Abbildungsverzeichnis

Fotonachweis

Quellenverzeichnis

[ACA] Acatech – Deutsche Akademie der Technikwissenschaften (2011). Acatech bezieht Position – Nr. 10: Smart Cities – Deutsche Hochtechnologie für die Stadt der Zukunft: Aufgaben und Chancen, München.

[AER01] Ärzteblatt.de (2010). Medizin – Hypertonie: Patienten können Medikamente eigenständig dosieren. 12.07.2010. Köln.
http://www.aerzteblatt.de/nachrichten/41957/Hypertonie_%20Patienten_koenne n_Medikamente_eigenstaendig_dosieren.htm

[AOK] AOK Bundesverband (2011). http://www.aok-bv.de/lexikon/k/index_00446.html

[APP01] Apps for Smart Cities (2012). The Apps for Smart Cities Manifesto, Amsterdam. http://www.appsforsmartcities.com/manifesto

[AR01] Armbrust, M. et al (2009). Above the Clouds: A Berkeley View of Cloud Computing. http://www.eecs.berkeley.edu/Pubs/TechRpts/2009/EECS-2009-28.pdf

[AUTO01] automotiveIT (2011). Car IT – Mobilität 3.0, Pattensen.

[BAC01] Bachmeier, R. und Styber, R. (2012). Unsere Analyse: Die Zeit ist reif für den Sprung in die Zukunft. In: Markt und Internet, Arzt und Patient, Heartmedia, Weidenberg. http://www.styber.de/content_aerzte.php?ID_aerzte=29

[BAS01] Bassi, D. (2012). Enterprise mobile apps: 200.000 in stores, but only 14% address core enterprise needs. In: research2guidance. 31.05.2012, Berlin.
http://www.research2guidance.com/enterprise-mobile-apps-200.000-in-stores-but-only-14-address-core-enterprise-needs/

[BAB01] Babcock, C. (2010). Management Strategies for the Cloud Revolution, McGraw Hill Professional, New York.

[BBF01] Bundesministerium für Bildung und Forschung, Referat 723 (2010). Globaler Wandel, Bonn. (2010): Megastädte – die Welt von morgen nachhaltig gestalten. FONA (Forschung für nachhaltige Entwicklungen), Bonn/Berlin.

[BBF02] Bundesministerium für Bildung und Forschung (2007). Fluter: Magazin der Bundeszentrale für politische Bildung, Nr. 24/ September 2007. „Was machst du, wenn du groß bist? Das Mega-Citys-Heft", Berlin.

[BER01] Berliner Open Data Strategie (2012). http://daten.berlin.de/anwendungen

[BEUT] Beutbagel, W. (2012). Taxi, bitte! In: Car IT–Mobilität 3.0, Nr. 02, Pattensen.

[BG] Bundesministerium für Gesundheit (2010). Eckpunkte der Einführung der elektronischen Gesundheitskarte.
http://www.bundesgesundheitsministrum.de/cln_178/ SharedDocs/Downloads/ DE/Standardartikel/E/GlossarElektronischeGesheitskte/Eckpunkte,templateId=r aw,property=publicationFile.pdf/Eckpunkte.pdf

[BIT01] BITKOM (2009). Cloud Computing – Evolution in der Technik, Revolution im Business – BITKOM Leitfaden, Berlin: Bundesverband Informationswirtschaft, Telekommunikation und neue Medien e. V., Berlin.

[BIT02] BITKOM (2010). Cloud Computing – Was Entscheider wissen müssen. Ein ganzheitlicher Blick über die Technik hinaus - Positionierung, Vertragsrecht, Datenschutz, Informationssicherheit, Compliance-Leitfaden, Berlin: Bundesverband Informationswirtschaft, Telekommunikation und neue Medien e. V., Berlin.

[BIT03] BITKOM (2011). „Smart Cities" – Grüne ITK zur Zukunftssicherung moderner Städte, Diskussionspapier zur 5. Jahreskonferenz BMU/UBA/BITKOM, Berlin.

[BIT04] BITKOM Akademie (2012). Future Internet – Clean Slate auf grünen Wiesen oder Renovierung an denkmalgeschützten Gebäuden?, Projektberichte von den offenen Flanken des Internet, Workshop der BITKOM-Akademie, 2. März 2012, Köln.

[BMÖ01] Bundesministerium für Verkehr, Innovation und Technologie, Wien (Österreich) (2011). Smart Cities Net. Evaluierung von Forschungsthemen und Ausarbeitung von Handlungsempfehlungen für ‚Smart Cities' – Zwischenbericht, Wien.

[BMU] Bundesministerium für Umwelt, Naturschutz und Reaktorsicherheit und BITKOM (2011). „Smart Cities"– Grüne ITK zur Zukunftssicherung moderner Städte, Diskussionspapier zur 5. Jahrestagung BMU/UBA/BITKOM, Mai 2011.

[BMU05] Bundesministerium für Umwelt, Naturschutz und Reaktorsicherheit (2009). Nationaler Entwicklungsplan Elektromobilität der Bundesregierung. http://www.bmu.de/verkehr/elektromobilitaet/doc/44797.php

[BMU09] Bundesministerium für Wirtschaft und Technologie (2012). Breitbandstrategie – Flächendeckende Breitbandversorgung forcieren – Aufbau von Hochleistungsnetzen unterstützen. http://www.breitbandstrategie-der-bundesregierung.pdf

[BMU10] Bundesministerium für Wirtschaft und Technologie (2009). Breitbandstrategie der Bundesregierung. http://www.bmwi.de/DE/Themen/Digitale-Welt/Digitale-Infrastrukturen/breitband.html

[BMZ] Bundesministerium für wirtschaftliche Zusammenarbeit und Entwicklung (2011). Urbanisierung in Afrika, BMZ Referat 313 (Wasser; Energie; Stadtentwicklung; Geosektor), Stand: 22.08.2011, Berlin.

[BOSCH] Bosch 2012. Apps. http://www.bosch.de/de/de/newsroom_1/apps_from_bosch_1/apps-from-bosch.html

[BRAUN] Braun, B. (2010). Medizin aus der Steckdose und via Bluetooth!? Neues über den Nutzen und die Grenzen von Telemonitoring und Telemedizin. http://www.forum-gesundheitspolitik.de/artikel/artikel.pl?artikel=1885

[BRETTING] Bretting, R. (2012). Schleichender Prozess. Die LTE-Verfügbarkeit in Deutschland. In: CAR-IT 02-2012.

[BRIS] Briscoe, G.; Marinos, A. (2009). Digital Ecosystems in the Clouds: Towards Community, Cloud Computing. In: Arxiv preprint, arXiv:0903.0694.2009.

[BROY] Broy, M. (2010). Cyber-physical Systems, Auflage: 1, Berlin.

[BSI] Bundesamt für Sicherheit in der Informationstechnik (2011). Eckpunktepapier: Sicherheitsempfehlungen für Cloud Computing-Anbieter (Mindestanforderungen in der Informationssicherheit), Bonn. https://www.bsi.bund.de/DE/Themen/CloudComputing/Eckpunktepapier/ Eckpunktepapier_node.html

[BUGHIN] Bughin, J. et al. (2010). Clouds, big data, and smart assets: Ten tech-enabled business trends to watch, McKinsey Quarterly, McKinsey Global Institute. http://www.mckinseyquarterly.com/Clouds_big_data_and_smart_assets_Ten_tech- enabled_business_trends_to_watch_2647

[CARAGLIU] Caragliu, A., Del Bo, C.; Nijkamp, P. (2009). Smart cities in Europe. Serie Research Memoranda 0048, VU University Amsterdam. ftp://zappa.ubvu.vu.nl/20090048.pdf

[CASPARI] Caspari, L. (2010). Shell-Jugendstudie – Gespaltene Jugend. In: ZEIT ONLINE vom 14.09.2010. http://www.zeit.de/gesellschaft/zeitgeschehen/2010-09/jugend-studie-shell-2/komplettansicht?print=true

[DEB] Debevoise, T. (2011). Bosch Software Innovations, eMobility White Paper, The Core Processes for Emerging Business Models, Chicago.

[DENG] Deng (Hrsg.) (2011). Megacities und ihre Herausforderungen. Die Perspektive der Städte. Ein Forschungsprojekt von Globe Scan und MRC McLean Hazel mit Unterstützung der Siemens AG.

[DIERKS] Dierks, C., Henke, K.-D., Frank, J., Hensmann, J., Wilkens, H. (2011). Bürgerzentriertes Gesundheitswesen. Nomos Verlagsgesellschaft, Baden-Baden.

[DONG] Dong-Hee, S. (2009). Ubiquitous city: Urban technologies, urban infrastructure and urban informatics. In: Journal of Information Science Vol 35 no. 5: 515-526, Taipai (Taiwan).

[DON01] Donhauser, M. (2007). Transrapidstrecke in München – Breite Front des Widerstands. In: www.stern.de vom 26.09.2007. http://www.stern.de/politik/deutschland/transrapidstrecke-in-muenchen-breite-front-des-widerstands-598868.html

[DUNKER] Dunker, H. (2011). Verkehr neu definiert. In: CARIT 02-2012.

[ENGEL] Engel, B. (2011). Warum das Haus ein Auto braucht, Seite 95. Bereich „Auto, Bundesministerium für Verkehr, Intelligente Energiesysteme der Zukunft, Smart Grids Pioniere in Österreich, Strategien – Projekte – Pionierregionen, Wien, Österreich 2010. In: Welt am Sonntag, 20. Februar 2011, München.

[ELEK01] Elektronik-Kompendium (2012). Internet Protokoll Version 6.
http://www.elektronik-kompendium.de/sites/net/0812201.htm

[ERNST] Ernst, P. (2010). Ubiquitous-City-Dienste in deutschen Kommunen – Attraktivität, Realisierung, Treiber, Hindernisse und Ziele aus kommunaler Sicht,
Humboldt-Universität zu Berlin, Berlin.

[EUROLOUD] EuroCloud Deutschland_eco e.V. (2010). Leitfaden Cloud Computing –
Recht, Datenschutz & Compliance; Köln.
http://www.eurocloud.de/2010/12/02/eurocloud-leitfaden-recht-datenschutz-
compliance/

[EURO1] European Commission, SETIS (2011). European Initiative on Smart Cities,
Brüssel (Belgien). http://setis.ec.europa.eu/about-setis/technology-
roadmap/european-initiative-on-smart-cities

[EURO2] European Commission – Press Release (2011). Digital Agenda: Turning government data into gold; Brüssel.
http://europa.eu/rapid/pressReleasesAction.do?reference=IP/11/1524

[EURO3] EUROPÄISCHE KOMMISSION, WEISSBUCH (2011). Fahrplan zu einem
einheitlichen europäischen Verkehrsraum – Hin zu einem wettbewerbsorientierten und ressourcenschonenden Verkehrssystem.
http://eurlex.europa.eu/LexUriServ/LexUriServ.do?uri=COM:2011:0144:FIN:DE:
PDF.

[FORUM] Forum für Zukunftsenergien e.V. (2010). Smart Cities – Urbanisierung und
Energieinfrastruktur, Berlin.
http://www.zukunftsenergien.de/hp2/arbeitsformate/weitere/smart_cities.htm

[FORD] Ford, B. (2011). „A Future Beyond Traffic Gridlock". 2011. Ted Talks.
http://www.ted.com/talks/bill_ford_a_future_beyond_traffic_gridlock.html?utm
_source=newsletter_weekly_2011_06_21

[FRAUN01] Weiner, N. et al. (2010a). Geschäftsmodelle im „Internet der Dienste" –
Aktueller Stand in Forschung und Praxis, Fraunhofer Institut für Arbeitswirtschaft und Organisation IAO, Fraunhofer Verlag, Stuttgart.

[FRAUN02] Weiner, N. et al. (2010b). Geschäftsmodelle im „Internet der Dienste" –
Trends und Entwicklungen auf dem deutschen IT-Markt, Fraunhofer Institut für
Arbeitswirtschaft und Organisation IAO, Fraunhofer Verlag, Stuttgart.

[FRAUN03] Fraunhofer Institut System- und Innovationsforschung (2011). MetaForum
„Innovation im Gesundheitswesen" 2007-2009, Karlsruhe.
http://www.metaforum-innovation.de/metaforum-inno-en/index-alt.php

[FRAUN05] Hentschel, D. (2012). Area 3 – Sensornetzwerke: Kabellose Sensoren für die
Strukturüberwachung. Spitzencluster Coll Silicon, Fraunhofer-Institut für Zer-
störungsfreie Prüfverfahren http://www.hightech-strategie.de/de/2529.php

[FRÖ] Fröhlich, C. (2012). Googles Datenbrille „Project Glass". Die Welt mit anderen Augen sehen. In: Stern.de vom 05. April 2012. http://www.stern.de/digital/homeentertainment/googles-datenbrille-project-glass-die-welt-mit-anderen-augen-sehen-1809817.html

[GABLER] Gabler Verlag (Herausgeber) (2012). Gabler Wirtschaftslexikon, Stichwort: Stadt. http://wirtschaftslexikon.gabler.de/Archiv/9180/stadt-v7.html

[GANSKY] Gansky, L. (2011). The future of business is the mesh 2011. Ted Talks. http://ted.com/talks/lisa_gansky_the_future_of_business_is_the_mesh.html

[GASSMANN] Gassmann, O. und Enkel, E. (2004). Towards a Theory of Open Innovation: Three Core Process. http://www.alexandria.unisg.ch/Publikationen/274

[GES] Geseke, A. (2012). Warum wir das Unmögliche wagen, ZEIT ONLINE, Hamburg. http://www.zeit.de/wissen/2012-02/geboren-2012-essay/komplettansicht

[GIFFINGER05] Giffinger, R.; Fertner, C.; Kramar H.; Kalasek, R.; Pichler-Milanovic, N.; Meijers, E. (2007). Smart Cities – Ranking of European Medium-Sized Cities, Research Report, Vienna, University of Technology, Vienna, Austria, 2007. http://www.smart-cties.eu/download/smart_cities_final_report.pdf

[GLEICH] Gleich, C. (2012). Mein Auto hat einen Führerschein. In: Die Welt, Rubrik Wissen, Seite 24, 26. Mai 2012, Berlin.

[GORD02] Gordijn, J.; Akkermans, H. (2001). Designing and Evaluating E-Business Models. IEEE, 1094-7167/01/July/August 2001, p.11-17.

[GRIESEL] Griesel, F. (2011). iPad im Klinik-Alltag. In: EHEALTHCOM – Thema der Woche vom 11.07.2011. http://www.e-health-com.eu/thema-der-woche/ipad-im-klinikalltag/

[GRIM] Grimm, R. (2009). Hallo Worker! Ein Petabyte Daten bitte. In: Linux-Magazin Online vom 17.11.2009. http://linux-magazin.de/layout/set/print/content/view/full/46285

[HACKENBERG] Hackenberg, U. (2012). VW stellt sich den Infotainment-Herausforderungen von morgen. In: Car IT – Mobilität 3.0, S. 16-19, Pattensen.

[HANDYTICKET] Handyticket.de (2012). http://www.handyticket.de/

[HATZELHOFFER01] Hatzelhoffer, L. et al (2012). Smart City konkret. Eine Zukunftswerkstatt in Deutschland zwischen Idee und Praxis. Berlin.

[HATZELHOFFER02] Hatzelhoffer, Lena (2011). Die ubiquitäre Stadt – Hype oder Blick in eine smarte Zukunft; Bauwelt 24/2011; Thema: Virtuelle Stadt, ubiquitäre Stadt.

[HEINDL] Heindl M. et al. (2010). Towards New Business Models in the Energy Sector based on Software-as-a-Service-Utilities and Value-Added Services, Warsaw: eChallenges e2010 Conference.

[HELM] Helminger, P. (2010). Luxembourg goes smart. http://summit2010.uni.lu/publish/100602%20VdL%20Future%20Internet%20def.pdf

[HEN03] Henderson, R.; Macomber, J.; Reinhardt, F. (2011). Harvard Business School, Investing in Cities of the 21st Century: Urbanization, Infrastructure and Resources, Boston (MA). http://www.nhs.edu/environment/docs/HBS-investing-in-Cities-of-the-21st-Century.pdf

[HOC01] Hochscheidt, Rüdiger (2010). Neue Plattform für bürgerzentrierte eHealth-Anwendungen. In: Duesberg, F. (Hrsg.) eHealth 2011, Seiten: 156-160, Solingen.

[HOLLANDS] Hollands, R.-G. (2008). Will the real smart city please stand up? City, 12:03, 303-320, 2008.

[HUEB01] Hübner, S. (2010). White Paper, M2M als zukunftsweisendes Konzept für Hersteller und die Serviceindustrie, http://www.device -insight.com, München.
•   http://www.device-insight.com/tl_files/DeviceInsight/PDF/M2M_WhitePaper.pdf

[HYANG03] Hyang-Sook, C.; Byung-Sun, C. and Woong-Hee, P. (2007). Ubiquitous-City Business Strategies: The Case of South Korea. PICMET 2007 Proceedings, Portland.

[IFM] Ifm – Institut für Mobilitätsforschung (2010). Zukunft der Mobilität – Szenarien für das Jahr 2030, Institut für Mobilitätsforschung, 2010.

[INTEL] Länger, K (2010). Intel Developer Forum 2010 – Intel plant Smartphones als digitale Assistenten. http://www.magnus.de/news/context-aware-computing-intel-plant-smartphones-als-digitale-assistenten-1017244.html

[JAEKEL] Jaekel, M. und Luhn, A. (2009). White Paper: Cloud Computing- Geschäfts-modelle, Wertschöpfungsdynamik und Kundenvorteile, Siemens AG, München. http://www.competence-site.de/cloud-computing/Cloud-Computing-Geschaeftsmodelle-Wertschoepfungsdynamik-und- Kundenvorteile

JAEKEL01] Jaekel, M., Bronnert, K., Luhn, A. (2010). Strategy Thesis Paper: Cloud Computing trifft das Smart Grid – Initial für eine Geschäftsmodellrevolution, Atos IT Solutions and Services GmbH, München. http://www.competence-site.de/cloud-computing/Apps-orientierte-Geschaeftsansaetze-auf-der-Basis-von-Cloud-Computing

[JAEKEL02] Jaekel, M. und Bronnert, K. (2011). White Paper: Apps-orientierte Ge-schäftsansätze auf der Basis von Cloud Computing, Atos IT Solutions and Ser-vices GmbH, München. http://www.competence-site.de/cloud-computing/Apps-orientierte-Geschaeftsansaetze-auf-der-Basis-von-Cloud-Computing

[JAEKEL03] Jaekel, M. und Bronnert, K. (2012). White Paper: Intelligente Mega Cities durch Cloud Computing-basierte Dienste-Plattformen, Atos IT Solutions and Services GmbH, München. http://www.bwcon.de/fileadmin/_bwcon/Newsletter-Bilder/2012/03_Maerz _2012/White_Paper_Intelligente_Mega_Cities_durch_Cloud_Computing-basierte_Dienste_Plattformen.pdf

[JAN] Janacik, P. et al. (2007). P2P, Ad Hoc and Sensor Networks – All the Different or All the Same? Working Group Summary, http://drops.dagstuhl.de/opus/volltexte/2007/951.

[JANSEN] Jansen, W. and Grance, T. (2011). Guidelines on Security and Privacy in Public Cloud Computing, NIST; Draft Special Publication 800-144, January 2011. http://csrc.nist.gov/publications/drafts/800-144/Draft-SP-800-144_cloud - computing.pdf

[JÜNG] Jüngling, T. (2011). Das Web der Zukunft gibt Tipps für den Alltag. In: Welt am Sonntag vom 31.07.2011, Berlin.

[JUST] Just, T. (2011). Die Stadt der Zukunft: grün, vernetzt, schnell, lebenswert, 09. Mai 2011, Deutsche Bank Research, Frankfurt am Main.

[KAKU] Kaku, M. (2011). Physics of the future: how science will shape human destiny and our daily lives by the year 2100, New York (USA).

[KELL] Keller, A. (2011). Breitbandkabel und Zugangsnetze, Technische Grundlagen und Standards, S. 89. Berlin, Heidelberg.

[KFO] Klima- und Energiefonds (2011). Smart Cities – Städte mit Zukunft, Der Klima- und Energiefonds fördert intelligente Urbanität. Wien.

[KLES] Klessmann, J. (März 2012), Government Mashups. http://www.fokus.fraunhofer.de/de/elan/_docs/_flyer/egov_mashup_d_201112.pdf

[KLOECKL03] Kloeckl, K., Senn, O. and Lorenzo, G.D., (2011). LIVE Singapore! - An urban platform for real-time data to program the city. Computers in Urban Planning and Urban Management CUPUM 2011, 284(x), p.1-16. http://senseable.mit.edu/papers/pdf/2011_Kloeckl_et_al_LIVESingapore_CUPUM.pdf.

[KOELLING] Koelling, M. (2011). Die vollelektronische Stadt. In: Die Welt, Rubrik Wissen, Seite 24, 29. Oktober 2011, Berlin.

[KOM01] Komninos, N. (2011). Intelligent cities: Variable geometries of spatial intelligence, From Intelligent to Smart Cities, Mark DEakin and Husam Al Wear (eds), Journal of Intelligent Building International, Vol. 3, pp. 1-17.

[KOM02] Komninos, N. (2009). Intelligent cities: Towards interactive and global innovation environments, International Journal of Innovation and Regional development, Vol. 1, No. 4, 337 -355.

[KREIT] Kreitmair, M. (2012). M2M trifft Energy-Harvesting-Funk. In: Funkschau, 03.09. 2012. http://www.funkschau.de/telekommunikation/know-how/ article/91091/4/M2M_trifft_Energy-Harvesting-Funk/

[KUPFER04] Kupferschmidt. K. (2012). Medizin der Zukunft – Apotheke unter der Haut. In: Der Tagesspiegel 17.02.2012, Wissen, Berlin. http://www.tagesspiegel.de/wissen/medizin-der-zukunft-apotheke-unter-der-haut/6220780.html

[KWON] Kwon, O.; Jihoon, K. (2007). A Methodology of Identifying Ubiquitous Smart Services for U-City Development in: Lecture Notes in Computer Science (2007); Volume 4611/2007, Berlin.

[LEAVITT] Leavitt, N. (2009). Is Cloud Computing Really Ready for Prime Time? In: IEEE Computer, Vol. 42 (2009) Nr. 1, S. 15-20.

[LERCH] Lerch, M; Mattauch, F. (2010). Betriebssysteme in der Medizintechnik – Eignen sich Smartphones für die mobile Gesundheitsüberwachung? In: Elektronik in Praxis vom 06.04.2010.

[LEV] Levermann, E. (2010). German Lab – das Internet der Zukunft im Testlabor, Copyright: Goethe-Institut e.V., Online-Redaktion April 2010.

[LIN] Lindauer, D. (2011). Smart-City – die vernetzte Stadt der Zukunft. Smarte Lösungen für werthaltige, intelligente energieeffiziente und lebenswerte urbane Strukturen, Vortrag: Managerakademie Bundesverband Smart City e.V., Mainz.

[LIVE] LIVE Singapore! (2012). The Real Time City is Now Real!, http://senseable.mit.edu/livesingapore/

[LOB01] Lobeck, M., Müller, W. und C.-C.Wiegandt (2009). Die neuen Informations- und Kommunikationstechnologien – Veränderungen im Alltagsleben. In: Standort – Zeitschrift für Angewandte Geographie, Jg. 33, H.1. S. 6-12.

[LOOSE] Loose, W. (2012). Aktueller Stand des Car-Sharing in Europa. Bundesverband CarSharing e. V. http://www.carsharing.de/images/stories/pdf_dateien/wp2 endbericht_deutsch_final_4.pdf

[LOS01] Lossau, N. (2011). Das Smartphone wacht über die Gesundheit. In: Die Welt, Rubrik Wissen, Seite 22, 23, November 2011, Berlin.

[MANDL] Mandl, B.; Schaner, P. (2012). Der Weg zum Smart Citizen – soziotechnologische Anforderungen an die Stadt der Zukunft; Proceedings REAL CORP 2012 Tagungsband, 14-16 Mai 2012, Schwechat.

[MA02] Mangold, B.; Baaser, J. (2011). Mobilität á la carte. Elektroauto, Hybridmotor oder Brennstoffzelle – für jeden Bedarf gibt es den passenden Antrieb. In: AutomonilKONSTRUKTION 4/2011. Leinfelden-Echterdingen.

[MAR03] Martin, N.; Lessmann, S.; Voß, S. (2008). Crowdsourcing: Systematisierung praktischer Ausprägungen und verwandter Konzepte. Institut für Wirtschaftsinformatik, Universität Hamburg.

[MCKINSEY] McKinsey (2010). Clouds, big data, and smart assets: Ten tech-enabled business trends to watch, McKinsey Quarterly August 2010.

[MERSCH] Merschmann, H. (2012). Report – Open data in der Internet-Hauptstadt. In: Kommune 21.de vom 13.02.2012, S. 3, Berlin.

[MERSCH] Merschmann, H. (2012). Report – Open-Data in der Internet-Hauptstadt, kommune21.de, 13.02.2012, Berlin.
        http://www.kommune21.de/druck/meldung_13817_Open+Data+in+der+Internet -Hauptstadt.html

[MET] Metzger, C. et al. (2011). Cloud Computing – Chancen und Risiken aus technischer und unternehmerischer Sicht, München.

[MICRO] Microsoft (2012). http://www.microsoft.com/de-de/healthvault/default.aspx

[MITCHELL] Mitchell, J. (2012). Visionary: Ecological design, architecture and urbanism. http://www.mnn.com/lifestyle/arts-culture/stories/mitchell-joachim-visionary-in-ecological-design-architecture-and-urba

[MITCHELL] Mitchell, W. et al. (2010). Reinventing the Automobile: Personal Urban Mobility for the 21st Century, Cambridge: MIT Press.

[MÜ04] Müller, E. (2011). Die vernetzte Welt: Denkende Autos und fühlende Äcker, Manager Magazin, 07.02.2011, http://www.manager-magazin.de/unternehmen/it/0,2828,741527,00.html

[MYTAXI] MyTaxi 2012. http://www.mytaxi.net/home.html

[NIST] Mell. P; Grance, T. (2011). The NIST Definition of Cloud Computing. National Institute of Standards and Technology. NIST Special Publication 800-145, Gaithersburg.

[ODB] Open Data Day Berlin (2012). http://www.berlin.opendataday.de

[ÖFI] Öffi (2012). http://oeffi.schildbach.de/index_de.html

[OlSON] Olson, P.; Kelly N.-K. (2008). Städte mit dem dichtesten Verkehr, Europas Metropolen des Stillstands. In: Spiegel Online.de. http://www.spiegel.de/wirtschaft/staedte-mit-dem-dichtesten-verkehr-europas-metropolen-des-stillstands-a-549743.html

[ORT05] Ortmann, Y. (2012). Bitte einsteigen! Gründerstory MyTaxi. In: T3N Magazin 2012, Nr. 27 S. 95-96, Hannover.

[PEL] Pelton, J.; Singh, I. (2009). Future Cities: Designing better, smarter, more sustainable and secure cities. Intelligent Community Forum, New York.

[PONS] Pons.de (2012). Pons.de – Online Wörterbuch. Suchbegriff „smart".

[PULAKKAT] Pulakkat, H. (2011). How smart technologies are drawing city of tomorrow and redrawing cities of today. Special Report. In: The Times of India, 03.11.2011. http://economictimes.indiatimes.com/opinion/special-report/how-smart-technologies-are-drawing-city-of-tomorrow-and-redrawing-cities-of-today/articleshow/10588583.cms

[PUDENZ] Pudenz K. (2012). Parkpiloten und Schwarmbeleuchtung – Ein Blick in Audis Technik-Entwicklung. http://www.atzonline.de/Aktuell/Nachrichten/1/15467/Parkpiloten-und-Schwarmbeleuchtung-Ein-Blick-in-Audis-Technik-Entwicklung.html

[PKV] PKV (2012). Verband der privaten Krankenversicherung – Prävention. http://www.pkv.de/praevention/

[REQ] Requardt, H. (2011). Wir brauchen mehr industrielle Kompetenz im Gesundheitswesen. In: Siemens-Welt, 2011-03, München.

[RES] Research2Guidance (2012). Global mHealth Developer Survey, Whitepaper: Summary of Survey Results, December 2012. http://www.slideshare.net/research2guidance/mhealth-survey-summary-whitepaper

[RÜ01] Rüdiger, A. (2012). Neue Techniken und Wege zur Breitbandvernetzung. In: VDI Nachrichten vom 02.03.2012. http://www.vdi-nachrichten.com/artikel/Neue-Techniken-und-Wege-zur-Breitbandvernetzung/57557/2

[SANTANDER] www.smartsantander.eu (2011). http://ru1.cti.gr/index.php/research/139-smartsantander

[SCHACH] Schachinger, A. (2011). Vortrag über „Was ist Health 2.0?", xinnovations, E-Health-Forum am 20. September 2011, healtcare42.com, Berlin.

[SCHADE] Schade, W. (2012). Mobilität der Zukunft, Verkehrsszenarien. Fraunhofer-Institut für System- und Innovationsforschung ISI. http://isi.fraunhofer.de/elektromobilitaet/Verkehrszenarien

[SCHIEFERDECKER01] Schieferdecker, I. et al. (2010). Vorstudie zur City Data Cloud Berlin, Frauenhofer Institut für Offene Kommunikationssysteme, Berlin.

[SCHIEFERDECKER02] Schieferdecker, I.; Marienfeld, F.; Schaupke, N. (2012). Auf dem Weg in die intelligente Stadt in Urban 2.0, Ausgabe 1. www.Urban2.0.net/PDF/U10428030

[SCHIEFERDECKER03] Schieferdecker, I. (2010). Wie werden Städte intelligent? Ansätze und Initiativen – eine Übersicht, Kaiserin-Augusta-Allee 31, Berlin: FOKUS, Fraunhofer Institute for Open Communication Systems FOKUS.

[SCHMITZ] Schmitz, S. (2010). Urbanität 2.0 – Zur Entwicklung des Städtischen im Zeitalter zunehmender Virtualität. In: Wiegandt, C. – C. (Hrsg.): Neue Informations- und Kommunikationstechnologien. Die alte Stadt, Jg. 37, H.2. Remshalden, S. 111-122.

[SCHMITZ] Schmitz, S. (2010). Urbanität 2.0 – Zur Entwicklung des Städtischen im Zeitalter zunehmender Virtualität. In: Wiegandt, C.-C. (Hrsg.): Neue Informations- und Kommunikationstechnologien. Die alte Stadt, Jg. 37, H.2: S. 111-122, Remshalden.

[SCHWÄ1] Homepage: Schwäbisch Gmünd (2012). Bürgerschaftliches Engagement – Staufersage und Stauferzug. http://www.schwaebisch-gmuend.de/4463-Staufersaga.html

[SCHWÄ2] Homepage: Schwäbisch Gmünd (2012). http://www.schwaebisch-gmuend.de/159-Oberbuergermeister-Richard-Arnold-mit-Grusswort.html

[SCHWÄ3] Schwäbisch Gmünd (2012). Jubiläumsmagazin-Geschichten. Menschen und Ideen. 850 Jahre STADT Schwäbisch Gmünd.

[SITTNER] Sittner, G. (2011). Mobilität der Zukunft – Rasanter Stillstand.

[SOMMER] Sommer J. (2012). Das vernetzte Auto, Recherche Werner Beutnagel. In: CARIT 02-2012.

[SPEHR] Spehr, M. (2012). Telefon, Mail, SMS – und auch noch Auto fahren? In: Frankfurter Allgemeine Zeitung Nr. 107, Technik und Motor, Seite T1, vom 8. Mai 2012, Frankfurt am Main.

[SPRE] Spreizhofer, G. (2011). Megacities: Zwischen (Sub-)urbanisierung und Globalisierung, Friedrich Ebert Stiftung, 01.12.2011, Bonn. http://library.fes.de/pdf-files/akademie/online/50340.pdf, 01.12.2011, 16.36 Uhr.

[STA] Stagge, A. (2012). Smartphones und Tablets im Gesundheitswesen. http://anjastagge.wordpress.com/2012/01/12/smartphones-und-tablets-im-gesundheitswesen/

[STU] Landeshauptstadt Stuttgart (2011). Dank Pedelecs mehr „Kessel-Kraxler" in Stuttgart, Thema: Mobilität, Stuttgart. http://newsroom.stuttgart.de/aktuelles/detail/4ea913b67321440a9f000002/dank-pedelecs-mehr-kessel-kraxler-in-stuttgart

[TEB] Tebroke, E. (2010). Die Stadt der Zukunft denkt mit. Welt am Sontag Nr. 28, 11. Juli 2010, Berlin.

[TRI] Tricarico, T. (2011). Europas Metropolen kämpfen um ihre Zukunft. In: Spiegel Online – Wirtschaft, http://www.spiegel.de/wirtschaft/soziales/0,1518,druck-753160,00.html

[VANDERBILT] Vanderbilt, T. (2012). Let the Robot Drive: The Autonomous Car of the Future Is Here. In: Wired Magazine January 20, 2012. http://www.wired.com/magazine/2012/01/ff_autonomouscars/

[WAN01] Wandiger, P. (2009). Das App-Prinzip – Was Webdesigner vom iPhone lernen können. http://www.selbstaendig-im-netz.de/2009/07/28/usability/das-app-prinzip-was-webdesigner-vom-iphone-lernen-koennen/

[WEIDEN] Von der Weiden, S. (2012). Die schlauen Sparfüchse. In: Die Welt, Sonderausgabe XXLEnergie-Effizienz & Nachhaltigkeit, 26. Mai 2012, Berlin.

[WIEN01] Wiener Stadtwerke Holding AG (2011). Smart City: Begriff, Charakteristika und Beispiele. Materialien der Wiener Stadtwerke zur nachhaltigen Entwicklung. Nummer 7. Wien.

[WIPPERMANN] Wippermann, P. (2012). Autos müssen Konnektivität ermöglichen. In: Car IT-Mobilität 3.0, S. 36, Pattensen.

[WITOLD] Witold, R. (2010). Makeshift Metropolis: Ideas about cities, Simon and Schuster, New York.

[YIG] Yigitcanlar, T. (2008): Urban management revolution: intelligent management systems for ubiquituous cities. In: The International Symposium on Land, Transport and Marine Technology, 5-6 November 2008. KOFST International Convention Center, Seoul.

[WIR] Wir sind mehr (2012). Plattform Wien, http://wirsindmehr.at/%C3%BCber-wir-sind-mehr (Zuletzt zugegriffen 17 April 2012).

[ZIM] Zimmermann, J. (2012). Mobilität formt Metropolen, News & Stories by Stylepark, 25. Mai 2012, Frankfurt.http://www.stylepark.com/de/news/mobilitaet-formt-metropolen/333630

[ZVEI] ZVEI – Die Elektroindustrie (2012). Das Thema Gesundheitswirtschaft im ZVEI, Frankfurt. http://www.zvei.org/Themen/Gesundheitswirtschaft/Seiten/Das-Thema-Gesundheitswirtschaft-im-ZVEI.aspx

Printed in the United States
By Bookmasters